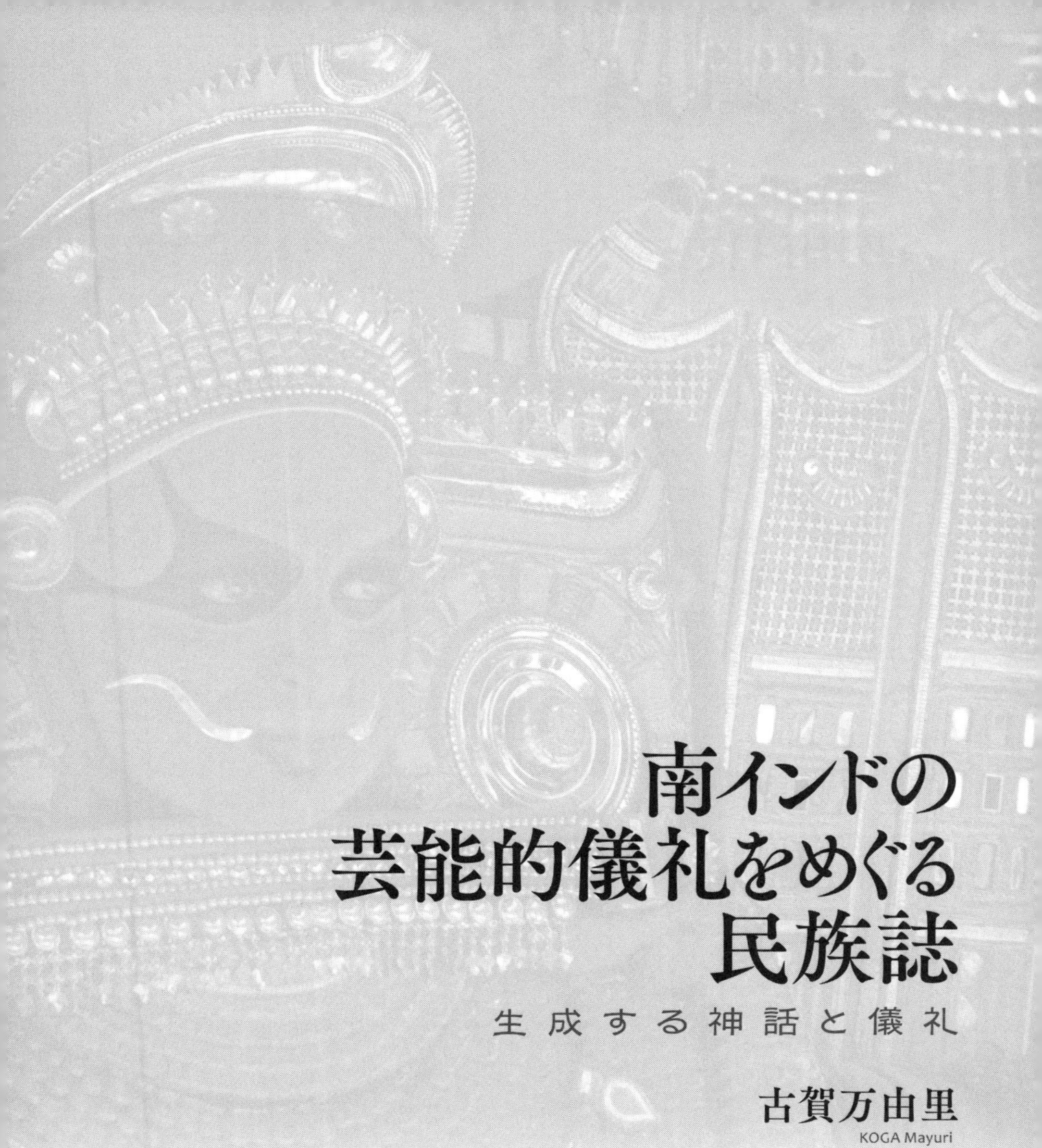

南インドの芸能的儀礼をめぐる民族誌

生成する神話と儀礼

古賀万由里
KOGA Mayuri

明石書店

南インドの芸能的儀礼をめぐる民族誌

生成する神話と儀礼

＊

目次

序章 ……………………………………………………………… 11

第1節　目的　11

第2節　先行研究　15

1．儀礼とインド村落社会　15

2．ヒンドゥー文化二元論とその限界　20

3．儀礼・パフォーマンス研究　21

4．認知人類学の可能性　27

5．ケーララの文化人類学と民俗学　29

6．テイヤムをめぐる文化人類学と民俗学　30

第3節　調査地の概要　34

1．ケーララと調査地の選定　34

2．カリヴェルール村の概況　35

3．カリヴェルール村の政治史　37

4．カースト　39

5．家族・婚姻関係、タラワードゥ　46

6．年中行事　49

7．テイヤム寺院　56

第1章　テイヤムの歴史と儀礼構成 …………… 61

第1節　テイヤム伝承と歴史にみられる王権、ブラーマン、儀礼　61

1．テイヤム儀礼の祖にまつわる伝承　61

2．テイヤム儀礼における寺院の権利と従属関係　65

3．ブラーマンと王と支配カーストの力関係　72

第2節　儀礼の過程　75

1．儀礼の手順　75

2．化粧と衣装の象徴性　85

3．「憑依」の仕方　88
4．テイヤム儀礼とブラーマン儀礼の相違点　90
第３節　神霊を扱う人々　91
1．テイヤムになる人――テイヤッカーラン　91
2．神の代理人――コーマランとヴェリッチャパードゥ　104
3．炎を灯す人――アンディッティリヤン　106
4．年長者――アッチャン　106
5．剣を渡す人――ノーッティリックンナ　107
6．供物を作る人――カラシャッカーラン　108
7．王――コーイマ　109
8．司祭――ブラーマン　109
9．司祭と霊媒、王の力関係　111
第４節　祀られる神霊　114
1．女神　115
2．戦死した英雄神　119
3．祖先神・死霊　120
4．動物神・蛇神　121
5．妖術神　122
6．神々のパンテオン　123

第２章　テイヤムの実践……………………………………… 129
第１節　個人の祈願による奉納　129
第２節　ブラーマンのテイヤム儀礼　132
1．地域のブラーマン地主の事例　132
2．テイヤム寺院を司るブラーマン　137
3．ブラーマンとテイヤム　142
第３節　ナーヤル・カーストとテイヤム儀礼　143
1．カルワッチェーリ・タラワードゥの事例　144

2．クルンディル・タラワードゥの事例　148
3．地域の王とテイヤム祭祀　154
第４節　カースト寺院　155
1．神霊の複合的祭祀　155
2．祭礼での役職と寺院委員会　159
3．テイヤッカーランへの報酬　161
4．パートゥ祭とプーラム祭　162
5．カースト・コミュニティとテイヤム祭祀の組織化　162
第５節　タラワードゥ寺院から村落寺院へ　163
1．祭祀にみられる小王の権威　163
2．地域を治めた５人の王の存在　167
3．タラワードゥ寺院の公共化　168
第６節　カースト大寺院　169
1．寺院の組織、役職　169
2．大祭での儀礼　170
3．文化プログラム　178
4．14 年後のペルンカリヤーッタム　182
5．多元的空間と解釈によって生成されるテイヤム　182
第７節　私の神から公の神へ　183

第３章　生成される神話………………………………　189
第１節　神話のテキスト化——口承から書承、そして画承へ　189
1．伝承の形態と機能　189
2．物語の生成　192
第２節　錯綜する伝承　195
1．ムッチローットゥ女神　196
2．ヴィシュヌムールッティ神　199

第３節　ムッタッパン信仰の発展　201
１．ムッタッパン――トライブの神からナショナルな神へ　201
２．トライブの神　202
３．ムッタッパンのヒンドゥー化――ナーヤナールの支配　206
４．巡礼地化とティーヤの台頭　213
５．民衆の神から脱地域的な神へ　217
第４節　社会批判の神――ポッタン・テイヤム　220
１．殺された不可触民の話　221
２．シャンカラーチャーリヤの話　224
第５節　テイヤム神話におけるサンスクリット文化と民俗文化の接合　227

第４章　動態的テイヤム儀礼……………………………… 237
第１節　儀礼の再生　237
１．相続問題　238
２．土地所有問題　241
３．地域文化の希求とつながり　243
４．不幸の除去策としてのテイヤム儀礼　244
第２節　不可触民の社会的地位の変化　246
１．不可触民研究　246
２．カンナン・ペルワンナーンの生い立ち　247
３．晩年の生活　252
４．社会的地位の変化　258
５．個人と社会によるテイヤム認識　261
第３節　儀礼の政治性　262
１．儀礼からアートへ　262
２．ケーララ州の文化活動　263
３．テイヤムの舞台公演をめぐる論争　264

4．儀礼と政治的イデオロギー　267
5．商業主義と観光化　271
6．イデオロギーとテイヤム認識　273
第４節　テイヤム祭の拡大と観方の変化　274
1．メディアとテイヤム　274
2．タラワードゥに集う人々　277
3．劇場化するテイヤム　279
4．テイヤムに取り込まれる人々　281

終章 …………………………………………………………… 287
第１節　「サンスクリット化」とヒンドゥー二元論再考　287
第２節　儀礼から生成的パフォーマンスへ　291
1．悪魔祓いとしてのテイヤム　291
2．信仰の対象としてのテイヤム　293
3．アートとしてのテイヤム　294
4．イメージのフレーミング　295
5．演出家－パフォーマー－観衆関係　298
6．儀礼およびアートとしてのパフォーマンス　299
7．象徴の解釈と環境　301
第３節　結論　302

資料　308
1．ムッタッパンのトーッタム　308
2．ポッタンのトーッタム　314
あとがき　321
参考文献　325
索引　335

凡例

1．マラヤーラム語のカタカナ表記は、現地の発音に近い形で表す。また、サンスクリット語から派生した用語に関しては、マラヤーラム語を優先する。マラヤーラム語のローマ字表記は、以下の表に従うことにする。
2．本書で掲載している写真は、すべて筆者が撮影したものである。

അ	ആ	ഇ	ഈ	ഉ	ഊ	ഋ	എ	ഏ	ഒ	ഓ
a	ā	i	ī	u	ū	ṛ	e	ē	o	ō
ഐ	ഔ	അം								
ai	au	am								
ക	ഖ	ഗ	ഘ	ങ						
ka	kha	ga	gha	ṅa						
ച	ഛ	ജ	ഝ	ഞ						
ca	cha	ja	jha	ña						
ട	ഠ	ഡ	ഢ	ണ						
ṭa	ṭha	ḍa	ḍha	ṇa						
ത	ഥ	ദ	ധ	ന						
ta	tha	da	dha	na						
പ	ഫ	ബ	ഭ	മ						
pa	pha	ba	bha	ma						
യ	ര	ല	വ	ശ	ഷ	സ	ഹ	ള	ഴ	റ
ya	ra	la	va	śa	ṣa	sa	ha	ḷa	ḻa	ṟa

序　章

第１節　目的

インドで８割近くの人が信仰するヒンドゥー教は、一神教のキリスト教やイスラム教と異なり、創唱者がおらず多神教であり、経典も複数ある。ヒンドゥー教は、様々な要素が結合してできたものであり、地域によっても信仰対象や儀礼形式、慣習などが異なるため、ヒンドゥー教は宗教というよりも慣習に近い。

インド史では、ヒンドゥー教はアーリヤ民族の持ち込んだアーリヤ文化と、先住民族であったドラヴィダ民族によるドラヴィダ文化が古くから接触して築かれたとされる（辛島 1994: 4-5）。ヒンドゥー教とは何かを知るには、この両文化の特徴と習合状況を理解しなければならない。

また人類学では、両文化はサンスクリット文化（またはブラーマン文化）と非サンスクリット文化（非ブラーマン文化）、または「大伝統（great tradition）と小伝統（little tradition）」[1]に区分され、両者の相違や関係性を解明することが一つの課題であった（Tanaka 1997 [1991]: 3-5; 鈴木 1996: 7-13; 安野 2000: 5-13）。またシュリニヴァスは、低位カーストはブラーマンの慣習、儀礼、信仰をとりいれ、ブラーマンの生活様式に習うことによってヒエラルキーの位置を高めることができるとし、このプロセスを「サンスクリット化」と呼んだ[2]。シュリニヴァスによると、全てのカーストに最上カーストの習慣や儀礼を模倣する傾向があるという（Srinivas 1952: 30-31）。非サンスクリット文化のサンスクリット文化への昇華は、普遍的な現象なのであろうか。

ドラヴィダ系言語グループが現在の南インドに住んでいることから、南インドの中でも、できるだけ非サンスクリット的な要素の強い宗教文化を調査対象に求めたところ、ケーララ州に「テイヤム」と呼ばれる、不可触民が神がかる儀礼があることを知った。汎ヒンドゥー教の神（シヴァ神やヴィシュヌ神など）を祀る寺院の司祭は、通常ブラーマンであるが、非ブラーマンである不可触民が主体となる儀礼とは、いかなるものか。村落社会の中世の王権、カースト、母系の家族制度が、テイヤムといかに関わっているのかを調べるのが、第一の目的である。

またヒンドゥー教は、全国的にみられる汎ヒンドゥー教と特定の地域にしかみられない地域ヒンドゥー教に大別されるが、汎ヒンドゥー教と地域ヒンドゥー教がいかに影響を及ぼしあい融合しているのか、両者の関係性をテイヤムの儀礼形式と神話を分析することにより明らかにすることが第二の目的である。

さらに現代では、観光化や商業化に伴いテイヤムが舞台上で踊られたり、ケーララ文化のシンボルとして表象されることがある。儀礼以外の要素を含むテイヤムをパフォーマンスとして捉え、テイヤムの解釈の多様性が生まれる原因を考察することが第三の目的である。

「テイヤム」とは「神」を意味する言葉であるが、テイヤムを定義する言葉としては、儀礼、憑依儀礼、cult、worship、芸能、performing arts などが用いられてきた。本書では便宜上、テイヤム儀礼やテイヤム祭祀と称するが、テイヤムが舞台に上がった際、テイヤムが宗教儀礼であるか芸能であるかが問われ、儀礼的芸能（*anuṣṭānakala*）であるという見解が郷土史家により出された。テイヤムには儀礼的要素と芸能的要素が混在しており、両者は切り離せない。だが、芸能よりも儀礼的要素が強いと考えるため、「芸能的儀礼」を本書の題名で用いた。

テイヤム儀礼の中心的担い手は指定カースト（不可触民）[3]であり、彼らが祭文を唱え神霊を呼び降ろして踊り、最後に託宣を下す。テイヤムは低位カーストから高位カーストまでの家や寺院において奉納される。神話からは、特定の土地に実存していたとみなされる人物が神格化したという地域神話と、シヴァ神やヴィシュヌ神にまつわるプラーナ[4]系の話が混合している様子が窺える。また、儀礼では、非ブラーマンが主体となっている一方で、ブラーマンの礼拝儀礼であるプージャ（*pūja,* 礼拝儀礼、*skt.*< *pūjā*）や清め（シュッディ、*śuddhi*）も必要とされる場合があり、民衆文化とサンスクリット文化が混在している。

テイヤムの起源は、サンガム文学の時代（紀元1～3世紀）の英雄崇拝にさかのぼるといわれている。当時、亡くなった英雄を讃える歌を詠んだり、ヒーローストーンと呼ばれる石碑を建てたりする習慣があった（Kurup 1973: 18-20）。だが、現代のように様式化した化粧と衣装をまとって踊るようになったのは、16～7世紀ごろであると考えられる。ケーララにブラーマンが入ってきたのが9世紀頃と推定されるため（Velthat 1978: 10）、民俗文化との間の相互関係が始まったのはかなり古く、形式化される以前からブラーマン文化の影響を受けていたと考えられる。テイヤム儀礼の中で「サンスクリット化」と呼べるものがあるとしても、それらが全て近年に生じたわけではないのである。

かわらぬ伝統というものがあったという前提を捨て、伝統といわれるものが、近年になって創り出されたものであることが、ホブズボウムらによって指摘されたが（Hobsbawm & Ranger 1983）、インドにおいても、純粋な「サンスクリット文化」や「民俗文化」があったと考えるよりも、各々の要素が絶えず相互に影響しあい、近代化の影響を受け儀礼文化の形態も変容し、新たに文化が生成されていると捉える方が適切であろう。

本書では、ケーララ州のテイヤム儀礼を事例に、儀礼と神話が地域社会の人々にいかに解釈され、イメージが形成されつつあるのかをみていく。テイヤムをみる人々の視点は様々であり、ある人は信仰の対象として拝み、またある人はアートとして称賛する。こうした視点の相違は、個々人の心的表象と社会的表象の相互作用によって生じる。また、儀礼が村落の中だけで機能している静態的なものではなく、地域を越えて、「生成されていくパフォーマンス」であることを論じる。

インド、特にケーララ地方は芸能の宝庫といわれるが、数ある芸能・儀礼の中でテイヤムを選んだのには以下の理由がある。第一には、テイヤムは不可触民が担い手となる民俗儀礼であり、ブラーマンが司祭をつとめるサンスクリット的儀礼と大きく異なる特徴をもつため、ケーララ独自の文化を表し、かつサンスクリット文化との相互関係をみることができるからである。第二に、テイヤム儀礼は、ケーララ州北部の２県（カーサルゴーッドゥ県とカンヌール県）を中心とした、タラワードゥ（*taravāṭu*, 家屋敷）またはカースト寺院で、一年のうちの乾期である約３分の２の期間にわたって行われているという、頻度の高い祭祀であるため、土地の人々や社会との関わりが深いという点があげられる。

本書の構成は以下の通りである。

序章では、本論の目的と、先行研究としてインドを中心とした儀礼研究から、ヒンドゥー文化二元論と、サンスクリット化論の限界について論じる。また、ケーララ州を対象とした先行研究をあげ、対象となるカーストに偏りがみられる点を指摘し、テイヤム儀礼に関する研究では、村落社会との関連で捉えた民族誌が少ないことを指摘する。また調査地の概況として、カーストや婚姻関係、年中行事等について記述する。

第１章では、テイヤム儀礼の歴史と慣習をみることにより、カースト関係が「ブラーマン」対「非ブラーマン」の枠組みでは理解できないことを示す。テイヤム儀礼では、村落社会の底辺に位置する不可触民が神となり、祭主である高位カーストらを祝福する。ブラーマン司祭の存在も必要とされる場合があるが、儀礼への関与は間接的であり、その地位は必ずしも最高位ではなく王や地主が最優先される場合がある。ブラーマン、王、地主カースト、不可触民のカースト関係は、時と場合によって異なることを論じる。また、儀礼の過程から憑依の仕方を検討し、ブラーマン儀礼との比較を試みる。

第２章では、テイヤム儀礼の個々の事例を、主催者と組織の規模の違いによって比較分析することにより、各々の特色と相違を明らかにする。組織の規模が大きくなるほど、多カースト、多宗派の参入がみられ、また役員も伝統的権利者ではなく、世俗の権利者となる傾向がある。個人の儀礼から、公の儀礼になるにつれて生じる儀礼の相違を分析する。

第３章では、神話が生成されていく過程を分析する。各々のテイヤムの神話は一つではなく、いくつかのヴァージョンが存在する。広く民衆に流布している地域の民話と、祭文で語られるプラーナの話とでは異なるが、神々の化身や再生によって両者は接合する。神話は、時と場合によって多様な解釈が可能であり、選び取られ生成されていくことを示す。

第４章では、社会変化とともに変わっていく儀礼と現代社会の問題とのつながりを分析する。独立運動期から一時衰退した儀礼が、1990年代になって復活する傾向があるが、その背景には母系制崩壊や土地問題といった社会的要因がみられる。一方で1960年代からは、テイヤムがアートとして評価をうけるようになる点について、不可触民のライフヒストリーからカーストと芸能、儀礼との関係を考察する。また、1990年代後半に生じた、舞台化反対運動をとりあげ、テイヤムが、グローバル対ローカル、コミュニズム対ヒンドゥー至上主義など と、イデオロギーの論争の場となっていることを論じる。

終章では、ヒンドゥー文化二元論を再考し、テイヤム儀礼の実践の場においては、「サンスクリット文化」と「非サンスクリット文化」といった二文化に分けられるというよりも、両者は長い歴史の中で、複雑に入り組んでおり、当事者たちの間でも区別があいまいであること、また政治的権力関係や商業主義といった様々なイデオロギーが錯綜する中で、目的に応じて選択されていく傾向があることを指摘する。

最後に、社会環境が変化する中で、特定の意味を共有できなくなり多様な解釈が可能となったテイヤムは、儀礼にとどまらず、文化運動を促すパフォーマンスとなり、地域文化、政治権力、商業主義などを巻き込みながら、その姿を生成させていることを示す。また、テイヤムが何であるかという判断は、個々人の経験によるシンボルの喚起の違いからくるといえる。テイヤムは単なる宗教的行為にとどまらず、周囲に意味を見出され、意志を伝達するパフォーマンス的媒体となっている点を考察する。

第２節　先行研究

１．儀礼とインド村落社会

煌びやかな布をかけられたヒンドゥーの神像が、ブラーマン司祭によって供物や炎を用いて厳かに祀られる儀礼から、非ブラーマンが仮面をつけて神霊を呼び降ろす儀礼まで、インドの各地域には様々な儀礼が存在する。儀礼は非言語的なコミュニケーションに富み、シンボリックな所作が多いため、研究者たちの興味を引いた。

まずは、インドの村落社会の民族誌で、宗教的慣習または儀礼の記述があるものをみていく。1950年代頃まで、インドで調査した人類学者の関心を引いたのは、村落に生活する人々やトライブであり、彼らはインド文明の影響から取り残されたと信じられていた。それに対して新たな方向性を提示したのが、ラドクリフ＝ブラウンの下で学んだ、M. N. シュリニヴァスであった（Dumont & Pocock 1957: 8）。

シュリニヴァスは、カルナータカ州南部のクールグ族の宗教と社会を分析し、低位カーストが、カースト・ヒエラルキーにおける地位を上昇させるため、最上位カーストであるブラーマンの慣習（菜食主義や禁酒など）を模倣するといった「サンスクリット化」現象がみられることを指摘した（Srinivas 1952: 30）。また彼は、「村の統合」のあり方についても論じている。シュリニヴァスは、マイソールの村落には多カーストが存在し、それらは近郊の村々の同じカーストと強固な絆をもつことから、村落は多カーストからなる垂直的統合を示し、それらの各カーストは、村落を越えて、水平的連帯を強化する傾向をもつという（ibid. 1952: 43; 1955: 33-34）。

儀礼が村落共同体の統合の役割を果たすといった見解は、ケーララのナーヤル（Nāyar）・カーストのリネージ神儀礼を調査したガフにもみられる。ガフは、タラワードゥ（家）で最高権力をもつ最年長男性（カーラナヴァン）が規範に反した行動をとった場合、リネージ神[5]により不幸が招かれると考えられているため、儀礼には悪行を改める機能があると指摘する（Gough 1959: 246-47）。

このように儀礼は、カーストを単位として行われるため、地域内の結束を固めると考えられてきた。だが、フラーによると、全ての儀礼にカーストによる労働分業がみられるわけではなく、北インドのウッタルプラデーシ州の村落を調べたマリオットの事例のように、村の寺院は存在せず、祭は個々の家族によって行われ、村落の統合がみられない場合がある（Marriott 1969 [1955]: 175）。それは、北インドでは、長い間ムスリムの支配下にあったため、ヒンドゥー王としての首長の力が弱かったことが理由としてあげられる（Fuller 1992: 148-53）。逆に、南インドは王朝と寺院の関係が強固であったため、テイヤム儀礼のように村落内にも王家の祀る守護神が、高位カーストにより祀られていると考えられる。

シュリニヴァスやガフのような、儀礼が家、または村落を統合する機能を果たすという機能主義的な見方は、1950 年代、60 年代のインド村落社会では有効かもしれないが、現代社会はより複雑に変化していっているため、他のアプローチ方法でみていく必要がある。ケーララ北部の村落社会も、1940 年頃までは自給自足が機能し、伝統的職業に従事する人が多かった。そうした村落社会の中での儀礼は、カーストと密接に結びついていた。だが、貨幣経済の浸透や教育水準の上昇、婚姻圏の拡大、出稼ぎ労働者の増加など、地域を越えていく村人が増え、カーストを超えたコミュニテとのかかわりが濃くなってきている。儀礼の組織や形態、解釈にも変化が生じてきたため、儀礼のダイナミズムと多様性を捉えることが必要であろう。

インドの村落研究の人類学的研究が、1950 年代からシュリニヴァスやマリオット、ガフらによって始められ、その後数々の議論がなされるが、儀礼と関係した主な課題は、（1）ブラーマンが主体となる大伝統と民衆が主体となる小伝統の関係、（2）デュモンに始まる、インド社会を貫くイデオロギーを問う研究、（3）ブラーマン中心モデルに対する王中心モデル、（4）共時的な人類学に対する歴史的な民族誌、の 4 つに分類することができる。

第一は、第 1 節で述べたように、インド文化をブラーマンの継承する大伝統と、民衆の間で受け継がれる小伝統の二文化から論じるものである。これに関しては、次節で詳細を述べることにする。

第二のイデオロギー研究に関しては、インド人類学の儀礼・宗教研究は、デュモンの研究を批判することで発展してきた面がある。デュモンは、カースト社会を貫くイデオロギーとして浄・不浄といった観念があり、儀礼を司るブラーマン司祭のもつ宗教的浄性が王のもつ政治権力よりも勝るため、ブラーマンがカースト・ヒエラルキーの頂点に立つとした（Dumont 1980 [1970]）。

こうしたインド社会の中心原理が浄・不浄であるといった考えに対し、他にも様々な概念が存在することが指摘される。通過儀礼を分析したダースは、出産は吉性と不浄性をもち、結婚は吉性と浄性をもつことを指摘した（Das 1982 [1977]: 143）。またラヘジャは、カースト間のもののやり取りは、支配カーストによる儀礼的贈与を通し、凶性がブラーマンを含む他のカーストに移され、支配カーストは吉性を確立するという（Raheja 1988）。

吉凶性の他に、シャクティという女性に多く内在するといわれる力が、ワドレーによって指摘されている。ワドレーは、神の本質はシャクティであるという（Wadley 1975: 55; Tanaka 1997 [1991]: 12）。シャクティは宇宙の女性的生殖力であり、1970 年代からヒンドゥー女性の力の本質として、その意味が研究されるようになる（Wadley 1991 [1980] ）。

フラーによれば、女性は結婚することにより危険なシャクティ（性の力）をコントロールされるという（Fuller 1992: 201）。またフラーは、タミル・ナードゥ州マドゥライ市にある女神寺院における祭礼のテーマを、女神の未婚から既婚へという地位の変化と捉える（ibid. 188）。

また、ベナレスの火葬場での死をめぐるやり取りを研究したパリは、葬式専門のブラーマン司祭が遺族から儀礼的贈与を受けることにより、罪を蓄積していることを指摘し、デュモンがいうようにブラーマンが浄性をもって絶対的優位にあるわけではないことを明らかにした（Parry 1994）。

このようにインド人類学がデュモン批判から発展し、儀礼を文献学とは異なるアプローチで分析し、インド固有の価値体系を見出して、カースト社会または儀礼の構造を分析したのはインド人類学の功績といえる。だが、これらの価値体系も、世俗的価値観を含めた多様な価値観が存在する現代社会においては、普遍的であるとはいえない。政治、経済、社会の変化の中で、宗教や儀礼に対する価値観も変動しており、多元的な現象を理解する必要がある。

第三のブラーマンモデルと王モデルであるが、ブラーマンモデルとは、ブラーマンがヒエラルキーの頂点にたつものであるとし、王（またはクシャトリア）モデルとは、王（またはクシャトリア）が社会の中心にあるとする見方である。

ブラーマンモデルとしては、先述したデュモンの浄・不浄イデオロギーが貫く社会でのブラーマンを頂点とする社会観があげられる。また、シュリニヴァスの「サンスクリット化」観念も、ブラーマンをカースト・ヒエラルキーの頂点とした、序列的文化を前提としている。

それに対し、王を中心とするモデルにはホカートの王権論がある。彼によると、インド社会は王を中心とした供犠社会である。様々なカーストは、王の要求を満たすために職務を与えられたのである（Hocart 1950）。同様にラヘジャは、村落においては王である支配カーストを中心として、職能カーストと互酬関係が営まれていることを指摘した（Raheja 1988）。

第四は、歴史資料を用いて、過去におけるインド社会観を論じるものである。ダークスは、タミル・ナードゥ州にあった王国で行われている宗教儀礼が、政治関係を象徴的に表していたことを、歴史的資料を用いて証明している。寺院の儀礼で、真っ先に名誉の証を受け取るのは王であり、儀礼により権威は確立されるという（Dirks 1987: 106, 287-291）。外川も、ベンガルの村落社会において、儀礼を通してみられる王権と在地社会との関係を、古文書や英領期の資料等を用いて検証している（外川 2003）。

カースト観、王権、儀礼といったものを、現代社会においてだけでなく、過去の資料に基づいて分析することは、対象の長期的変化を把握することを可能とし、一過性の出来事から全体像を論じる傾向のある人類学的手法の弱点を補う。だが問題は、全ての対象に歴史資料が存在する訳ではなく、儀礼、特に民俗儀礼に関しては、記録が乏しいのが現状である。テイヤム儀礼に関してみれば、神霊を呼び下ろす際に詠われるトーッタムは、口頭伝承されてきた。古いものでは一部、パームリーフに記されて残っているものもあるが、年代を特定するのは難しい。19 世紀には、イギリスの行政官や宣教師らによる、テイヤムに関する描写が若干なされているので、それについては終章の第 1 節でふれる。

本書では、南アジア研究で議論となった課題を念頭におきながらも、儀礼に関して、従来の枠組みにとらわれずに、新たな視点を投入することにより、より深い理解を目指す。儀礼に関する人類学的議論もとりいれ、インド社会固有の問題を分析することにより、新たなインド社会を捉えることができるからである。

儀礼を単なる「宗教儀礼」という行為として捉えるのではなく、そこに儀礼という場の中で生み出されるもの、または人々が儀礼の場を通して生み出そうとするものに注目をする。儀礼は静態的な行為の繰り返しではなく、それ自体が生成され新たなものを生み出す動態的なものであるからである。

2．ヒンドゥー文化二元論とその限界

インドの文化人類学研究では、ヒンドゥーイムズは、大きく二つに分けられるといわれてきた。一つは、ブラーマンが儀礼をすべて執り行い、神には菜食の供物を捧げるもので、もう一つは、非ブラーマンが司祭をつとめ、神には非菜食の供物を捧げるものである。ハーパーによると前者の神は、浄性が高く、ヒエラルキーが高いとされ、後者は不浄性が高いため、前者に比べると低い位置づけになる（Harper 1964）。だが、フラーが指摘するように、人間同士の食物のやり取りと、神と人間との食物のやり取りは同等ではなく、人間のカースト関係を神々のヒエラルキーに対応させるのは、短絡的であろう（Fuller 1979）。

シュリニヴァスは「サンスクリット化」現象を、低位カーストによる高位カースト文化の模倣という、カーストの移動に関連して論じたが、それはレッドフィールドの「大伝統・小伝統」の概念（Redfield 1956）と結びつき、カースト移動を超えてより一般的に用いられるようになる。そして、現代インド文化の分析枠組みとして、大伝統・小伝統に類似した二文化モデルが論じられるようになる。

マリオットは、大伝統も小伝統も小さな共同体の中に存在し、それらは「普遍化（universalization）」と「局地化（parochialization）」といった二方向の動きをとり、相互に影響しあっていることを指摘した。「普遍化」とは、地域の小伝統が大伝統のヒンドゥーイズムに上昇していく動きを指し、「局地化」とは、大伝統が地方の文化によって再解釈されていく動きを示す（Marriott 1969 [1955]: 197-199）。

マリオットの提示した概念は、大伝統と小伝統の間の相互作用を表し、どちらも単独では存在せず、融合しているヒンドゥー文化の現状を表している。ただ、これらの動きがなぜ生じるのか、その要因については深く考察されていない。普遍化、局地化に向かうのは自然現象ではなく、そこに加わる人間の政治的力や思惑を考慮する必要がある。

マンデルバウムは、ヒンドゥーの信仰と実践は、地域だけでなく、カーストや村落、家族によっても異なるが、「超越的複合（transcendental complex）」と「実用的複合（pragmatic complex）」という二分化した特徴は、インドに広くみられる

という。「超越的複合」とは、社会の長期にわたる繁栄を確かなものとし村落施設の維持と個人の適切な移動を保証するために用いられるもので、人の究極的目的に関わる。一方「実用的複合」とは、地域の緊急事態、個人の利益・繁栄のために用いられる（Mandelbaum 1966: 1175）。

マンデルバウムの「超越的複合」と「実用的複合」と同様の区分を、ベルマンは、ヒマラヤ低地のブラーマン司祭とシャーマンの役割の違いによって説明する。ベルマンによると、サンスクリット儀礼を執行するブラーマン司祭は、村人の人生儀礼や年中行事において重要な役割を果たす。彼らは書かれた大伝統に基づき、マントラによってサンスクリット神を祀る。司祭は主に、村人の長期の繁栄を祈るが、村人の信仰と実践に与える影響は少ない。それに対し、シャーマンは、クライアントの緊急な要望に応える責任をもつ。シャーマンは私的な神を通して悩みを解決し、超自然的な要求にも応える。シャーマンは具体的に解決策を提示するため、村人の宗教行為に多大な影響を与える（Berreman 1964: 54-56, 66-67）。

大伝統・小伝統に類似するヒンドゥー文化論は、両文化の間で揺れ動くダイナミズムを捉えようとしているものの、二文化が前提としてあり、その二文化の実在を支えているのは、「サンスクリット文化」と「非サンスクリット文化」という概念の認識である。だが、これらの概念認識は、分析者側がもっているもので、ヒンドゥー教儀礼に関わる人々の共通認識ではない。実際は、両文化は混在しているため、切り分けることが難しい。また、ヒンドゥー教の神の遍在と化身の考え方から、サンスクリット化したローカルな神が、サンスクリット神そのものとなっていく。本書では、テイヤムという儀礼を通して、サンスクリット的要素と非サンスクリット的要素がいかに混在し、人々に認識されているのかということを、神話と儀礼を通して明らかにする。人々の言説、儀礼の形式、政治や経済などの社会的環境の影響も加味しながら、二元論にとどまらない、多元的なヒンドゥーイムズ像を描くことを目的とする。

3．儀礼・パフォーマンス研究

儀礼は広義に捉えると、コミュニケーションや挨拶等も含まれるが、主に宗教儀礼を指し示す場合が多い。1950年以降の民族誌において、宗教は親族、社会組織と並んで重要な課題の一つであり、様々な地域の儀礼が記述されてきた。宗教学者のベルは、初期の儀礼研究の理論を以下のようにまとめている。第一は、早期社会結束理論である。デュルケームは、心理学者のように宗教を個人の体験によって捉えるのではなく、社会制度の問題として捉えようとした。そして、儀礼は個人の帰属集団に対する意識を高めるものとした。第二は機能主義である。ラドクリフ＝ブラウンは、デュルケームの社会集団を強調する考えを発展させたが、マリノフスキーは、宗教を社会現象とみるのではなく、個人の体験、特に死に対する怖れに依拠するという考えを促進させた。第三は新機能主義システム分析である。ロイ・ラパポートは、ニューギニアの部族の儀礼が、食物や動物といった自然の資源と密接に関係していることを指摘した。また心理学者のエリック・エリクソンは、ライフサイクルにある成熟段階において、母と子どもの間の挨拶にみられるような儀礼が行われるとする。第四は構造主義である。エヴァンス・プリチャードは、南スーダンのヌアー族の研究の中で、構造的かつ象徴的説明を取り入れた。それらから発展したのが、レヴィ＝ストロースの親族や神話に関する構造主義的研究や、クリフォード・ギアツの文化的意味の象徴研究である。また、儀礼は社会を統合するという機能主義的見解に対し、グラックマンは、儀礼は社会的緊張を表していることを示唆した。ヴァン・ヘネップは、儀礼は人があるステイタスから別のステイタスへと変わる時に行われ、その中で分離、過渡、統合という3つの段階に分かれるとう構造を見出した。ヴァン・ヘネップの影響を受けたターナーは、儀礼のシンボルのもつ意味に着目し、シンボルは儀礼のメカニズムの中心で、儀礼行為の最小単位であるとした（Bell 1997: 23-41）。

以上のように、儀礼研究は、社会との関係を問う機能主義的見解から始まり、シンボルに意味を見出す象徴主義的研究がなされ、さらに儀礼は意味をもつものであり、その意味を探ることが世界観の把握につながるとされた。しかし、言語行為論者によって、象徴主義の意味中心アプローチに対する批判が生じる。言語行為論はもともと、言語哲学者のオースティンが提唱した、行為遂行的発話（performance utterance）から発展した。オースティンは、何かを発するということは、何かをすることに等しいという。オースティンの理論はさらに言語行為（speech acts）に関する分析を促す。サールは、オースティンが分類した、話すための規則と、話すことのパフォーマンス行為と、話された実際の内容は、分離することなく一つの行為を構成するという。さらに言語学者のスタールは、儀礼言語にとって最も重要なのは行為であって、情報を運ぶことではないとし、意味論的な解釈は不十分であるとした（ibid. 1997: 68-69）。スタールはインドのヴェーダ祭式のマントラを例にとり、儀礼は純粋なパフォーマンスであり、意味や目的をもたないという（Staal 1990: 131-132）。スタールの立場は、ヴェーダ祭式に象徴的な意味はなく、またマントラは行為遂行的発話でも言語学的発話でもなく、目に見える効果はもっていないという（ibid. 1990: 155, 239-241）。だが、ヒンドゥー儀礼全体をみれば、参加者が儀礼から何も影響をうけていないとは考えづらい。特に、テイヤムのような憑依を伴う儀礼は、歌や音楽、踊り、しぐさなど、パフォーマティブな要素が強く、儀礼の前後では演者にも参加者にも、何らかの変化が生じていると考えられる。

パプア・ニューギニアの憑依儀礼を調査したシェッフェリンは、ターナーのように儀礼の全ての要素に意味を見出す、意味中心の儀礼分析には限界があるとし、それよりも儀礼のパフォーマティブな側面を重視すべきであるという。儀礼のシンボルに効験性（efficacy）があるのではなく、行為をしたりパフォーマンスしたりすることによって、効果を得るという（Schieffelin 1985）。シェッフェリンのアプローチは、ターナーのような意味中心主義でもスタールのような行為中心主義の極論でもない。シェッフェリンは、マダガスカルの割礼儀礼を調査したモーリス・ブロックの考えに依拠する。だが、シンボルは情報を伝え、物事の特定の状態を作り出すというブロックの説に対し、儀礼のシンボルの重要性は、儀礼で言語に表される作法によって決定されると主張する。シェッフェリンは、スリランカの悪霊払いを分析したカッフェラー（Kapherer 1979）の「パフォーマンス」の使い方に倣い、パフォーマンスを、霊と観衆との相互行為とみる。霊媒師を通した霊と人との間に繰り広げられる会話ややり取りを通して、リアリティは形成されるのである（Schieffelin 1985）。この考え方は、同じく媒介を通した人と神霊の交流の場であるテイヤム儀礼を考える上で、有効である。

さらに、西インドのジャイナ教徒の礼拝儀礼（*pūja*）を分析したハンフレイとライドロウの儀礼論は、認知人類学と結びついて展開されている。彼らによると、儀礼は意味を伝えるものではなく、行為である。礼拝儀礼が典礼中心であるのに対し、シャーマニズムはパフォーマンス中心であり、前者は後者に比べ、儀礼化される度合いが低い。彼らは個人の認識の構築過程を、3人の漁師の引き綱の作り方を分析した、ゲイトウッドの研究を例に出して説明する。ゲイトウッドは、個人の認識は、集団表象と個人の習慣の間の相互作用によって構築されると結論した。長年一緒に作業を行っている漁師たちは、全く同じではないが、似たような作法で引き綱を作っているのである（Gatewood 1985）。ハンフレイらは、ジャイナ教の礼拝儀礼にも同様なことが認められるという（Humphrey and Laidlaw 1994）。

宗教儀礼を認知的に分析しようとする動きは、アメリカの民族意味論やエスノサイエンスの領域で発展した。ボアイエは、宗教的シンボルを理解するにあたって、言語学、心理学、人工知能と哲学が混合した認知科学の有効性を主唱する。彼は4つの認知的領域を想定する。第一は、概念の構成に対する問いで、宗教シンボリズムでは、特定の概念（霊、祖霊、妖術など）をもつが、認知論ではこれらのカテゴリーが形成される過程に注目する。第二は、人々が超自然の実体や出来事に関する文化的な過程をいかにもっともであると捉えるのかという過程に関する研究領域、第三は儀礼行為の領域で、儀礼のコンテキストの中で、何が特別なもので、儀礼では何が起こって、他の相互行為では何が起こらないのかを明らかにすることである（Boyer 1993）。

このように、儀礼の中でちりばめられている象徴の意味をすくい出して世界観を示すことよりも、概念の形成過程や、儀礼行為の特殊性を考察する認知的アプローチは、儀礼とパフォーマンスの特殊性を考える上で有効である。

宗教儀礼は場合により、儀礼としても、パフォーマンスとしても捉えられる。この捉え方の違いに関係するのが、「フレーミング」モデルである。「フレーミング」モデルとは、ベイトソンによると、額縁（フレーム）の中の絵が、特定の状況を見る人の目に示しているように、フレームは社会相互作用の中で組織し理解し、経験を解釈させるというものである（Bateson 1978 [1972]: 157, 159）。フレームは人々の視線をその中に注視させるため、メタ・コミュニケーション的である。儀礼においても、「この場面では○○神がおりてきた」というようにフレームが設定されることで、フレームを共有する観衆の間では、同じような状況理解がなされるのである。

ゴフマンは、ベイトソンのフレーム概念に注目してさらに分析し、第一次フレームが使用者に位置づけ、認知させ、同一視させた後、数々のフレームが現れてより細かい部分へといざなうことを指摘した（Goffman 1986 [1974]: 21, 25）。また、フレーム分析の中心概念として「キー（key）」をとりあげる。キーはフレームの中で与えられた見方を、他のパターンに変えてしまう力をもち、転写の過程を「キーイング（keying）」と名付けた（ibid. 44）。キーイングは我々が考えていることが本当にどうなるのかを決定する重要な役割をもっている（ibid. 45）。ゴフマンはキーイングによって以下の4つのフレームが確立されるとする。それは、①信じさせる（遊び、ファンタジー、白昼夢など）、②内容（スポーツとゲーム）、③祭式（結婚式や葬式など）、④技術的再生（デモンストレーション、展示、リハーサルなど）である（ibid. 48-60）。キーイングは儀礼の過程の中で、特に場面が変わるところで効果を発揮し、観衆に次に何が起こっているとされているのかを暗示する。儀礼の中で動物を殺している場面があっても、それが虐待ではなく、生贄であるということを観ている人に知らせるのである。

儀礼をパフォーマンスとして捉え、理論化をはかったのは、リチャード・シェクナーである。シェクナーはターナーの儀礼の理論の、パフォーマンスへ

効験性 儀礼	←→	娯楽 劇場
結果		楽しみ
他者の不在		そこにいる人のためのみ
象徴的な時間		現在
憑依するパフォーマー		何をしているか知っているパフォーマー
参加する観衆		観ている観衆
信じる観衆		称賛する観衆
落胆させる批判		肯定的批判
集団の創造性		個人の創造性

図1　効験性と娯楽の相違

の応用を試みる。彼は、インドやインドネシアなどの芸能の調査から、独自の理論を打ち出しているが、パプア・ニューギニアの儀礼[6]に関する記述は儀礼とパフォーマンスを考える上で注目に値する。彼は、効験性（efficacy）[7]と娯楽（entertainment）の間には相違点があるものの、両者に相関関係があることを示した（Schechner 2003 [1988]: 130）。

確かに、儀礼も劇場もパフォーマンスであるが、目的や観せる対象、パフォーマーや観衆などに違いがある。しかし、同じ儀礼を、フレーミングによっては娯楽であると観せることも可能であり、伝統的な劇の場合は、儀礼と化していることも多い。儀礼と劇場は観方や観せ方、コンテキストによって性質が異なってくるといえる。

儀礼の行為に注目した福島は、儀礼は慣習的行為であって、その反復性は民俗知識をもった人々の象徴的知識を喚起する、「喚起ポテンシャル」の能力をもつと主張する（福島 1993: 132, 139）。福島がいうには、儀礼の行為者たちは先祖たちの行ってきた行為を繰り返しているだけであり、そこに意味を見出すことはなく、解釈し意味を与えるのは学者などの第三者である（ibid. 1993: 136, 144）。

筆者が南インドのケーララ州北部村落のブラーマンの家で、ガナパティホーマ儀礼を執り行っているブラーマンに、儀礼の所作の意味について尋ねたところ「我々は代々やられてきたことをやってきているだけで、意味などわからない。そういったことは大学の先生に聞いてくれ」といわれた。確かに、ここでは福島のいうように、儀礼は行為者にとっては慣習でしかなく、意味を問うものではないのかもしれない。だが一方で、テイヤム儀礼の場においては、寺院関係者や地元の人たちが、積極的に儀礼や神話の意味づけや解釈を行っている。その解釈は多義的であり、各々の立場や思想と結びついている。そこではパフォーマンス自体が変えられたり、神話に新たな解釈が加わったりする。儀礼はもはや、単なる「行為」ではなく、「生成されるパフォーマンス」であるといえる。本論では、そうした儀礼の生成過程に着目し、象徴の解釈と政治や社会との関係を考察していく。

4．認知人類学の可能性

儀礼に対する認識は、人々との相互関係によって構成されていくと考えられる。だが、人によって、儀礼を信仰の対象とみる場合と、芸術（アート）、または単なる見世物（スペクタクル）と捉える場合がある。また、個々人は、儀礼をその場で解釈するのではなく、事前にもっている儀礼に関する知識によって判断する。人はいかに宗教的シンボルを理解するのだろうか。近年では、欧米を中心とした認知人類学の分野で、芸術と宗教または宗教的シンボルの認知の仕方に関する研究が進められている。

宗教に対する認知人類学的アプローチの先駆者であるパスカル・ボアイエは、なぜ人間は宗教をもつのか（なぜ人は神や霊魂の存在を信じるのか）といった宗教の起源を問い、また宗教の形には普遍性があるのと同時に、地域による多様性があるのはなぜかといったことを問い、それらを説明するのに、脳の推測システムや感情システムといった概念を用いている。彼によれば、宗教概念は脳の推測システムによって気づかないうちに説明が生み出されている（Boyer 2001: 18)。また感情プログラムは進化遺産であり、それが宗教概念に影響を与えるという（ibid. 22)。さらに、社会的相互作用や社会的モラルは我々の宗教の獲得に決定的であるとする（Ibid. 27)。このことは、いかなる人間も宗教概念を生み出す脳のシステムをもち、それは社会的知識や精神、社会的影響を受けていることを示す。

ボアイエの理論をさらに検証して宗教の認知理論を発展させたアトランは、文化の伝達はミクロ心理学のプロセスであり、それは文化の精神的表象と公共表象を生み、変容させ、連鎖するプロセスであるという（Atran 2002: 15)。精神的表象と公共表象の連鎖とは、個人の心と社会的表象の相互関係を意味する。そのことは、人は自分の思いや経験を表すのに、それに一番近い既存の理論や概念を選ぶといえる。また、社会的表象の影響を受けるため、地域の中で表現方法に共通性がみられる。

またアトランは、超自然エージェントの概念は、「精神的モジュール」[8]という認知図式から引き出されるという。精神的モジュールには4つのクラスがある。第一は「知覚モジュール」であり、感覚刺激への自動的アクセスである。例えば、顔の認識や色彩知覚などである。第二は「初歩的感情モジュール」であり、特別の刺激に反応する。例えば驚き、恐れ、怒り、嫌悪、悲しみ、喜びである。第三は「第二影響モジュール」であり、学習によって獲得されるか社会的に構成されるものである。例えば罪、復讐心、愛などである。第四は「概念的モジュール」であり、他の神経システムから供給されるインプットにアクセスしやすいものである（Atran 2002: 57-58）。これらのモジュールに従えば、人間は誰でも基本の知覚と感情があり、それがその人の所属する社会の影響をうけて発展していき、概念化されるといえる。

アトランとノーレンザヤンは、神への信仰は、恐れや不安、特に死を意識したときに高まることを示している。また人間の経験を、自然淘汰によって形成されるランドスケープにたとえている。文化も宗教も個人の心なくしては存在せず、個人の心はランドスケープと相互作用し、その結果は社会的集団に伝達されるという（Atran and Norenzayan 2004: 726-728）。

文化の諸概念が社会的集団に伝達することに関しては、スペルベルが「疫病学（epimology）」という言葉を用いて説明している。人間は様々な概念を発達させる性向をもち、その概念は伝染する。信念に関しても、子どもはまず親や先生を信頼し、その先生の言ったことが真であるとするという。母親が神はいるといえば、信頼している母親のいうことを子どもは信じるわけである（スペルベル 2001: 153）。このように、子どもは、自分の少ない経験と、大人から受ける刺激によって、概念を形成するのである（ibid. 116）

認知人類学の宗教に対する基本的見解をまとめると、以下のようになる。①意味が社会的に構成されるとする従来の人類学に対し、心理学的視点を導入し、個々人の概念形成を捉えようとする、②あらゆる地域の人々には神や霊の存在を信じる傾向がある。③神を信じるという普遍的性質が、地域によってその表現の仕方に相違があるのは、その地域の文化的要因による。

本論では、認知人類学の見地を取り入れながら、ケーララ州北部ではなぜテイヤムという姿形で神が祀られるようになったのかを考察する。またテイヤムを神として信仰する人と、アートとして鑑賞する人との、認知の仕方の違いを分析する。

5．ケーララの文化人類学と民俗学

インドの南西端に位置するケーララ州は、教育や政治、家族制度に特徴があるため、複数の分野で注目され研究されてきた。経済学の分野では、識字率90％以上であるケーララの奇跡を起こした、「ケーララ・モデル」が検討された。また、政治の方面では、世界で初めて選挙による共産党政権を樹立させた州として注目された。文化人類学においては、世界でも珍しいで母系制をとっていたナーヤル・カーストは、特異な集団として調査・研究の対象とされた。

1950年以降、ケーララを調査した人類学者が取り上げた課題は、母系で有名なナーヤル・カーストと父系のナンブーディリ（Nambūtiri）・ブラーマンの親族・婚姻関係や、社会組織が中心であった（Gough 1952, 1959, 1961; Mencher 1959, 1963, 1966; Mencher and Goldberg 1967; 中根 1979 [1970]; Fuller 1976）。そこでは、初潮を向かえた女子の首にターリ（*tāli*、紐）をかける儀礼や、女性のタラワードゥ（母系制大家族の家）に複数の男性が性的パートナーとして通う関係（サンバンダム、*sanbandam*）について、婚姻や出自の面から検討がなされた。だが、ガフやメンチャーの研究は土地改革以前の調査に基づいており、1960年代の土地改革以降、村落内の社会・経済的地位関係は大きく変化し、親族や婚姻のあり方にも大きな変化がみられる。

ケーララには数多くのカーストが存在するにもかかわらず、ナーヤルを対象とした研究が多く、ナンブードリ・ブラーマンに関するものがそれに次ぐが、その他のカーストに関する研究は少ない。低位カーストおよび不可触民に関する主な研究としては、低位カーストであるイーラワーの文化変容に関する、アイヤッパンによる先駆的研究がある他（Aiyappan 1944）、オセラ夫妻によるイーラワーの社会的地位上昇について分析したものがある程度である（Osella 2000）。不可触民に関する研究は、内山田による南部ケーララのプラヤの土地改革に関わる言説を分析したものがあるが（Uchiyamada 1997）、ワンナーンやマラヤンといったその他の不可触民に関してはあまり関心が払われていなかった。そのため、テーマ別にしてもカースト別にしても、ケーララ研究には偏りがあるといわざるを得ない。

ケーララは、芸能の宝庫としても注目されてきた。カタカリ（*kathakaḷi*）やクーリヤーッタム（*kūṭiyāṭṭam*）などの舞台劇をはじめ、テイヤムやパダヤニなどの芸能的要素の強い民俗儀礼が現存しており、華やか衣装とパフォーマンスから、それらは多くの研究者の目を引いた。ザリリは、カタカリの顔や身体の動かし方や、脚本の構成の詳細を記した（Zarrilli 1984, 2000）。日本では、河野がケーララの芸能に関していち早く紹介した。河野は、カタカリを中心としたケーララ芸能の展開を示す中で、テイヤムは5世紀以前のシャーマンの治癒儀礼が発展したのもので、カタカリはテイヤムの民俗的要素を持ち合わせていることを示唆した（河野 1988）。芸能研究の多くは、対象の芸能についての言及にとどまり、社会との関わりに関して考察しているものは少ない。小林が指摘するように、各分野においてケーララの際立った特徴のみが、都合よく切り売りされており、歴史的な社会の総体の中に位置づける研究がなされていないといえる（小林 1993: 26）。そのため、南アジア人類学の課題を、ケーララの歴史と現在社会の中で、追求していくことが求められる。

6．テイヤムをめぐる文化人類学と民俗学

テイヤム儀礼に関して、はじめに研究対象として着目したのは、地元の郷土史家らであった。チラッカル・T.バーラクリシュナン・ナーヤルは、ケーララ北部のコーラッティリ王国を治めていたチラッカル王家の血縁で、高校教師でありフォークロアリストであった。彼は1930年代にトーッタム（*tōrram*、祭文）を採集し、それらを書き起こした（Nāyar 1993 [1979], 1994）。これらはトーッタムとそれにわずかな脚注をつけたものであった。まとまったモノグラフ的著書は、チラッカル王高校の教員をつとめていた、C. M. S. チャンデーラによる「カリヤーッタム（*Kaḷiyāṭṭam*）」（Cantēra 1978 [1968]）である。テイヤッカーラン[9]（*teyyakkāran*、テイヤムのなり手）、重要な寺院、トーッタムなどについて、幅広く記述されており、中にはテイヤッカーラン間での衣装の相続に関する事例など、貴重なデータも含まれる。だが、社会的背景にはふれられず、歴史的記述は根拠に欠けている。カリカット大学のマラヤーラム語学部教授であるラーガヴァン・パイヤナードゥも、『テイヤムとトーッタム（*Teyyavum Tōrrampāṭṭum*）』という本を著すが、チャンデーラ同様、主なテイヤムの解説やテイヤッカーラ

ンのカーストに関する伝説的歴史などの記述にとどまっている（Payyanāṭŭ 1979）。

ブラーマンであり、サンスクリット大学教授であるM. V. ヴィシュヌナンブーディリは、多数のトーッタムをテイヤッカーランから収集し、それに注釈をつけて出版した（Viśṅŭnambūtiri 1981a, 1981b, 1990, 1996, 1997）。他のトーッタム集が、部分的にしかトーッタムを記録していないのに対し、カトゥヴァヌールヴィーラン（Katuvanūrvīran）やポッタン（Poṭṭan）テイヤムなど、長時間にわたるトーッタムを全て書き起こしているため、資料的価値は大きい。彼の学位論文でもある『トーッタム研究』（Viśṅŭnambūtiri 1990）には、主にテイヤムの分類やトーッタムの特徴について述べられている。これら郷土史家によるテイヤム研究は、トーッタムの紹介とテイヤムの分類が中心であり、資料としては貴重であるが、社会的、歴史的視点は欠けていた。

初期のテイヤム研究が、郷土史家らによる現地語のマラヤーラム語で書かれたものであったのに対し、英語でテイヤムを紹介し、海外研究者の関心を集めたのは、カリカット大学教授の歴史学者、K.K.N. クルップであった。彼は、ケーララ北部を治めていたコーラッティリ王（Kōlattiri Rāja）の下で発達したテイヤム崇拝は、シャンガム時代（1～5世紀）の英雄崇拝を起源とする、ドラヴィダ的なものであり、後にアーリヤ化がなされたとする。だが実際にどのコーラッティリ王によっていかなる発展をとげたのか、史実は明らかにされていない（Kurup 1973）。カタカリやクーリヤーッタムなどの芸能がパトロンや発展の史実が明らかなのに対し、テイヤムに関しては史料がないため、歴史を辿ることには限界があるといえる。またクルップは、テイヤム儀礼を通してカーストと農業を捉え、地主である高位カーストはテイヤム儀礼を用いて低位カーストの小作人を搾取していたとみる（Kurup 1986: 43-44）。彼の論文は、左翼的思想が反映されているのが特徴といえる。

一方ケーララ出身の歴史学者メノンは、テイヤムの神話を、低位カーストおよび高位カーストのものがカーストの規範に背いたため、死の制裁を受けるというものであると解釈する。そして不当な罰則を受けたものたちは、神格化されテイヤムとして祀られる。そのためテイヤムを、何が正義で何が不正義かに関して集合的想像を生み出す「モラル・コミュニティー」と称した（Menon 1993: 189-190）。また、不貞を疑われた女性が殺され神格化する神話は、女性のセクシャリティのコントロールに対する問題提起であるとみる（ibid. 206）。メノンの研究は、テイヤムを社会的価値観との関係で捉えており、社会学的にも興味深い考察である。

このように、インド国内、特にケーララ州出身の学者によるテイヤム研究は、民俗学的、歴史学的研究であった。文化人類学的研究はアメリカ人のアシュレイとフリーマンによって本格的に始められる。アシュレイは、現代のテイヤムが宗教儀礼としてだけではなく、演劇、政治とも関わっていることに着目した（Ashley 1993）。また、土地改革により、高カーストのテイヤムのパトロンとしての地位が低下し、代わりに低カーストの台頭がみられることを指摘した（Ashley and Holloman 1982）。テイヤムのパフォーマンス性、および政治との関わりは、本著の論点の一つである。

テイヤムを社会との関わりという大きな枠組みの中で論じたアシュレイに対し、フリーマンはテイヤムの儀礼や神話の詳細な分析の中から、テイヤム儀礼に関する民俗知識を丹念に集め、テイヤム儀礼のコンテキストと北ケーララの文化の中で働くシャクティ（力）の性質と役割を明らかにすることを試みた。フリーマンによると、シャクティには異なる３つの側面、①形而上学的、②政治・経済的、③生物学的側面がある。シャクティの概念は多義にわたり、政治的権力と宗教的権力は相互関係にあり、従属関係でないとした（Freeman 1991）。ここでいう政治的力とは、儀礼、神話に表れる王の武力、威信であり、現代政治は考慮されていない。フリーマンの分析対象は、あくまで儀礼・神話であり、現実社会との関連性が明らかにされておらず、静態的な分析にとどまっている。

フランスの人類学者タラブーは、テイヤムのイメージが英国支配期から現在にいたるまでいかに変わっていったのかを、先行研究を用いて分析する（Tarabout 2005）。彼は、西洋文化に接触したインド人がテイヤムをアートとしてみるようになったことを指摘している。アシュレイもタラブーも、テイヤムの様式や概念の変化の要因として西洋文化の影響に重点を与えているが、内側からの変化に関する考察が不十分であるといえる（Koga 2003）。筆者は、テイヤムが儀礼としてのみならず「アート」としての側面をもち、それが権力関係の中で戦略的に解釈され議論されていることを指摘した（古賀 2000a）。

また、筆者はテイヤッカーランのライフヒストリーから、テイヤッカーランの社会的地位の変化を論じ、ミクロな社会から儀礼と社会の変化を捉えようとした（古賀 2000b）。また、筆者の調査地よりも南側で調査を行った竹村は、テイヤッカーラン親子に密着し、儀礼の技法の学習過程を分析し、テイヤッカーランは周囲からの評価をうけながら儀礼を実践していくことを指摘した（竹村 2003）。さらに竹村は、数あるテイヤムの中でもムッタッパン神に着目し、テイヤッカーランがムッタッパン祭儀を専門に国内のみならず海外でも活動の岐路を見出し、経済的地位を上昇させていることを指摘し、テイヤムのグローバル化がさらに進んでいることを示した（竹村 2015）。

近年では、ケーララ出身の文化人類学者による、テイヤムに対する内側からの詳細な研究が目立つ。ケーララ出身で、ベルゲン大学で人類学を学んだディネーシャンも、ムッタッパンに注目している。彼によると、女神など一般のテイヤムが中世の王権やカースト、母系タラワードゥと密接に結びついているのに対し、ムッタッパンはそうした関係にとらわれないため、地域を越え、都市部や海外でも祀られるという。また彼は、ムッタッパンがインターネット上のサイトで、他のテイヤムと比べ、露出の頻度が多いことを指摘している（Dinesan 2009, 2010）。

ダーモーダランはマラヤン・カーストの祭儀に注目し、テイヤム儀礼は人と環境、パフォーマーとテイヤム、宗教と崇拝の相互作用がおりなす、聖なる複合体であるとした（Damodaran 2007, 2009）。自らもテイヤムの担い手カーストのマラヤンであるコマースは、自らのテイヤムの体験も踏まえ、マラヤン・カーストの儀礼と経済・社会的状況を、政治・経済的視点で描いている（Komath 2005, 2013）。

先行研究の中でテイヤムは、フォークロア、宗教儀礼、アート、または政治的運動との関連で捉えられてきた。本書では、テイヤムに対する人々の態度、言説等から、テイヤムを「芸能的儀礼」と呼ぶことにした。テイヤムは芸能色の強い儀礼であり、そのパフォーマンス性は観ている人に様々な解釈を可能とするからである。

多面的にテイヤムが分析されてきた先行研究を踏まえ、本書ではまず、儀礼、神話という宗教実践の土台と、歴史的社会との関係を問う。そして、親族関係や芸能者の地位、政治やアートといった現代的側面に着目し、テイヤムが儀礼にとどまらず、芸能として社会に関わっていることから、儀礼や神話は、静態的ではなく、時代によって生成されるものであることを示していきたい。

第3節　調査地の概要

1．ケーララと調査地の選定

ケーララ州は、インドの南西端に位置しており、面積は3万8863平方キロメートル、人口は3387万7677人である（Census of India 2011）。北部は、1792年から英国政府に、マドラス管区の一部として統治されており、1956年に同じマラヤーラム語を話す中部と南部と合併して、ケーララ州が成立した。

テイヤム儀礼が行われている地域は、カンヌール県、カーサルゴードゥ県を中心としたケーララ州北部であるが、広領域にわたるため、全てのテイヤム儀礼を網羅することは不可能である。そのため本書では、主なテイヤムを創造

図2　ケーララ州の位置

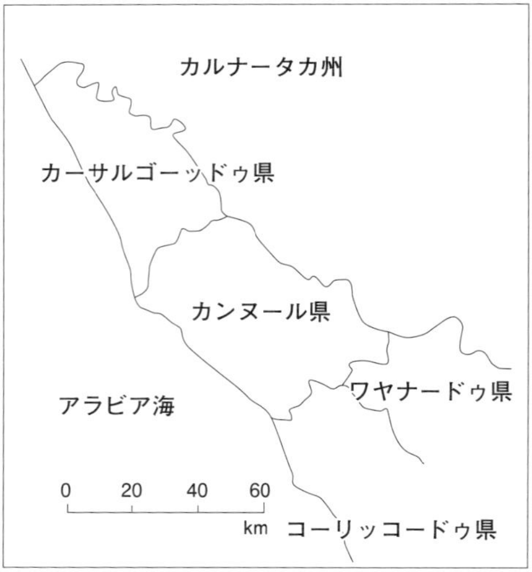

図3　ケーララ州北部

したテイヤッカーランが存在したという伝承が存在する、カンヌール県のカリヴェルール村を中心にみていく。ただ、テイヤッカーランの祭祀権は、現在の行政村を複数またがっているため、カリヴェルール村の周辺の村々にも言及する。また、テイヤッカーランへ称号を与える王家やブラーマン寺院など、テイヤム祭祀に密接にかかわる役割に関しては、村落を超えて言及する。さらに、第4章の説話分析では、個々のテイヤム神の伝承に焦点を当てるため、村落外にある各テイヤム神にまつわる寺院を取り扱う。

調査は、1997年11月から1999年8月の間の約1年半と、2001年2月から3月、2002年1月から2月、2003年1月と8月、2017年3月に行われた。

2. カリヴェルール村の概況

カリヴェルール村は、カンヌール県の北西部、カーサルゴーッドゥ県との県境に位置する。行政村としてのカリヴェルール村は、面積1131.26エーカー、戸数2327戸、人口1万2269人（男性5810、女性6459）の村である（Census of India 1991）。隣接するペララム村と共に、カリヴェルール・ペララム村パンチャヤートに属する（図4）。

隣接するタミル・ナードゥ州の村がカーストごとに密集して居住しているのに対し、ケーララ州の村落は、家と家との距離が離れている散村である。1970年の土地改革により、ブラーマンやナーヤルなどの大地主がもっていた土地は政府に没収され、ティーヤ（Tīyan）などの小作人に買われるようになった。こうした新たな土地の売買により、現在では多カーストが混住している。しかし、ブラーマンの家（イッラム、*illam*）やテイヤムを祀るタラワードゥに注目してみると、同じカーストが近隣に居住している傾向があることがわかる。

村の中心部には、シヴァ寺院やナーラヤナン寺院などブラーマンが司祭を勤める寺院があり、その周辺には、ブラーマンやナーヤルなどの高位カーストが居住し、その周りにマニヤーニ（Maṇiyāṇi）やワーニヤ（Vāniyar）などの中位カーストの寺院や家がある。低位カーストのティーヤの家は中心部から離れた、南部のクニヤン地域に密集している。そして、村の周辺にはプラヤ（Pulaya）やチャックリヤ（Cakkliya）といった不可触民（*harijan*）のコロニーが点在している。

シヴァ寺院は周辺地域でも最も古い寺院の一つで、その北側にカーマークシ女神寺院とヴィシュヌ寺院がある。伝説によると、ヴィシュヌ寺院よりも前に、ソーメーシュワリ女神が祀られていたが、ヴィシュヌが祀られるようになってから、女神はワーニ・イッラム（ティーヤの寺院）に移動したといわれる。また、シヴァ寺院の南東側には、ワーニヤ・カーストの守護神、ムッチローットゥ女神を祀る寺院と、その向かいにはチラッカル王に呪術的力を認められたといわれるワンナーンのテイヤッカーラン、マナッカーダン・グルッカル（Manakkāṭan Gurukkaḷ）の廟（*samādhi*）が存在する。シヴァ神の熱心な信者であったムッチローットゥと、数多くのテイヤムを創出したとされるグルッカルの廟があり、この地域は真に近代テイヤムの発祥の地であるといえる。村を斜めに横切る国道の中心部から西側にのびた小道は、チャーリヤ（*cāliyar*）・カーストの居住する通り（*teru*）であり、現在でも機織りに従事する者の姿がみられる。

カリヴェルール村の中心部にはテイヤム寺院、ブラーマン寺院、モスクが集中しており、「パッリコーヴィル（pallikōvil）」と呼ばれ、カリヴェルール村の中心であったと考えられる。パッリとは、モスクを指し、モスクが二つあることから、このような呼び名が付いた。現在モスクがあるところは本来、シャースター神[10]を祀っていたといわれる。シャースター神は元々仏陀であり、ティーヤカーストが祀っていたともいわれる。このようにカリヴェルール村は、仏教、イスラム教、ヒンドゥー教の宗教施設が集まる、地域の宗教センターであった。

火葬場や元不可触民の居住地区、コロニーは、村の周辺部に存在する。特に図５中の６番のコロニーには、州政府が補助金を出して建設した、貧困者のための家が集まっている。

全体的にみると、中心部に寺院が集まっているが、それは高位カーストの寺院だけでなく、低位カーストの寺院や廟も混在している。ケーララ北部は散村であり、カーストごとの居住地が明確に区切られていなく、入れ子状態になっているのが特徴である。

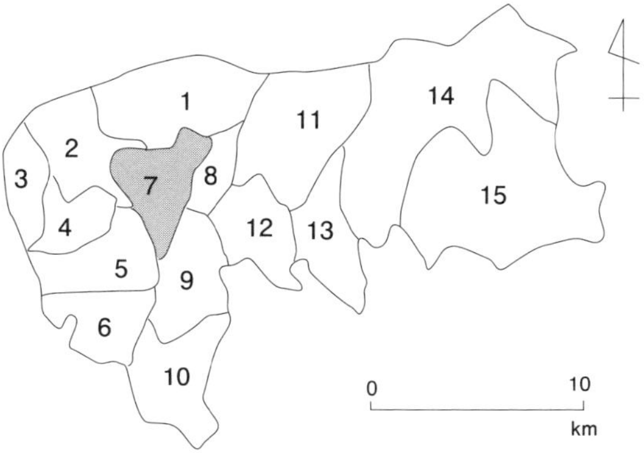

1　コダカッド村　　2　ピリコードゥ村
3　パダナ村　　4　ウディヌール村
5　北トリカリプール村　　6　南トリカリプール村
7　カリヴェルール村　　8　ペラム村
9　ヴェッルール村　　10　パイヤヌール市
11　アーラッパダンバ村　　12　カーンゴール村
13　ペリンゴーム村　　14　クットゥール村
15　エラマム村　（1～6はカーサルゴーッドゥ県、7～15はカンヌール県内）

図4　カリヴェルール村とその周辺の村落

3．カリヴェルール村の政治史

ケーララ州北部は共産党が優勢な地域であるが、中でもカリヴェルール村は、1930年代から共産党勢力が拡大し、1946年に大規模な農民の王に対する抵抗運動が起こった。この運動によりカリヴェルール村は、共産勢力が優勢な地域として地域史に名を残すことになった。

カリヴェルール村の農民運動を調査したジューブ・ド・ウィトによると、イギリス政府は、各地域の領主（*janami*）に土地を管理させ、土地の収益を納めさせるよう義務づけた。その結果、領主と搾取される小作人との間に亀裂が生じた。1929年にマラバール借用条約が締結されるが、それは領主と借主

●テイヤム寺院（カースト名）
- 1　ムッチローットゥ・バガヴァティ寺院（ワーニヤ）
- 2　ワーニイッラム（ティーヤ）
- 3　クディラカッリ寺院（チャーリヤ）
- 4　パーラッタラ（ムーワーリ）
- 5　パランバッタラ（ティーヤ）
- 6　オーリアラ（ティーヤ）

卍ブラーマン寺院
- 1　シヴァ寺院
- 2　カーマークシ女神寺院
- 3　ネイアムルタコーッタム（シヴァ寺院）
- 4　コートゥール・ヴィシュヌ寺院
- 5　ナーラーヤナ寺院
- 6　キールール・シャースターヴ寺院

☪ムスリムモスク

■マナッカーダン・グルッカル廟

⊠火葬場（カースト名）
- 1　（チャーリヤ）
- 2　（ティーヤ）
- 3　（ナーヤル）
- 4　（モガヤ）
- 5　（ティーヤ）

◎被差別民コロニー（カースト名）
- 1・2　（チャックリヤ）
- 3・4・5　（プラヤ）
- 6　（全カースト）

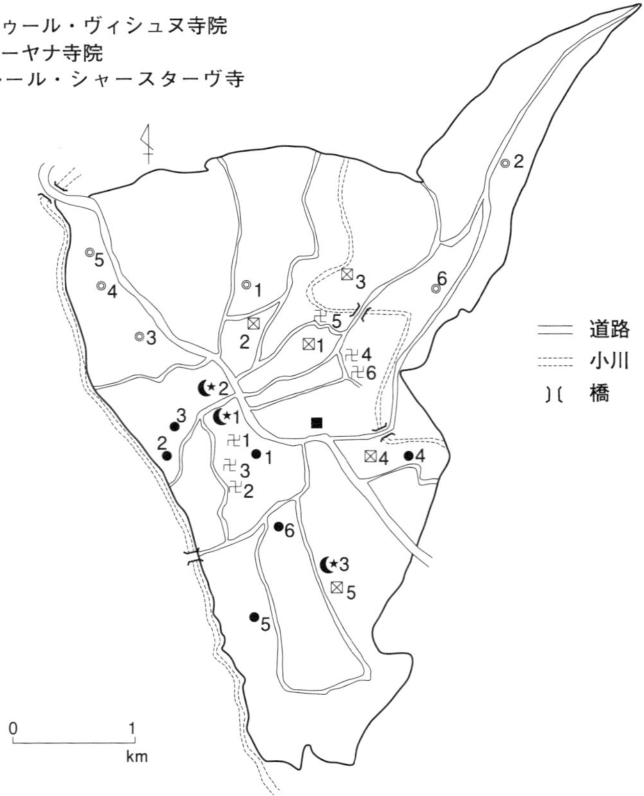

図５　カリヴェルール村の寺院、火葬場、コロニー

（*kanamdars*）の利益を保護するものであり、小規模な借用権（*kanam*）の持ち主は、ほとんど得るものがなかった。1930年頃から小規模な貧しい小作人たちが、農民集団（Karshaka Sangham、後の共産党）の指導のもと、地主に抵抗をみせ始めた（Joop de Wit 1982: 31）。

カリヴェルール村で最大の土地を所有する大地主は、カンヌール県南部に住むチラッカル王であり、約450エーカーを所有していた。続く大地主は、ウンニッティリ[11]の家であり、約200エーカーを所有していた（ibid. 1982: 31）。

1928年、カリヴェルール村から12キロほど離れたパイヤヌール市では、首相ジャワーハルラール・ネルーによる、反英運動と独立を呼びかける講演があった。それに共鳴したカリヴェルールの村人たちは、その後、熱心に反英運動に参加し始めた。1931年、カリヴェルール村で会議派（Congress）が結成され、A. K. クンニャンブが代表となる。1939年、会議派の左派が共産党を結成し、カリヴェルール村では大多数が共産党を支持するようになる。1929年から33年の間に世界を襲った世界恐慌は、農作物の価格を下落させ、地主や小作人は貧窮に陥った。さらに第二次世界大戦で、村中の品物、食料が戦地へ運び込まれ、村内では塩、米など生活必需品が不足し、商人は闇市で売るようになった。村人の中では、闇商人、大地主の搾取、チラッカル王の徴収に対する不満が高まった。1946年12月20日、チラッカル王家から税の徴収人が川を舟で渡って来て、警官やイスラム労働者、王家の家来を含む46人が、1万8000キログラムの米を舟に乗せて持ち帰ろうとした際に、約1500人の村人たちが怒り、石や棒をもって抵抗し、警官らと戦った。この戦いで、2名が殺され、大勢が負傷し、196名が逮捕された。彼らの幾人かは独立運動家として今でも尊敬され、政府から年金を受給している（Sumarṇika 1992: 34-7; Joop de Wit 1982: 46-47）。現在でも、村人の大多数は共産党支持者であり、1999年の村の自治機関であるパンチャーヤット[12]のメンバー11人は全て共産党であった。

4．カースト

カーストとは、ポルトガル語で「家柄」「血統」を意味するカスタ（casta）に由来する語であり、インドでは「生まれ」を意味するジャーティと呼んでいた

（藤井 2003: 16-17)。現在、ケーララでは、ジャーティの他に、「社会」を意味するサムダーヤム（*samdāyam*）[13]という語を使う。

カースト概念は、イギリス植民地時代に法的に規定された。1772年の「ヒンドゥー法」においては、社会はバラモン、クシャトリヤ、ヴァァイシャ、シュードラの4つのカーストから成るとされ、不可触民はシュードラに属するものとされた。1935年のインド統治法において、「指定カースト」(Scheduled Caste)を特定し、不可触民のほとんどが「指定カースト」の枠に入れられた（小谷 1996: 127-129, 137-138)。ガンジーは不可触民に対する差別に反対し、不可触民を、「神の子」を意味する「ハリジャン」と呼んだ。その他、不可触民はアンタッチャブルと呼ばれるが、現在では行政的には「指定カースト」という。

ケーララにおいても、ワンナーン以下のヒンドゥー教徒は「指定カースト」のカテゴリーに入れられる（表1参照)。実際、「ハリジャン」と呼ばれるのは、プラヤとチャックリヤのみであり、彼らの居住地は「ハリジャン・コロニー」といわれる。だが、従来のインド文化人類学では、「指定カースト」全てを「不可触民（アンタッチャブル)」とするため本稿でもそれに準ずるが、分析概念としての「不可触民」と実際に使われている「不可触民」では、そこに大きな隔たりがある。それは「不可触民」の概念が固定的ではなく、時代と共に変わっていく流動的なものであることを意味する。

カーストは初期の人類学から現在にいたるまで、研究対象であり分析概念でもある。近年では、カースト・ヒエラルキーはイギリス植民地支配の下、国勢調査（センサス）の作成によって強化されていったとの議論があるが（藤井 2003: 61-67)、ケーララではそれ以前から、厳しいカースト差別が存在した。それは、低カーストが高カーストに一定の距離以上近づくと、高カーストを穢してしまう「空気の穢れ（atmospheric pollution)」[14]といわれるものであり、例えば、ブラーマンやナーヤルなどの高カーストに対し、プラヤ（Pulaya）は64歩、カニシャン（Kaniśan）は36歩、ムックヴァン（Mukkuvan）[15]は24歩というように定められていた（Logan 1995 [1951]: 118; Gundert 1999 [1872]: 461)。こうしたカースト差別に対し、イーラワー（Īlavar)・カースト[16]のシュリー・ナーラヤナ・グルが、イーラワー（またはティーヤ）が司祭をつとめるシヴァ寺院の建設などを行った（栗屋 1994: 287-288; Menon 1996 [1967]: 399)。また、マハトマ・ガンジー率いるインド国民会議派の影響もうけ、不可触民の根絶運動が始まる。そして1936年には、トラヴァンコールのマハラジャ、チトラ・ティルナル・バララマ・ヴァルマの宣言により、いかなるカーストにも寺院に入り礼拝する権利が与えられた（Menon 1996 [1967]: 402, 405）。

1950年頃までは、各カーストの伝統的職業を継承するものが多く、村落内は貨幣経済よりも物々交換が浸透していた。学校数はまだ少なく、子どもたちの多くは寺子屋で学び、不可触民の子弟がブラーマンの師に差別されることもあった。またカースト間の共食は禁じられ、低位カーストの者が高位カーストの家の中に上がることは稀だった。

1960年以降は高等教育を含めた学校が増設され、低位カーストも含む複数のカーストの子弟が学ぶようになった。職業の選択に際しても、伝統的職業に縛られず安定した収入の得られる公務員や会社員を選ぶ者が増えてきた。レストランや結婚式でも異なるカーストが一緒に食事をとるようになり、共食のタブーが緩和された。また公の交通機関が発達し、バスや電車内でカースト間の距離を保つことは実質上不可能となる。さらに近代教育の影響で、カースト差別は恥ずべき慣習であると捉えられるようになった。

ケーララでは共産主義の影響と高い教育水準のため、カーストを公の前でいうことがはばかれる。以前は高位カーストであれば、名前の後にカースト名をつけた。例えば、ヴィシュヌ・ナンブーディリというようにである。また低位カーストであれば、ティーヤ・カンナンのように逆にカースト名を名前の前につけて呼ばれた。だが現在では、高位カーストの中にはカーストを名乗る者がいるが、低位カーストの者をカースト名で呼ぶことはなくなった。

カーストについて尋ねようとすると、「カーストはもはや存在しない」とケーララの人はいう。表面的にはみえにくくなったカーストだが、実際には、カースト抜きにしては考えられない慣習がある。それは婚姻であり、結婚は同一カースト内で行うことが望まれる。恋愛による異カースト間結婚は村落では少なく、両親が同一カースト内で子どもに合った伴侶を選ぶ見合い結婚が主流である。

さらに近年ではカースト留保制度により、低位カースト（後進カースト、優先カースト、指定カースト）に対して国公立大学の入学や公務員採用などが優遇さ

カースト分類	カースト	地区番号 1	2	3	4	5	6	カースト別合計
寺院職能者	ナンブーディリ	5	193	50	0	0	0	248
	ワーリヤ	0	0	6	0	12	0	18
	マーラー	0	2	14	0	25	6	47
王、支配者	ヴァルマ	0	3	0	0	0	4	7
	ウンニッティリ	0	2	113	0	0	0	115
	ナンビ	45	0	0	0	2	9	56
上位カースト	ボドゥワール	44	69	14	4	31	14	176
	ナンビヤール	15	14	29	12	7	0	77
	ナーヤル	206	242	212	27	158	242	1087
	アディヨーディ	14	3	7	0	0	0	24
後進カースト	ウェルッテーダットゥ・ナーヤル	26	3	22	20	6	2	79
	マニヤーニ	51	417	269	52	20	165	974
	ワーニヤ	90	229	111	28	216	21	695
	ナーヴティーヤ	9	16	9	0	0	0	34
	ティーヤ	673	518	443	377	994	1377	4382
	カーヴティーヤ	3	0	8	17	12	9	49
	チャーリヤ	165	76	71	640	5	5	962
	ムーワーリ	51	0	0	0	101	0	152
	チェッティ	9	8	43	4	0	0	64
	タッタン	5	0	0	0	0	0	5
	コッラン	25	8	9	0	0	0	42
	アーシャーリ	0	0	0	2	0	31	33
	カニシャン	0	31	11	0	14	9	65
優先カースト	モガヤ	0	10	0	111	101	0	222
指定カースト	ワンナーン	23	15	4	21	19	23	105
	マラヤン	4	0	0	8	0	0	12
	ヴェーラン	0	0	0	0	0	3	3
	プラヤ	22	8	14	0	19	0	63
	チャックリヤ	30	19	5	0	0	0	54
その他	ムスリム	83	67	100	108	124	68	550

クリスチャン	0	53	5	4	0	0	62
コンカニ	31	5	3	0	0	0	39
ビッライ	3	6	0	0	0	0	9
タミル	0	2	3	0	10	0	15
バラデーシ（ヨーギ）	9	0	13	0	0	0	22
ヘッパー（カルナータカ）	0	0	4	0	0	0	4
ワード別合計	1641	2019	1592	1435	1876	1988	10551

表1　カリヴェルール村の地区別カースト人数

れるようになった。そのため、高位カーストのものからは、逆差別であるとの非難の声もある。

カースト差別は減少したがカースト意識は根強く残っており、村落内では誰がどのカーストに所属しているかは周知の事実である。だが人類学調査では、村人個人のカーストを直接本人に尋ねるのははばかれるのが現状である。そのため、調査村のカースト構成を調べるにあたって、共産党員が所有している投票者リストを入手し、党員やパンチャーヤット書記らに彼らの地区の住民のカーストを尋ねた。それを基に作成したのが、表1である。よって、この表には、18歳以上の男女のみが含まれる。カリヴェルール村は、6つの地区（ward）に分かれる（図6）。

表1は村人の意識するヒエラルキーの順に従ったが、必ずしも上下関係を表しているわけではなく、特に後進カースト内の職人カーストらは、ほぼ同等とみなされている。また、その他のカーストは、

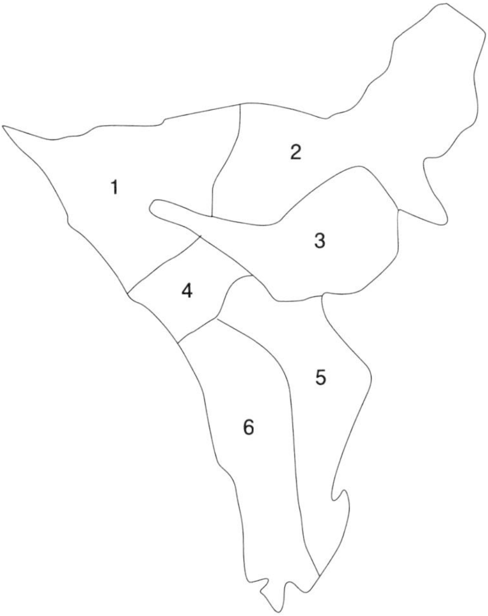

図6　カリヴェルール村地区区分

分類	カースト	伝統的職業	父系・母系	菜食・非菜食	人数
寺院職能者	ナンブーディリ	寺院祭司	父系	菜食	248
	ワーリヤ	寺院内での花輪作り	母系	菜食	18
	マーラー	寺院薬士	母系	菜食	47
王、支配者	ヴァルマ	王	母系	菜食	7
	ウンニッティリ	地主	母系	菜食	115
	ナンビ	地主	母系	菜食	56
上位カースト	ボドゥワール	戦士	母系	非菜食	176
	ナンビヤール	戦士	母系	非菜食	77
	ナーヤル	戦士	母系	非菜食	1087
	アディヨーディ	戦士	母系	非菜食	24
後進カースト	ウェルッテーダットゥ・ナーヤル	ワーニヤ以上の洗濯屋	母系	非菜食	24
	マニヤーニ	石切、建設	母系	非菜食	79
	ワーニヤ	油作り	母系	非菜食	974
	ナーヴティーヤ	ワーニヤ以上の床屋	母系	非菜食	34
	ティーヤ	椰子酒作り		非菜食	4382
	カーヴティーヤ	ティーヤ以上の床屋		非菜食	49
	チャーリヤ	機織	母系	非菜食	962
	ムーワーリ	石切	母系	非菜食	152
	チェッティ	金細工師	母系	非菜食	64
	コッラン	鍛冶屋	母系	非菜食	42
	アーシャーリ	大工	母系	非菜食	33
	カニシャン	占星術師	父系	非菜食	65
優先カースト	モガヤ	漁師	母系	非菜食	222
指定カースト	ワンナーン	ティーヤ以下の洗濯屋、テイヤム・パフォーマー	母系	非菜食	105
	マラヤン	呪術師、産婆、テイヤム・パフォーマー	父系	非菜食	12
	ブラヤ	マット作り	父系・母系	非菜食	63
	チャックリヤ	靴作り	母系	非菜食	54

その他	ムスリム	母系	非菜食	550
	クリスチャン	父系	非菜食	62

表2　カリヴェルール村のカースト構成

異教徒や州外から移住してきた人のため、ヒエラルキーは明確ではない。その他のコンカニ（Konkani）は、南西海岸部に居住するサラスヴァティ・ブラーマンである。ピッライ（Pillai）は中部ケーララのナーヤルと同等のカーストである。タミルはタミルから来たもの、パラデーシ（Paradēśi）は他の地方から来たヨーギ（Yōgi、放浪者）を指す。ヘッバー（Hebbar）は隣のカルナータカ州から移住したといわれる。王位カーストのヴァルマ（Varma）は、中部・南部ケーララ出身者である。

この表を見ると、カリヴェルール村で最も多いカーストはティーヤであり、全体の4割以上を占めることがわかる。次に多いのがナーヤルであり、1割強を占める。ムスリムは1割に達せず、クリスチャンは少ないのが特徴である。

地区によってカーストの分布に特徴がみられ、1地区ではブラーマンは少ないが織物カーストのチャーリヤが多く、多カーストが居住している。2地区はブラーマンが最も多い地区である。3地区も複数のカーストが居住している。4、5、6地区にはブラーマンはひとりも存在しない。5、6地区で半数以上を占めるのはティーヤである。

カリヴェルール村の主なカーストの伝統的職業と、タラワードゥの継承権が父系と母系のどちらにあるのか、また菜食主義か非菜食主義かをまとめたのが表2である。

食事に関しては、寺院職能者と王・支配カーストが菜食主義で、それ以外は非菜食主義である。だが中には、上位カーストの中にも菜食主義のもの、あるいは菜食主義に変更するものもいる。また、肉は食べないが魚は食べるといった、魚料理の多いケーララの食文化を反映している食生活を送る人も少なくない。

現在では、伝統的職業を継承しているものは多くなく、カーストによる職業差別がなくなり様々な職種に就いている。カリヴェルール・ペララム村パン

職業	人数	職業	人数
土地なし農民	2550	建築業	437
土地持ち農民	692	床屋	20
漁民	29	商人	66
魚売り	90	工場	61
小売店	232	医者	18
織物	221	弁護士	12
葉巻つくり	900	エンジニア	28
ロープつくり	33	教師	467
荷物運び	42	警官	35
車製造	175	軍人	108
仕立て屋	156	役人	369
石切屋	224	半官民	130

表３　カリヴェルール村とペララム村の職業分布

出典：Kariveḷḷūr-Perḷam Grāma Panāyattū Janakīyāsūtrṅam '96

チャーヤットの調査によると、両村の現在の職業分布は表３のようになる。主な職業は農業（3242人）、タバコ生産業（900人）、教師（467人）、建設業（437人）、政府役人（369人）である。主な農作物には、米、ココナッツ、胡椒、アラカナッツ、カシューナッツなどがある。

5. 家族・婚姻関係、タラワードゥ

全ての人々は、タラワードゥと呼ばれる親族集団に帰属する。タラワードゥは外婚集団であり、同じカーストの異なるタラワードゥの人と結婚することが原則である。よって、父親と母親は異なるタラワードゥに属し、子どもはカーストが父系か母系かによって、どちらのタラワードゥに属するかが決まる。ケーララ州北部では、ナンブーディリなど一部のカーストを除いて母系であり、子どもは母親のタラワードゥの成員となる。表２にあるように、寺院司祭のカーストとカニシャン、マラヤン、一部のプラヤを除いて母系である。

「タラワードゥ」の語源をみると、中世においては、「タラ（*tara*）」とはナー

ヤルの民間と軍事のための行政組織を指し、「ワード（*vātu*）」とは、パード（*pātu*、権威）を表していた（Kurup 1981: 1）。タラを取り仕切っているのがタラワードゥであり、タラワードゥは、土地、寺院、公的場に対する権威をもっていた。よって、タラワードゥは元々ナーヤルの母系合同家族集団を指し、それが現代では全てのカーストの帰属する家の意味で用いられるようになったと考えられる。ブラーマンの場合は、タラワードゥに相当する言葉として、イッラム（illam）を用いている。

タラワードゥでは共有財産をカーラナヴァン（*kāraṇavan*）と呼ばれるタラワードゥの最年長男性が管理していた。男性の財産は姉妹の子どもに相続されるため、こうした制度をマルマッカッターヤム（*marumakkattāyam, marumakkaḷ* = 姉妹の子ども、*tāyam* = 相続）という。

ケーララの母系制は、父系制の多いインドでは稀なケースであり、人類学的にも注目され議論がなされてきた。それらによると、タラワードゥの特徴として、①母系リネージ（Gough 1961; 中根 1979 [1970]）、②合同財産所有単位（Gough 1961; 中根 1979 [1970]; Fuller 1976）、③出産や死のケガレを共有する集団（Gough 1961）があげられる。

だが 19 世紀初頭から、母系大家族制に対する不満の声がタラワードゥ成員からあがり、母系大家族制は崩壊の道をたどる。崩壊の原因としては、①人口増加により、一つのタラワードゥ内に収容しきれなくなったこと（中根 1979 [1970]）、②妻子を優遇するカーラナヴァンに対する不満（ibid. 1979 [1970]）、③ 18 世紀末、英国によるナーヤル軍解隊（Gough 1952; Fuller 1976）、④個人収入を得た男性成員の自立の要求（中根 1979 [1970]）、⑤英国の影響をうけ、妻訪婚を恥ずべきとする考え（Gough 1952）（中部・南部ケーララ）などがあげられる[17]。

こうした要因の結果として、ナーヤルの婚姻とタラワードゥの財産の相続に関する法が、次々に定められた。1896 年マラバール婚姻法により、ナーヤルは結婚の登録を認められ、無遺言の個人財産はタラワードゥと妻子に等分されることになった。そして 1976 年のケーララ州大家族制（廃止）法により、制度的に母系大家族制は廃止される（粟屋 1989）。

19 世紀後半から、各地のタラワードゥで土地、財産の分割が行われ、いくつもの分家（*tāvari, tā*= 母親、*vari*= 系統）に分かれていった。現在では、相続は基本的に双系で行われるようになり、合同家族は核家族化したため、実質上も母系合同家族は存続していないことになる。

しかし、テイヤム儀礼や他の儀礼でも、タラワードゥが主体となって行うものが多い。テイヤム儀礼の主神はタラワードゥの祖先である場合が多く、祭主はカースト寺院にしてもタラワードゥが基本単位である。つまり中根のいうように、祭祀共同体としてのタラワードゥは存続しているのである（中根 1979 [1970]: 398）。だが、それが現在に新たな問題を起こしていることがある。個人の財産は双系で相続されるものの、タラワードゥ屋敷や寺院は伝統通り母系で受け継がれる場合と、父系で受け継がれる場合が生じているからである。第5章第1節で事例をあげているように、父系で受け継がれた場合、自らのタラワードゥではないテイヤムを祀らないため、祭祀が途絶えることがある。そうなると、タラワードゥの成員との間に確執が生じる。

婚姻は、同じカースト内で異なるタラワードゥのものとするのが原則である。だが1970年代までは、ブラーマン男性とナーヤルやワーリヤの女性が結婚するという上昇婚[18]がみられた。現代の婚姻とは異なるが、ナーヤル女性がタラワードゥで、複数の男性を迎え入れて性的関係を結ぶ、サンバンダムと呼ばれる習慣があった。その際、女性は相手の男性がナンブーディリや王族であると誇りを感じていたという（中根 1979 [1970]）。サンバンダムはケーララ中部と南部でみられた慣習であり、北部では夫方居住婚であったのでみられなかったため、上昇婚をサンバンダムの延長と捉えることができないが、上位カーストの男性と関係をもつことによりステイタスが上がるという原理は両方に働いていたといえる。

現代では異カースト間の結婚は稀ではあるが、恋愛などにより生ずることもある。家族・親戚から批判はされるものの、以前のように勘当されることは少なくなり、後には家族から認められて結婚生活を営むようになった。例外的慣習として、ナーヤル階級のカーストであるアディヨーディ・カーストの女性だけは、ポドゥワールなど他のナーヤル階級のカースト男性と結婚せねばならない。

ケーララ州は識字率が90％近くで教育水準は高いが、州内の産業が発達していないため卒業後すぐに就職できず、湾岸諸国などに出稼ぎに行く人が多い。

湾岸諸国へは家族同伴ではなく、夫が単身で出稼ぎに行き、妻子は家に残される。男性の送金により家を建て、子どもを私立学校へ通わせている家も少なくない。夫が雇用されている会社によっては、年に1度の帰国の費用が、会社から出される。その間妻は、子どもを連れて頻繁に実家に戻る。昔のタラワードゥとは異なるが、家にいるのは女性たちが多いという点では、かつてのタラワードゥと類似している。

6．年中行事

ケーララでは、西暦の他にマラヤーラム暦を使っており、祭りや慣習はマラヤーラム暦に従う。マラヤーラム暦は西暦よりも825年遅く、西暦1998年はマラヤーラム暦1173年に当たる。マラヤーラム暦は、太陽暦であり、1年は12カ月に分かれる。太陽が12宮のうち、一つの宮から次の宮へと移る間が、1カ月である。月の変わり目の日がサンクラマム（*sankramam*）である。新年はケーララ中部、南部ではチンガム月（8月半ばから9月半ば）で始まるが、北部ではカンニ月（9月半ばから10月半ば）から始まる。マラヤーラム月と西暦の月の対応は、図7の通りである。

ケーララの気候は、3つの季節に分かれる。第一は3月から5月までの高湿の夏季で、気温は30度台後半まで上がる。第二は6月から10月半ばまでの雨期で、南西モンスーンの影響をうけ、年間の降水量約3000ミリのうち73％をこの時期が占める。第三は10月の半ばから2月の終わりまでの北東モンスーンの影響を受ける時期で、比較的涼しく12月まで時折雨が降る（Kerala State Gazetteer 1986: 292-297）。

カリヴェルール村では前述したように、現在でも稲作に従事している人が最も多い。稲作は基本的に二期作で、9月と2月に収穫を迎える。年中行事は、他の地域と同様に、気候や農業のサイクルと関係している。テイヤムは10月半ば（トゥラーム月10日目、*pattāmudayam*）に始まり、6月の初めに終わるが、この期間は乾期に一致する。実際、野外で衣装を着て、松明を燃やしながら長時間踊るテイヤムは、雨期にはできない儀礼である。トゥラーム月の10日目には、テイヤムを祀る一部の祠で礼拝儀礼がある[19]。この日を境に、テイヤム儀礼

月	マラヤーラム月	天候	稲作	テイヤム	その他の行事	祖先崇拝の日
9	カンニ	雨期	収穫	テイヤム	ナバラートゥリ、バッタームダヤム	
10	トゥラーム	乾期	種まき			ワーヴ
11	ヴルシチガム					
12	ダヌ				ナーガブージュ	
1	マカラム				シヴァラートゥリ	
2	クムバム		収穫		プーラム	ワーヴ
3	ミーナム		種まき		プーラム	ワーヴ
4	メーダム				ヴィシュ	
5	エダヴァム					
6	ミドゥナム	雨期				
7	カルッカダガム				ニラ	ワーヴ
8	チンガム			オーナッタール、ヴェーダ	オーナムブッタリ	
9						

図7　ケーララ北部の年中行事

が、あちらこちらのタラワードゥや寺院で始まる。1年のうち8カ月近く祝われるテイヤムは、北部ケーララの主な年中行事といえる。8月にも、オーナッタール（Ōṇattař）という、ワンヤーンの子どもが扮するテイヤムと、ヴェーダン（Vēṭan）（写真1）というマラヤンの子どもが扮するテイヤムがあり、家々を回ってお米などをもらう。

オーナッタールは、昔ケーララを治めていたといわれる伝説の王、マハーバリ（Mahābali）を表すが、カリヴェルール村付近では最近は見られなくなった。ヴェーダンは、『マハーバーラタ』に出てくるキダヴァ（*kidava*）[20]を表し、チン

写真1　ヴェーダン・テイヤム

ガム月（8～9月）の19日目から月末まで行う。これらのテイヤムは、雨期にテイヤムによる収入がないテイヤッカーランにとって生活の糧となっている。また、マラヤンは雨期に、呪術（マントラワーダム、*mantravādam*）の依頼を受けることが多い。身体や精神に異常があり、医者に診せても原因がわからず、占星術師により、邪視や妖術の影響であるといわれた人は、呪術をマラヤンに依頼するのである。

テイヤム以外の主な年中儀礼には、以下のようなものがある。

ヴィシュ（Viṣu）

メーダム月（4～5月）の一日目は、ケーララ中のヒンドゥー教徒にとっての新年の始まりである。家の礼拝室に、前の晩に用意した花や樹の葉、ジャックフルーツやマンゴー、ココナッツの実、米、稲、ランプを、早朝起きて初めて見ること（*viṣu kaṇi*）が吉祥であるといわれる（写真2）。また男性は新しい腰巻、女性は新しい腰巻と肩掛け、またはサリーを着る。

プーラム（Pūram）

中部のトリシュール地方のプーラム祭は、メーダム月に寺院に象が集まる盛

写真２　ヴィシュの祭壇

大な祭りとして有名だが、北部では時期もやり方も異なる。クムバム月（2～3月）のウッタラム日からミーナム月（2～3月）のウッタラム日の間に、女神寺院を中心として行われ、日程は各寺院によって異なる。ラヤラマンガラム女神寺院は、地域の中心寺院であり、プーラムの日には、従属するカースト寺院であるワーニヤ、マニヤーニ、ティーヤ、アーシャーリの寺院から、神官（*kōmaran*）が集まる。そして夜中に、ラヤラマンガラム女神の神像は、近くのシヴァ寺院の池で水浴（*pūramkuḷi*）を行う。ティーヤやマニヤーニの寺院では、プーラム祭の期間に、プーラッカリ（*pūrakkaḷi*）という、男性たちが輪になって踊るフォークダンスがあり、そこでは愛の神であるカーマデーヴァ神[21]をナーラヤナの名で讃える（写真3）。家では、女性たちが礼拝室にカーマデーヴァ神の姿を花びらで描き、少女が「クー、クー」という高い声を出して、シヴァ神に焼き殺されたカーマデーヴァ神を呼び降ろす（写真4）。男神の寺院の池における女神像の水浴は、性交を意味し、カーマデーヴァを男性と女性によって祀るという儀礼は、セクシャリティと関連しているといえる。プーラム祭の時期が種まきの時期にもあたることから、これらの儀礼は豊饒祈願を意味すると考えられる。

ニラ（Nira）

ニラの日程は地域によって異なり、中心的寺院が定めた日がその地域のニラの日となる。カリヴェルール村付近では、ラヤラマンガラム女神寺院が定めた

写真３　プーラッカリ

写真４　カーマデーヴァ神を呼ぶ少女

カルッカダガム月のうちの１日がニラとなり、パナヤッカートゥ女神寺院などの付属する寺院はそれに従う。ニラとは、「つめる（*nirakkuka*）」から派生した名詞である。各寺院の司祭（*antittiriyan*）と神官（*kōmaran*）は、田から稲をとって、決まった時間帯に寺院に持参し奉納する。

写真 5　オーナム祭のボートレース

オーナム（Ōṇam）

オーナムは、ケーララ中で祝われる、ケーララ人にとって最大の祭りである。チンガム月のティルオーナムの日が大祭である。オーナムの由来は以下の通りである。

ケーララはかつて、マハーバリという王により治められており、人々はみな平等で平和に暮らしていた。それをねたんだヴィシュヌ神が、小人ワーマナに化けて王に近づき、三歩で歩いた範囲の土地を欲しいと申し出た。王が承諾すると、ワーマナは三歩目に巨人となり、マハーバリ王の頭を踏んで、地下に埋めてしまった。それ以来マハーバリ王は、年に一度オーナムの日だけ、ケーララ人に会うためにケーララの地を訪れることを許されるようになった。つまりオーナム祭は、王の再来を祝う日である。

オーナムの朝には、玄関の前に女性たちが花びらや種で模様（*pūkkaḷam*）を描く。ケーララ中部では、花の中央に土で塔を作るが[22]、北部では土の塔は作らない。南部の用水路沿いでは、大規模なボートレースがこの時期行われるが、北部では、それを模倣した小規模なレースが、ニレーシュワラ市付近の川で行われる（写真5）。村では、クラブが主体となって、物真似やクイズなどの演芸大会などが催される。

写真6 カリヴェルール村のムーガンビカ女神寺院での学び始めの儀式

プッタリ（Puttari）

チンガム月にあるが、日はニラと同様、地域の主寺院が定める。主寺院の職員が新しい稲を収穫して脱穀した米を、付属寺院の司祭や神官が取りに行き、それを村人に配る。寺院や家では、米と、ココナッツ、粗砂糖、ギー、蜂蜜、胡椒を一緒に束ねて飾る慣習がある。吉なる時間に鳴る寺院の合図とともに、それらを煮て食べる。

ナヴァラートゥリ（Navarātri）

カンニ月（9～10月）の9夜に、女神を祀る祭りである。タミル・ナードゥ州のように、家に神々の人形がひな壇に飾られることはなく、女神寺院で礼拝儀礼が行われる。最後の3日（アシュタミ日、ナヴァミ日、ダシャミ日）は、学問の神サラスヴァティー女神に祈りを捧げる大事な日で、この3日間、学生は書物を家の礼拝室や寺院に預け、礼拝儀礼が終わった最終日に新たな気持ちで学び始める。まだ学校に上がらない小さな子どもは、学び始めの儀式（*vidyārambam*）に参加する。そこで子どもたちは、ブラーマンに金の指輪で舌の上に「ハリ　シュリ　ガナパタヘ　ナマ」[23]と書かれた後、ブラーマンに手をとられて、同様の文字を米の上で書く（写真6)。

ワーヴ（Vāvŭ)

トゥラーム月（10～11月)、クンバム月、メーダム月、カルッカダガム月（7～8月）の新月（*karuttavāvŭ*）の日に、家の中の祠や部屋で、祖先に対する食事を供える。生前の食習慣に基づき、高位カーストの家では菜食カレーが、低位カーストの家では肉や酒が供えられる。ワーヴの日には祖先が帰ってきて食事をして帰ると考えられており、日本のお盆に相当する。

7．テイヤム寺院

テイヤムが祀られるのは、タラワードゥやカースト寺院、または地域の人々によってたてられた祠においてである。テイヤムが祀られる場所は、カーヴ（*kāvŭ*)、タラ（*tara*)、スターナム（*sthānam*）などと呼ばれる、元々は木が生い茂った所で、木や武器が神の依り代として拝まれていた。現在ではヒンドゥー寺院様式を模倣して、祠に御神体を置いて塀で囲う形式をとるようになり、1950年代頃から名称もカーヴではなくクシェートラム（*kṣētram*、寺院）と改めるところも増えてきた。ここではこれらを統一してテイヤム寺院と呼ぶことにする。

テイヤムはあらゆるカーストによって祀られており、カリヴェルール村においても、ほとんどのカーストがテイヤムを祀っていて、その内訳は表4にある。

カースト別寺院数の合計をみると、ティーヤが28社と最も多いが、その内、ポッタン神とムッタッパン神の祠が12社を占める。ポッタン神とムッタッパン神は、祈願によって個人的に祀れる神であり、意志があれば自由に祀り始めることができるため、タラワードゥと土地に縁のあるテイヤムとはいえない。これら二神をぬかすと、最も寺院数が多いのが、ナーヤルである。

各タラワードゥ、テイヤム寺院には、複数の神が祀られている場合が多いが、中でも主神をダルマデーヴァム（*dharmmadēvam*)、またはクラデーヴァム（*kuladēvam*）という。ダルマデーヴァムはタラワードゥの守護神であり、クラ

カースト名	寺院の数	ムッタッパン寺院	ポッタン寺院	カースト別合計
ブラーマン	10	1		11
マーラー	1			1
ウンニッティリ	1			1
ナンビ	2			2
ポドゥワール	3			3
ナンビヤール	1			1
ナーヤル	20			20
ウェルッテーダットゥナーヤル	1			1
マニヤーニ	4	1		5
ワーニヤ	2			2
ティーヤ	16	7	5	28
シャーリヤ	2		1	3
ムーワーリ	1			1
チェッティ	1	1		2
アーシャーリ	2			2
ワンナーン	1			1
プラヤ	2			2
地域の人々	2			2
寺院別合計	72	9	6	87

表4　カリヴェルール村カースト別テイヤム寺院数

デーヴァムはカースト、またはリネージの守護神である。カーストによる主神をまとめたのが、表5である。

テイヤムをその性格から分類すると、1はチラッカル王家の女神、2から7はバガヴァティ（女神）、8は外来の女神、9は疫病の女神、10から13はチャームンディ（女神）、14と15はその他の女神、16から18が戦士神、19はマントラムルティ、20から22は祖先神、23はヴィシュヌ神である。

カーストによって主神に傾向があるといえる。チラッカル王家の主神であるティルワルカーットゥ・バガヴァティ（Tiruvarkāṭṭu Bhagavati）は、各地で様々な名前で呼ばれているが、カリヴェルール村ではワッラークランガラ・バガヴァティ（Vallākuḷangara Bhagavati）と呼ばれるところが多い。ワッラークランガラ・

	1 ワッラークランガラ・バガヴァティ	2 ドゥーマー・バガヴァティ	3 ムッチローットゥ・バガヴァティ	4 ナランビル・バガヴァティ	5 アンガクランガラ・バガヴァティ	6 パナヤカーットゥ・バガヴァティ	7 ニランカル・バガヴァティ	8 アーイッティ・バガヴァティ	9 プディヤ・バガヴァティ	10 マダイル・チャームンディ	11 ムーワーラングリ・チャームンディ	12 クンドーラ・チャームンディ	13 コーロート・チャームンディ	14 ラクテーシュワリ	15 クラッティ	16 ヴィーラバドラン	17 ヴェーッタイッコルマガン	18 ウールッパラッチ	19 ポッタン	20 ムッタッパン	21 トンダッチャン、カーラナヴァン	22 グルデーヴァン	23 ヴィシュヌムールッティ
ブラーマン	2	4	2											2		1	2	2		1			
ウンニッティリ	1																						
マーラー	1																						
ナンビ	1																						
ポドゥワール	1			1						1													
ナンビヤール															1								
ナーヤル	9		1		2	2				1	1		1				1						
ウェルテーダットゥ・ナーヤル	1																						
マニヤーニ						1						1							1				1
ワーニヤ			1									1											
ティーヤ								3	1			2					2		6	8	2		
シャーリヤ											2								1				
ムーワーリ							1																
アーシャーリ																					1		1
ワンナーン		2																					
プラヤ																						1	1

表5　カースト別主神

バガヴァティはナーヤルを中心とした、高位カーストで主に祀られており、支配者階級の神であるといえる。チラッカル王は、支配者階級に同じ神を祀らせ、象徴的にも地域を治めようとしたといえる。ワンナーンによっても祀られているが、ワンナーンは王から直接テイヤムを踊るように命じられたカーストであり、王家との結びつきが強いゆえといえよう。

ブラーマンによって主に祀られているのは、ドゥーマー・バガヴァティ（Dūmā Bhagavati）とラクテーシュワリ（Raktēśvari）である。ティーヤは、外来の女神の他、ムッタッパンやポッタンを主神としている寺院が多い。それはムッタッパンがティーヤの祖先と考えられているのと、これら二神は個人の祈願によって祀り始めることができるため、近年、経済的状況が向上したティーヤによって新たな寺院が建てられたからである。その他、シャーリヤはムーワーラムグリ・チャームンディ（Mūvālamkuli Cāmuṇḍi）を祀っている。

注

1 「大伝統」と「小伝統」とは、レッドフィールドの提示した概念で、インドではシンガーによって応用された。大伝統とは、古典文化で、学校や寺院で培われ、哲学者や読み書きのできる人の間で受け継がれる。それに対し小伝統とは、民衆文化で村落共同体の中で、無学の人々の間で受け継がれる（Redfield 1956: 70）。インドにおいては、シンガーがこの概念を適用し、大伝統はブラーマンの継承する「サンスクリット文化」であり、小伝統は民衆の間で受け継がれる民衆文化であるとした（Singer 1972）。

2 シュリニヴァスは後に、ブラーマンの模倣だけでなく「高位カーストの模倣」に訂正する（Srinivas 1966: 6）。

3 不可触民とは、カーストの元になる4つのヴァルナのいずれにも属さない最下層の人たちで、穢れに携わる仕事をしてきた。ハリジャンやダリトなどの名称でも呼ばれる。1935年インド統治法以降は、政府により「指定カースト」として認定され、大学入学や公務員試験などで優遇される留保制度の対象となっている。

4 一群のヒンドゥー教聖典。

5 祖先を同じくする親族集団の神。

6 ラパポート（Rappaport 2001 [1999]）の調査した儀礼と同じものを調査している。

7 石井（1993）に準じて、efficacy を効験性と訳した。

8 モジュールとは、ある程度独立して特定の機能を担う単位（牧岡 2005: 12）。

9 テイヤムの神霊を呼び降ろして踊る、テイヤム儀礼の主な担い手。不可触民であるワンナーンやマラヤンが担う。

10 シャースターは、別名アイヤッパンとも呼ばれる。シヴァ神と女に化けたヴィシュヌ神の間に生まれた神という神話があり、ケーララ南部パサナムチッタ県にあるシャバリマラ・アイヤッパン寺院が最も規模の大きな巡礼地である（古賀 1997）。

11 ブラーマンに次ぐ高位カースト。

12 インド村落にある伝統的自治機関。従来は5人の村の長老から構成された。独立後は、政府の援助のもとに、環境衛生の改善や公共事業の促進、教育と文化の奨励などの仕事にあたっている（四宮 1992: 579）。カリヴェルール＝ペララム・パンチャーヤットは、カリヴェルール村6地区とペララム村4地区から選ばれる、計10人の代表者から構成されている。

13 相手のカースト名を尋ねる場合、「お前のサムダーヤムは何か」という。

14 ティーンガル（*tīngar*）という。月経中の女性は12歩離れなくてはならない（Gundert 1999 [1872]: 461）。

15 漁師カースト。

16 椰子酒作りを伝統的職業とする。ケーララ州中部・南部ではイーラワル、北部ではティーヤルと呼ばれる。

17 ナーヤルの母系制に関する議論に関しては、古賀（2004）を参照。

18 男性の方が女性よりもカーストが上である結婚。ハイパガミー。

19 司祭（*antittiriyan*）による礼拝儀礼の後、御下がり（*prasādam*）としてアッパン（*appam*、揚げ菓子）が親族や近所の人々に配られる。

20 シャクニの別名。ガンダーラ王スバラの子どもで、クル族の王ドリタラーシュトラの妻ガーンダーリーの弟（菅沼 1990 [1985]: 172）。

21 悪魔タラカアシュラが苦行の結果、神々から超能力を得て悪用し、神々たちを悩ませていた。彼を殺すことができるのはシヴァの息子だけであったが、シヴァは瞑想にふけっていた。そこで神々はカーマデーヴァをシヴァの元におくり、シヴァを瞑想から覚まさせる。瞑想を邪魔されたシヴァは怒って、カーマデーヴァを第三の目によって焼き殺してしまう。カーマデーヴァが死んでしまい、子孫が繁栄しなくなってしまったので、神々は、カーマデーヴァをナーラヤナの名で祈るように指示した。

22 塔は、マハーバリ王を表すとも、ワーマナを表すともいわれる。

23 「ヴィシュヌ神とラクシュミー女神とガナパティ神に帰依します」の意味。

第1章　テイヤムの歴史と儀礼構成

第1節　テイヤム伝承と歴史にみられる王権、ブラーマン、儀礼

1．テイヤム儀礼の祖にまつわる伝承

テイヤムは、ケーララ州の北部のカーサルゴーッドゥ県とカンヌール県において主に祀られている[1]。カーサルゴーッドゥ県の北にある、カルナータカ州南部（トゥル地方）では、「ブータ（*bhūta*）」と呼ばれる祭祀があり、形態は異なるが、テイヤムとの共通性もみられ、いくつかのテイヤムはブータが元になって形成されたといわれている（Kurup 1973: 17）。カルナータカ州とケーララ州の境では、テイヤムとブータが両方祀られるところもある。カンヌール県の南部、カリカット県で行われている「ティラ（*tira*）」も、テイヤムとの類似性がみられるが、舞台劇カタカリの影響もうけ、より脚色化された祭祀である。

現在のケーララ州は、1956年にマラヤーラム語圏として成立した州であり、イギリス統治下では、北部のマラバール（Malabar）、南部のトラヴァンコール、中部のコーチンの3つの行政単位に分けられていた。1949年にトラヴァンコールとコーチンが合併し、それにマラバール県と南カナラ県のカーサルゴーッドゥ徴税地区が合併して、ケーララ州が誕生した。

イギリスの統治以前は、ケーララは複数の小王国に分かれており、北部、中部のケーララでは、カリカットに拠点においていた領主ザモリンが強大な力をもっていた。カリカットにザモリンが台頭してきたのは、14世紀の初めであ

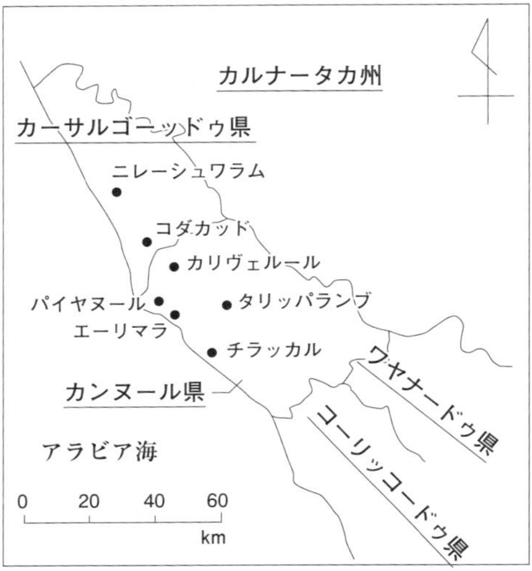

図8　ケーララ州北部

ると考えられる（Menon 1996 [1967]: 186）。次第にザモリンの領土はコーチンの北まで及んだ。ザモリンは領主であったが、クシャトリア（王族）階級には属していなかった。一方で、カンヌールの北部ではエーリマラを首都にして、エーリ王国が栄えていた。エーリ王国はムーシカ王家が支配していたが、13世紀以降ムーシカ王家の系列であるコーラッティリ王が、チラッカルに首都を移してコーラッティリ王国（Kōla Svarūpam）[2]を支配するようになる。だが、コーラッティリ王も、中部のコーチン王とともにザモリンの勢力に脅かされるようになる。

16世紀頃、コーラッティリ王家の王子が、ブラーマンを装ってザモリンを偵察しに行ったところ、ザモリンの娘と恋に落ちた。ザモリンの王が怒ったため、二人はコーラッティリ王のところへ行き、コーラッティリ王は彼らにニレーシュワラムの地を与え、治めさせた。こうしてコーラッティリ王家の王子は、ニレーシュワラ王として、アッラダ王国（Aḷḷaṭa Svar ūpam）の王として君臨するようになった。

王国全体を支配していたのは王であったが、王国の中では地方の領主（*nāṭuvāḻi*）と地域の地主（*janami*）が直接土地を治めていた。王国間の争い、または王国内の争いでは、領土内の兵士たちが各々の領主について参戦した。

テイヤム祭祀の歴史的記録はないが、一般にコーラッティリ王の下で盛んに行われるようになったといわれる。郷土史家のナーラーヤナンナーヤルによると、テイヤムと王の伝承は以下の通りである。

昔、ケーララ北部は二人の王によって治められていた。山岳部はムーシカ（Mūsika）王（後のコーラッティリ王）、海岸部はマヒシャ（Mahiṣa）王が支配していた。ムーシカ王の下には36の寺院が、マヒシャ王の下には23の寺院があり、ラヤラマンガラム（Rayaramangalam）寺院は23寺院の内の一つであった。ムーシカ王は、エーリマラに都を置いた。ムーシカ王国（コーラッティリ王国）はラーガダタムーシカン（Rādaghṭamūṣikan）王からシュリーカンダムーシカン（Śrīkaňṭhamūṣikan）王までの115人の王によって治められた。中でも、サダセーマン（Satasēman、別名 Satasōman）王は約2000年前に、タリッパラムブにあるラージャラージェーシュワラ（Rājarājēsvara）寺院を再建したことで有名である。サダセーマン王の後継者、ヴァラバン（Vaḷabhan）王は、ヴァラパッタナムに都を移した。当時、チラッカル区のカリヴェルール村に、呪術師として有名なワンナーンが住んでいた。彼は呪術、妖術を使えることで有名だった。ヴァラバン王は、このワンナーンの力を試そうと、王宮に招いた。王宮に着くには、3つの川を渡らなければならなかった。王はそれらの川を渡れないように妨害した。だがワンナーンは、呪術を使って川を渡り、王宮にたどり着いた。王はワンナーンに、ムッチローットゥ・バガヴァティをみせるように命じた。ワンナーンは、ムッチローットゥ・バガヴァティの姿を創出し、その外に375のテイヤムを創出した。その内35（*muppattaivvaru*）[3]はマントラムールッティ（マントラの力によって創出された姿）であった。ムーシカ王の母、皇太后は、現在コーラソワルーパッティンガルターイ（Kōlasvarūpattingaltāyi、「コーラッティリ王国を守る母」の意味）という名前で、バッドラカーリーの姿として祀られるようになった。

コーラッティリ王はワンナーンに、「マナッカーダン・グルッカル」の称号を与えた。マナッカーダン・グルッカルは、カリヴェルール村にあるムッチローットゥ・バガヴァティ寺院で、初めてムッチローット・バガヴァティを踊ったワンナーンである[4]。グルッカルはコーラッティリ王に永眠の土地を求め、ムッチローットウ・バガヴァティ寺院の道路を挟んで東側に聖廟となる場を得る。彼はそこに穴を掘って入り、カーラナヴァン（タラワードゥの年長男性）に、椰子の葉とペンを穴に置くように命じた。彼は北向きに座り、ペンをもってムッチローットゥ・バガヴァティの歌（トーッタム）を書き始めた。48日間、弟のクンニャーランが、グルッカルにいわれたように廟の中は覗かず、水だけを廟の穴から注いだ。クンニャーランはその後、ムッチローットゥ・バガヴァティを讃える詩、アイヤディ・トーッタム（*ayyati tōrram*）を書いた。3カ月後、グルッカルの甥が廟を覗くと、グルッカルは甥の片目をペンでつぶした。そのためマナッカーダン・タラワードゥのカーラナヴァンは、晩年片目がみえなくなるといわれている。

（Nārāyanaṇṇāyar 1996: 39-43）

上記の伝承によれば、マナッカーダン・グルッカルは約2000年前に存在したことになるが、歴史家メノンによれば、コーラットゥナード王国の起源は不明である。サンガム時代からエーリマラには王国があり、9世紀頃からムーシカ王が治めていた。14世紀になると、ムーシカ王国はコーラトゥナードゥとして知られ、ムーシカ王の子孫であるコーラッティリ王が統治者となる（Menon 1996 [1967]: 178-180）。マナッカーダン・グルッカルがいつ存在したのか、またその時の王が誰であるのか記録はないが、グルッカルは、18世紀終わりにケーララ州北部で名高い学者であった、パリエーリエッツンタッチャン（Paliyēri Eluttacchan）よりも前に生存していたとされる。

このように、テイヤムがいつどのようにして始まったかという史実は明らかで

写真7　マナッカーダン・グルッカル廟でのワーヴ儀礼

はないが、伝承から女神をはじめとするテイヤムの姿形がマナッカーダン・グルッカルというワンナーンによってつくられ、それが継承されているといえる。

現在、カリヴェルール村にはマナッカーダン・グルッカルを祖先とする二つのタラワードゥが存在している。一つはイラヤ・マナッカーダンで、もう一つがワダッケ・ヴィードゥである。タラワードゥでテイヤムの担い手となる男性成員はテイヤッカーラン（*teyyakkāran*）と呼ばれるが、彼らは年に4回の祖先祭祀、ワーヴ[5]の日に聖廟で供犠を行う。1998年3月24日には、レヴィ・マナッカーダンが司祭となって供犠が行われた（写真7）。この日は、ワンナーン・カーストの家々から1羽以上の鶏が捧げられる。殺された鶏は、近くのタラワードゥに配られる。それらのタラワードゥは、ナーヤル・カーストが2軒、ワーニヤ・カーストが1軒、ティーヤ・カーストが3軒、アーシャーリ・カーストが1軒、ワンナーン・カーストが2軒である。

テイヤム祭祀は、コーラットゥナードゥ地方とアッラダナードゥ地方において発達したものであり、中でもコーラッティリ王とマナッカーダン・グルッカルの存在はテイヤムの発展に大きく関与している。だが王権だけでなく、地方の領主や地主といった支配カーストも、パトロンとして関与している。また、祭礼の際には、ブラーマン寺院も宗教的最高権威者として関わってくる。次に、調査地における王権とブラーマン司祭の寺院、およびテイヤム寺院の諸関係をみていく。

2．テイヤム儀礼における寺院の権利と従属関係

王権とテイヤム儀礼

チラッカル王（かつてのコーラッティリ王）は、1960年代の土地改革以前はカーサルゴーッドゥからコリコードゥ付近までの広大な土地を治めていた。カリヴェルール村には王の別荘（*koṭṭāram*）が存在し、1940年代半ばまで王は籠に乗って視察にやってくるとそこに滞在した。別荘には普段、徴税人（*kāryasthan*）が住んでいた[6]。当時、王または大地主（*valiya janami*）は小地主（*prabhu*）に土地を管理させ、小地主は借主（*kaṭakkāran*）に土地を3年間貸与して収益を得ていた。借主はその間、小作人（*pāṭakkāran*）を使用して耕作し、豊作であればその

分収益は上がった。土地からの収益により、王はテイヤム祭祀を盛大に主宰することができた。カンヌールにあるチラッカル王の宮殿では、4日間のテイヤム祭祀（*kaḷiyāṭṭam*）があり、35のテイヤムが祀られていた。

しかし1969年の土地改革以降は、小地主が借主に貸与した土地は、借主または小作人に所有権が与えられた。王家はほとんどの土地を失い、現在の所有地は40エーカーほどとなった。イギリス政府からは、年に1万2000ルピーの補償金（*mālikhān*）を受け取っていたが、カリヤーッタムを主催する財力を失ったため、1946年（または47年）を最後に、王家主宰のカリヤーッタムは行われていない[7]。

このように政治力、経済力は失った王家、地主ではあるが、儀礼的役割は現在も保持している。チラッカル王は、優れたテイヤッカーランに、称号を与える権利をもつ。ワンナーンであればペルワンナーン、マラヤンであればペルマラヤンといった称号と共に、金の腕輪（*vaḷa*）と絹の布（*paṭṭū*）も与える。チラッカル王のもとには、カーサルゴーッドゥ県から称号をもらいにくるテイヤッカーランもいる。チラッカル王の他に、ニレーシュワラ王、地域の寺院の権威者、またはブラーマンが称号を与える場合もあるが、授与者によって称号の格が異なる。タリッパランブにあるラージャラージェーシュワラ寺院のブラーマン司祭によって与えられる称号が、最も権威あるものとされている。そのため、チラッカル王から称号を受け取ったテイヤッカーランは、ラージャラージェーシュワラ寺院に入るときは、腕輪を外さなければならない。

チラッカル王の管轄下であった寺院は32ある[8]。その内主な5寺院は、①チラッカル・カラリワーディカル寺院、②マーダーイ・カーヴ寺院、③チェルグンヌ・アンナポルネーシュワリー寺院、④カダライ・クリシュナ寺院、⑤チョーワ・シヴァ寺院である。中でも、チラッカル・カラリワーディカルとマーダーイ・カーヴでは、8カ月のテイヤム祭祀期間の最終日である5月初旬に、主神の女神がテイヤムとして祀られ、女神に捧げる大きな壺が担がれる。

チラッカル・カラリワーディカル寺院の主神は、カラリワーディカル女神、別称ラージャラージェーシュワリーと呼ばれる。その他、チュラリ女神、バラッシ女神、クシェートラパーラカン神、ソーメーシュワリ女神、ヴァヤットゥールカーリヤール神、パーダーイクッティ神が祀られる。このことは、カラリワーディカル女神は、チュラリ王国、パラッシ王国の女神を支配下においた、最高位の神であることを示す。カラリとは、小王国時代に、ナーヤルなどの武士階級が武術を訓練した場所である。その名残として、現在でもテイヤム祭礼の際には、少年少女による武術カラリパヤットゥ（*kaḷarippayarrŭ*）が披露される。

マーダーイ・カーヴ寺院の主神であるティルヴァルカーットゥ・バガヴァティ（Tiruvarkāṭṭu Bhagavati）の神話によると、シヴァは菜食主義であったが娘は肉食を好み、シヴァがパールヴァティ妃のもとに通っている時に人間を食べていた。ある日、主司祭がタリチャンバラ寺院からやってきたとき、娘は司祭を殺した。シヴァは怒り、パラシュラーマ神に頼んで、彼女をほら貝の中に入れ、西に向かって投げさせた。ほら貝が落ちた辺りは、当時海であったが、土地が現れた。よってその土地はマーダーイ（土地になった）と名づけられたという。女神はその地で、多くの悪魔を倒し、バッドラカーリーと同一視され人々に祀られるようになったという。ティルヴァルカーットゥ・バガヴァティはチラッカル王の主神コーラソワルーパッティンガルターイと同一であり、マーダーイ・カーヴ寺院の周辺の寺院では、ターイパラデーヴァタ（Tāyipparadēvata、「普遍的母神」の意味）として祀られている。

5寺院とは別に、ニレーシュワラム市にあるマンナンプラット・カーヴ寺院の主神、ナダイル・バガヴァティ女神も、マーダーイ・カーヴ寺院のティルヴァルカーットゥ・バガヴァティ女神であるとされている。バガヴァティは、ニレーシュワラを治めていたマンナン王を、タリイル寺院のシヴァの力を借りて倒したため、マンナンプラットゥ（マンナンが外に出された）カーヴという名称がつけられたといわれる。

チラッカル・カラリワーディカル寺院、マーダーイ・カーヴ寺院、マンナンプラット・カーヴ寺院は、主神が同一であるだけでなく、司祭が菜食主義のナンブードリ・ブラーマンではなく、非菜食のピターラー（Piṭārar）であるという共通点がある。ピターラーは、朝は菜食だけを捧げるブラフマ・プージャを行うが、昼と夕方には、シャクテェーヤ・プージャ（*śāktēya pūja*）といって、女神に肉を捧げる礼拝を行う。マンナンプラットゥ・カーヴでのテイヤムは、アッラダナードゥ地方におけるテイヤムの季節の最後に祀られるテイヤムであり、大きなカラシャム（椰子酒の入った壺）が担がれるところも他の二寺院と共通している。コーラッティリ王国の守護神である、コーラソワルーパッティンガルターイ女神は、各地域の主にナーヤルのタラワードゥやカーヴで、異なった名前で祀られている。

このように神が移動し、別の地で祀られるようになったという伝承は、テイヤムを祀る地域では数多くあり、人の移動に伴ってテイヤム神も移動し、信仰が広がっていることを示す。コーラッティリ王は、自らの守護神である女神を祀る寺院を、王国内に複数もち、地主たちに祀らせることにより、象徴的にも王国を支配していたといえる[9]。地主は「小さな王」であるのに対し、コーラッティリ王は「大きな王」として王国を支配し、その力の偉大さをテイヤム祭祀の中でも人々に再認識させた。

寺院間の従属関係

ある寺院を中心とし、祭礼やその他の場合に義務をもつ人々が住む領域を、タッタガム（*taṭṭakam*）というが（Piḷḷa 2000 [1923]: 895）、カリヴェルール村近辺では、ラヤラマンガラム寺院を中心として、周囲の寺院や人々は儀礼的関係を結んでいる。

寺院の名がラヤラマンガラムという由来は、マヒシャ王家のラヤランによって寺院が建設されたからであるという。プーラム祭では、女神の動く神像（*tiṭambŭ*）は、近くのヴィシュヌ寺院に運ばれ、そこの池で水浴する。その時、ワーニヤ・カーストのムッチローットゥ・カーヴ寺院、ティーヤ・カーストのマーッピダチェーリ寺院とカラッケ・カーヴ寺院、アーシャーリ・カーストのチールマ・カーヴ寺院から、テイヤムの霊媒（コーマランとヴェリッチャパードゥ）が集まってくる。テイヤムの憑坐には、祭礼の際に降りてくるテイヤッカーランの他に、日常的に神に仕えている霊媒がいる。従属寺院の中でも、特にムッチローットゥ・カーヴとの関わりが深い。ムッチローットゥ・カーヴの霊媒、コーマランは、年に５日ラヤラマンガラム寺院を訪れる。

カルッカダガム月のニラの日は、ラヤラマンガラム寺院が決定する。その日に従属寺院の司祭とコーマランは、田から収穫した稲をラヤラマンガラム寺院に供える。チンガム月のプッタリの日には、司祭またはコーマランが、ラヤラ

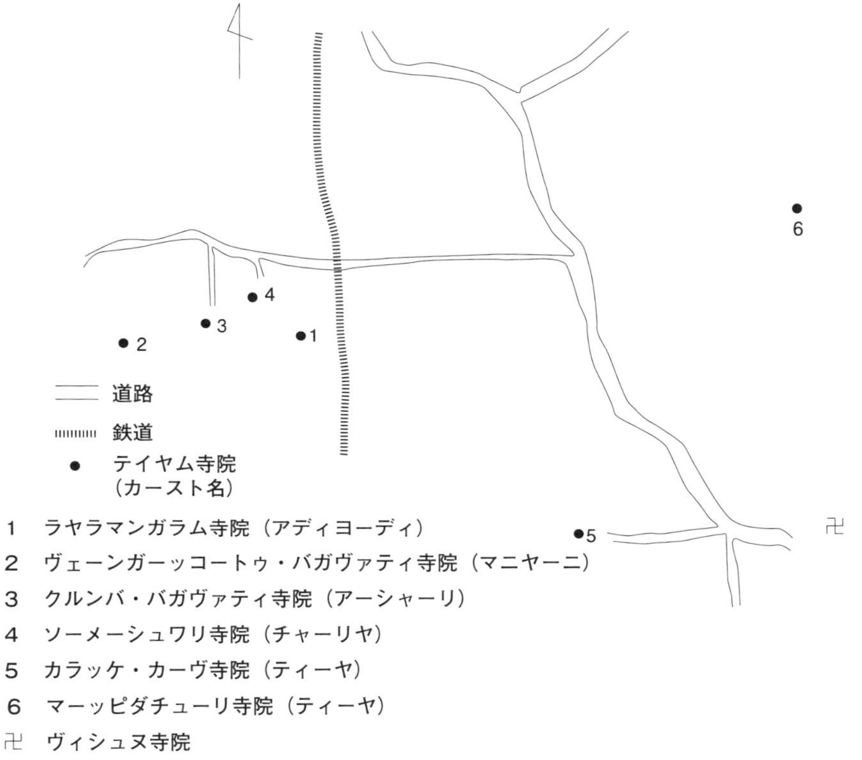

図9　ラヤラマンガラム寺院と従属寺院

マンガラム寺院から新米をもらい、従属寺院に納め、その米を村人の家に配る。配られた米は、女神の御下がり（プラサーダム、*prasādam*）と考えられる。

従属寺院でカリヤーッタムが行われる際、初日の朝、ラヤラマンガラム寺院からランプと炎（*dīpavum tiriyum*）をコーマランが運ぶ儀礼がある。カリヴェルール・ムッチローットゥ寺院でのカリヤーッタムが始まる際、初日にコーマランと寺院の権利者がラヤラマンガラム寺院まで行進し、コーマランのランプに、ラヤラマンガラムのブラーマン司祭が、祠のランプの炎を移し、それをムッチローットゥ寺院にもっていき祠に灯した。神の力、シャクティ（*śakti*）[10]は炎を通して移動するといわれるので、シャクティが上部寺院から従属寺院に移されたことになる。

ラヤラマンガラム寺院を中心とした、その従属寺院の配置を示したのが図9である。アディヨーディが所有するラヤラマンガラム寺院の周囲には、マニヤーニ、アーシャーリ、ティーヤチャーリヤの寺院がある。ヴィシュヌ寺院の南側の道を行った先には、ワーニヤのムッチローットゥ・バガヴァティ寺院がある。この地域では、大土地所有者であるアディヨーディを中心に、それ以外のカースト集団がもつ寺院が集まり、祭礼の際には従属関係が儀礼を通して示される。

ラヤラマンガラム寺院の南にある南トリカリプール村周辺では、ウディヌール・クーロン寺院を中心としたタッタガムがある。この寺院の下には52の寺院が存在し、カリヤーッタムの初日に、炎をウディヌール・クーロン寺院から運び、寺院の定めた日にニラやプッタリの行事を行う。

ブラーマン寺院の重要性

カリヴェルールにあるブラーマン寺院は、カリヴェルール・シヴァ寺院、ネイアムルタ・コーッタム寺院（シヴァ神）、カーマークシ寺院（女神）、キーリール・シャースターヴ寺院（アイヤッパン神）、ニドゥワップラム・ナーラヤナン寺院（クリシュナ神）の5寺院である。中でも、カリヴェルール・シヴァ寺院は、3000年前からある古い寺院であるといわれる。寺院の管理は、ナンビ・カーストの三家とナーヤル・カーストの二家により担われていたが、300年前にチラッカル王の管轄となり、現在では州政府寺院管理局（Devaswon Board）により管理されている。ナーヤルの二つの家の者が交代で掃除をし、15日間で100ルピーの支払いを寺院管理局から受け取っている。

シヴァ寺院の主な行事には、1月または2月のシヴァラートゥリ[11]と、トゥラーム月（10～11月）の奉納劇チャーキヤールクートゥ（*cākyārkūttŭ*）がある。チャーキヤールクートゥはケーララ中部を中心に発達した古典サンスクリット劇であり、ケーララ中部のエルナックラムから演者チャーキヤール[12]が来て、奉納する。主な演目は『ラーマーヤナ』と『マッタヴィラーサム』[13]であり、結婚や出産などの祈願をかけた人が奉納する。インド最古の芸能が伝承しているということから、シヴァ寺院が古くからあるブラーマン寺院であることがわかる。

シヴァ寺院はムスリムの侵略者、ハイダル・アリーとその息子のティプー・

スルターンによって破壊された後再建され、チラッカル王の全盛期には重要な寺院の一つであったが、その後寺院に手を加えられた様子はない。シヴァラートゥリ祭やチャーキヤールクートゥの際も、参拝者の数は少ない。シヴァ寺院だけでなく、周辺のブラーマン寺院も古く閑散としている。パトロンであったチラッカル王や地主の経済力がなくなり、寺院運営が厳しくなったことを反映している。

それでもシヴァ寺院の東にあるムッチローットゥ寺院のテイヤム祭祀の初日には、ムッチローットゥ女神とシヴァ神の関係[14]と、シヴァ寺院の重要性を誇示する儀式が行われる。それは、ラヤラマンガラム寺院からランプの炎を受け取って帰ってきたコーマランの一行が、シヴァ寺院からも炎をもらうというものである。炎には神の力が乗り移り、位の高い寺院から低い寺院へと炎は移されるため、シヴァ寺院はカリヴェルール村の中で、重要な権威ある寺院であることがわかる。

蘇る地域の王

テイヤム儀礼の最高権威者は地域の王である。王はコーイマ（*kōyma*）と呼ばれ、テイヤム儀礼を主催する寺院、カーヴ（杜）、タラワードゥ（家）における最高権威者である。通常、コーイマは、地域の地主であったナーヤルやナンビ・カーストに属する。コーイマは一人だけでなく、複数のタラワードゥから出る場合もある[15]。

コーイマは、カリヤーッタムの間、祠の正面の入り口の脇の、コーイマの席（*kōyma sthānam*）に座り、テイヤムからまず初めに祝福と御下がり（プラサーダム）を受け取る。現在のコーイマは地主ではなく、政治・経済力はもっていないが、祭礼の場においては、王として地域の人々に敬意を払われる。このように、現在政治との関わりはもたない王であるが、テイヤム儀礼の場においては、かつての権力が蘇り、王として君臨する。

また、テイヤムを主催する寺院、カーヴは、テイヤッカーランがふさわしくない行動をとったとき、彼らからパフォーマンスの権利を剥奪する権利をもつ。この場合、テイヤッカーランは村内禁止令（*ūrvilakku*）をもらったという。

3．ブラーマンと王と支配カーストの力関係

先行研究で述べたように、ブラーマンと王との力関係はインド文化人類学で長年論じられてきた。ここではケーララ州北部の村落社会における、テイヤム儀礼をめぐるブラーマン、王、支配カーストの関係を、歴史的、儀礼的関係からみていく。

コーラッティリ王がマナカーダン・グルッカルに命じてテイヤムを創出させたという伝説から、王はテイヤム儀礼の庇護者であったといえる。王の守護神、ティルワルカーットゥ・バガヴァティ（別名コーラソワルーパッティンガルターイ）は、地域によって異なった名前で、ナーヤル・タラワードゥの守護神として祀られている。また王は、職業カーストに称号を授与する権利をもち、テイヤッカーランにもペルワンナーンやペルマラヤンなどの称号が与えられる。また毎年、テイヤムの時期の初めと終わりにテイヤム祭祀が行われる寺院は、王家と縁の深い寺院である。コーラッティリ王は、ケーララ中部の領主ザモリンほど強力ではなかったが、英国に統治されるまでは、かなりの権限を保持していた。

ブラーマンもテイヤム儀礼に大きく関与している。ブラーマンのケーララへの移住時期は確定されていないが、第二チェーラ王朝（8～12世紀）かそれ以前に、ブラーマン居住地はあったとされる。『ケーラロールパッティ』（18または19世紀に書かれたケーララの起源神話、歴史）によると、32のブラーマン居住地があった（Gundert 1992: 155-156）。それらをとりまとめる中心的な4つの行政単位は、カラガム（*kaḻakam*）と呼ばれブラーマンの自治体であった。その中の一つ、タリッパランブ村はテイヤムと縁が深い。なぜなら、タリッパランブ村にあるラージャラージェーシュワラ寺院のブラーマンが与える称号が、王の与える称号よりも格が上であるからである。ラージャラージェーシュワラ寺院は元々、ペリンジェルール・シヴァ寺院と呼ばれ、ムーシカ王であったサタソーマによって建てられたといわれる（Veluthat 1978: 15）。だが14世紀初頭、カリカットの領主ザモリンが勢力を拡大し始め、寺院に対し最大権力[16]をもつようになった（Freeman 1991: 482）。この頃、コーラッティリ王とブラーマンの間に争いがあったといわれる。ラージャラージェーシュワラ（王の中の王）の名の由来は、ザモリンが、寺院に参拝しに入ってそのままシヴァリンガ（シヴァのご神

体）と一体化した[17]ことからくる。現在でも、ザモリンの最年長男性が亡くなると、寺院では喪に服す。当時、コーラッティリ王とザモリンは敵対関係にあり、ザモリンが優勢であった。コーラッティリ王は、クシャトリアを殺した、パラシュラーマが建立したといわれる寺院、またはパラシュラーマを祀る寺院に立ち入ることはできないといわれるが、ブラーマンのコーラッティリ王に対する優勢は、ザモリンとの結びつきにも起因すると考えられる。また神話によると、コーラッティリ王家の守護神ティルワルカーットゥ・バガヴァティは、ラージャラージェーシュワラ（シヴァ）神の娘であり、ブラーマンを殺したため、破門された。女神には、魚と酒がピターラー（非菜食ブラーマン）によって捧げられる。こうした慣習から、コーラッティリ王はブラーマンとザモリンに対して劣位であるといえる。

その他、ブラーマンのテイヤム儀礼における重要な役割は、テイヤム寺院で神像の聖化儀礼を行っているということである。カリヴェルール付近のテイヤム寺院で主に聖化儀礼を行うのは、パイヤヌール市の東に住んでいるカーラガート・イッラム家のブラーマンである。『ケーラロールパッティ』によると、カーラガート家の司祭はパラシュラーマ神がケーララに連れてきた、黒呪術（*dūrmmantram*）を行う6人のブラーマンの一人であるという（Gundert 1992: 158）。

カリヴェルール村では、各タラワードゥやカーヴ（社）でそれぞれの守護神を祀っている。テイヤムを祀るタラワードゥやカーヴの数は、シヴァ寺院やヴィシュヌ寺院のそれをはるかに上回る。カーヴは、複数のタラワードゥで組織されていたり、または地域のカーストにより組織されていたりするが、テイヤムを祀る基本単位はタラワードゥである。

ティーヤやマニヤーニなどの低・中位カーストのテイヤム祭の際には、コーイマと呼ばれる、カーヴの最高権威者が招かれる。テイヤムが名前を呼び、プラサーダムを与える順番は、①王、②ブラーマン司祭（*tantri*）、③タラワードゥの長老（*acchan*）の順である。テイヤム儀礼に王は直接関与していない。テイヤム寺院は、近隣の寺院と従属関係を結んでおり、儀礼の際に関係が明示される。例えば、コーイマのタラワードゥでテイヤムが行われる場合は、それに従属する寺院の主要メンバーが挨拶に来る。称号は、村の寺院のブラーマンやコーイマによって与えられることがある。彼らは、テイヤッカーランが不正をはたらいた場合、パフォーマンスの禁止を命ずる権利をもつ。

以上みたように、ケーララ北部の村落社会では、ブラーマンと王による儀礼への関与がみられ、どちらかが絶対的に優位にあるというものではない。ブラーマンと王の関係は、歴史的にみても絶えず緊張関係にあり、他の勢力と結びつくなどして、拮抗してきたといえる。田辺は、王は儀礼の祭主として王国に吉をもたらし、他方ブラーマン司祭にとって儀礼は究極的価値であるブラーマンの浄性を示す場となるため、儀礼は王権と司祭の両方の視点から解釈が同時に存在しうるという（田辺 1990: 125）。何を中心として、または誰の視点からみた価値観なのかによって儀礼の解釈は異なるため、一つの視点からだけみたモデルは、全ての状況には適応しないということになる。

かつてはテイヤム儀礼をとりしまっていた王は、政治力を失い儀礼を執行する財政力もなくなった。それに代わり、ブラーマンの儀礼に関する関与は、入魂式や清めの儀礼（*śuddhi karmam*）などにみられるように増加しているといえる。

ナーヤルのタラワードゥも、1960 年代の土地改革後に大土地所有者としての立場を失い、テイヤム祭祀を行うのが困難となった。現在ではコーイマとしてナーヤルが座るはずの席に他の者が座ったり、真っ先にテイヤムからプラサーダムをもらうのが祭礼執行委員長であったりする。現代のコーイマは、昔の王から、世俗の権力者へと移っていった。

近年では、ナーヤルに代わって土地を所有し、経済的・政治的に勢力を伸ばしてきたのがティーヤである。ティーヤは低位カーストであるが最も人口が多く、組織化された盛大なテイヤム祭祀、カリヤーッタムを催すようになる。そこでは、司祭としてのブラーマンや、コーイマとしてのブラーマンは存在するものの、実際にカリヤーッタムを取り仕切っているのはティーヤ自身である。

このように、ブラーマン、王、支配カーストの立場は常に一定ではなく、時の政治関係や経済状況に伴ってカーストの力関係も変わり、変動しているといえる。

第2節　儀礼の過程

テイヤム儀礼では、元不可触民の担い手が神霊を勧請して人々の前に神の姿を顕現させ、太鼓のリズムに合わせて舞い、供物を受け取ってから最後に人々に祝福や指示を与える。そこでは、神の力、シャクティが所々で顕著に現れ、神の降臨が確認される。神がいつ、どこに降りたかが、テイヤッカーランら宗教職能者のパフォーマンスにより明確にされる。また、どの神が降りてきたのかを示すのは、その神特有の化粧と衣装である。勧請の歌、舞い、衣装、言葉、それら全てがある一定の手順に従って出てくることにより、見ている人々は、特定の神の顕現を確認できるわけである。以下では、儀礼の手順をみていくことにより、テイヤム儀礼にとって最も重要なのが、神の力、シャクティの信憑性とテイヤム的美であることを示す。

テイヤム儀礼は、奉納されるテイヤムの数が少なくて短いものでは夕方から翌朝にかけて、数が多く長いものであると7日以上にわたって行われる。テイヤム祭礼の規模が大きくなればなるほど、準備にも時間を要する。テイヤム大祭（*perunkaḷiyāttam*）では、1カ月前から様々な儀式がテイヤム寺院の宗教聖職者や権威を中心に執り行われる。テイヤム大祭の詳細に関しては、第3章第6節で述べることにし、ここでは、一般に行われる儀礼の手順について述べる。

1．儀礼の手順

テイヤッカーラン任命の儀式（*aṭayālam*）

祭礼の2、3日から1週間前に、主なテイヤムの担い手となるテイヤッカーランに、テイヤム寺院の権威者から、ビンロウの葉と実と石灰を手渡す儀式がある（写真8）。主神となるテイヤッカーランはあらかじめテイヤッカーランの祭祀権[18]によって決まっているが、この儀式をもって確認され確定される。主神のテイヤムを寺院側が指名し、他のテイヤムはテイヤッカーランのグループの代表者が決める場合が多いが、中には寺院側が全てのテイヤムを担うテイヤッカーランを指名するところもある。

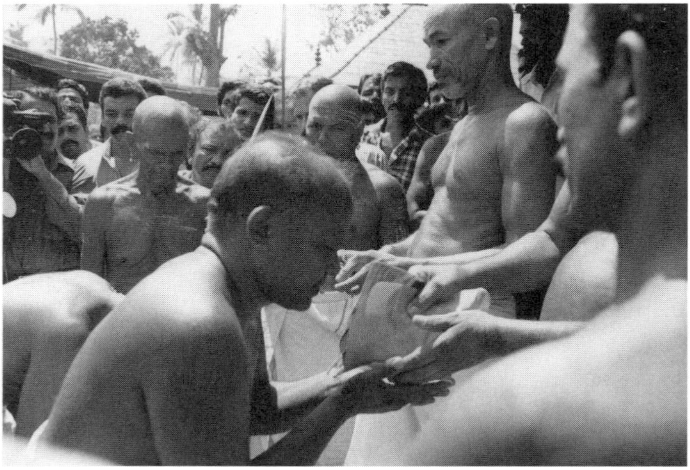

写真８　テイヤッカーラン任命の儀式

写真９　剣を磨く銀銅細工人

剣磨き

祭礼当日の朝、地域の鍛冶屋（Kollan）が、祭礼で使用される数種類の剣や盾を、水で洗浄した後に磨く（写真 9）。祭礼の場では、司祭からテイヤムに剣が手渡されるが、シャクティは剣を通してテイヤムに移されるとされる。

テイヤム祭礼（*kaḷiyāttam*）

①礼拝儀礼

司祭（*antittiriyan*）は、御神体（*vigraham*）の前にバナナの葉を敷き、片手で鐘をもって鳴らしながら、もう片方の手でランプをもち、御神体の前で３回ランプを回しながら火をかざす。鐘は、神の意識を覚ますために鳴らされる。次に、米、叩いた米、ココナッツをバナナの葉の上に載せて供える[19]。再び、鐘を鳴らして火かざしを行う。最後、御神体の前のランプに火を点し、鐘を鳴らして火をかざす。こうした礼拝儀礼により、神霊が御神体の中に取り込まれるとされる。礼拝儀礼は通常、祭文の朗唱の前と、主神のテイヤムが現れる前に行われる。

②始まりの合図（*tuṫangal*）

テイヤッカーランは、寺院の脇に椰子の葉で建てられた控え室（*aṇiyara*）の中で、赤い布を腰に巻く。そして、他のテイヤッカーランから恩寵を得る。そして、手提げランプ（*kuttuviḷakkŭ*）をもった他のメンバーに誘導され、祠（*paḷḷiyara*）や周辺の寺院など重要な方角に向かって祈る。テイヤッカーランは司祭から差し出された水で手足と口を清め、米、ターメリックの粉、火のついた灯心の入ったバナナの葉を受け取る。灯心の炎を通して、シャクティ（神の力）がテイヤッカーランの手に渡るとされる。その後、テイヤッカーランと彼のカーストの成員が、祠の前で太鼓（*chenda*）を叩き、短い神への賛歌を歌うことによって、地域の人々にテイヤム儀礼が始まることを知らせる。バナナの葉の上の灯心の炎は、控え室のランプに移される。

③勧請の歌、トーッタム（*tōrram*）

控室の中で、テイヤッカーランは赤地に白と黒の縞の腰巻と赤い布を腰に巻き、刀を腰に差して、右手には鏡を握りながら、腰巻の裾を両手でつまみ、頭上に上げて祠の前に登場する。ビンロウの葉と実の束を司祭から再び受け取った後、司祭から白檀ペーストの入ったバナナの葉と水を受け取り、水を葉にふりかけ、白檀ペーストを額、胸、腕に塗る。その後、別の葉（米、ターメリック

写真 10　トーッタム

の粉、5 枚のキンマの葉、5 つのアラカナッツ、5 つの灯心の入ったバナナの葉）を受け取り、テイヤッカーランは師匠（*guru*）と祖先に、儀礼の成功を祈る。そして祠の北側（*vadakkēnvāṭil*）にある供物台（*kalaśa talam*）に、受け取った葉を置く。そこで、テイヤッカーランは頭に、銀の飾り[20]のついた鉢巻（*talappāḷi*）をつける。

テイヤッカーランは祠の前で、椅子に横型太鼓（*maddaḷam*）を載せて叩きながら、トーッタムを歌う（写真 10）。トーッタムとは、神霊を呼び下ろす時にうたわれる歌で、主に神の縁起譚と賛歌からなる。テイヤッカーラン以外のメンバーは、縦型太鼓のチェンダを肩から提げて叩きながら、途中から一緒にトーッタムを朗唱する。トーッタムは複数の部門の歌から構成される。ワリヤムディ・バガヴァティの場合、①賛歌、②女神のダーリカ殺し、③賛歌、④憑依の歌から成る。憑依の歌の際には速いリズムで力強く歌うことになっており、この瞬間、神はテイヤッカーランに降りてきたと想定される。

④霊媒とテイヤムの舞い（*kūṭṭiyāṭṭam*）

カースト寺院によっては、主神の代理（*pratinidhi*）であるコーマラン（*kōmaran*）またはヴェリッチャパードゥ（*verḷccapāṭŭ*）と呼ばれる霊媒がいる。カーストによって呼び名が異なり、ワーニヤ、マニヤーニの場合はコーマラン、ティーヤの場合はヴェリッチャパードゥと呼ぶ。トーッタムが終わると、主神のテイヤッカーランは両手を仲間に支えられながら、後ろ向きで祠の周りを右に回る。霊媒はテイヤッカーランと向かい合いながら、刀を手にして飛び跳ねながら祠を回る。それに続き、傘を持つ人（*koṭakkāran*）、旗を持つ人が祠を迂回する。この時、シャクティは刀を持っているコーマランに存在するとされる。テイヤッカーランはコーマランと共に踊ることにより、コーマランからシャクティを受け取る。途中、行列が止まり、コーマランだけによる踊りがある。コーマランの踊りもテイヤムと同様、リズムにのった特定のステップを踏む規則的な踊りであり、不規則な動きではない。

⑤テイヤムの前段階、ヴェッラーッタム（*veḷḷāṭṭam*）の準備

テイヤッカーランの控室の中では、テイヤムの前段階であるヴェッラーッタムに扮する準備が進められる。ヴェッラーッタムとは、「白い踊り」という意味である。ヴェッラーッタムは全てのテイヤムで必要とされるわけではなく、主に英雄テイヤムや雄虎テイヤムにみられる。ヴェッラーッタムのあるテイヤムには、トーッタムがなく、またトーッタムがあるテイヤムには、ヴェッラーッタムはない。テイヤッカーランは完全なテイヤムになる前に、簡単な化粧を施し、小さな頭飾りをつける。ヴェッラーッタムの化粧の仕方と衣装は、雄虎の体には白い綿がつけられるなど、多少の違いがみられるが、類似している。

⑥ヴェッラーッタム

テイヤッカーランは司祭（*antittiriyan*）から、祠の前に準備された種々の剣を受け取る。シャクティは剣にも宿っているとされるため、剣を受け取ることによりシャクティがテイヤッカーランに移される。太鼓のリズム（*tālam*）に合わせてステップ（*kalāśam*）を踏むが、リズムとステップの種類は複数あり、リズムが変わるとステップもそれに合わせて変わり、テイヤムのムードや状況が変わる（写真11）。

ヴェッラーッタムとなるテイヤムは荒々しい気質で衣装が軽いために、他のテイヤムに比べて動きが激しい。雄虎神の場合は、英雄神と多少動きが異なり、虎を模倣した動きが入る。激しいステップが終わると、ヴェッラーッタムは祠

写真 11　ヴェッラーッタム

の前の神霊の座（*pīṭham*）にココナッツを叩きつける[21]。そして椅子に座り、供物としてココナッツ、揚げた米を捧げられる。米は実際には食べないが、ココナッツ水は喉の渇きを癒すために飲む。最後、ヴェッラーッタムは司祭から受け取った米を祠にかけ、御神体に敬意を表し、人々を剣でかざしながら祝福する。

⑦テイヤムの化粧（*mukhatteḻuttŭ*）と衣装

ヴェッラーッタムを終えたテイヤッカーランは、控室に戻りテイヤムになるための化粧を始める。顔と身体の両方に塗料を塗るが、テイヤムによってデザインが異なり複雑なため、下地以外は本人ではなく仲間に描いてもらう（写真12）。使用される色には、オレンジ、赤、黄色、緑、黒、白がある。以前は自然の岩石や植物から塗料を作っていたが、現在では黒（煤）以外は市販の塗料を使用している。ココナッツの葉脈を筆替わりにし、細かい模様を自由にかけるようになるには訓練が必要である。化粧の最中には、精神を統一してマントラ（呪文）を唱えるといわれるが、実際には寝不足と筆で塗られる心地よさのために、眠ってしまうテイヤッカーランもいる。

化粧は顔だけでなく、テイヤムによっては体にも施される。女神の場合には

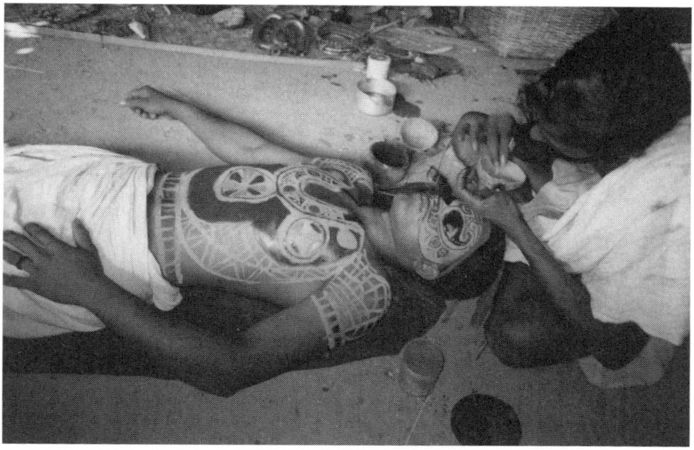

写真12　テイヤムの化粧

木製の胸を装着するため化粧はなされないが、英雄神や祖先神の場合には、緑や黄色が塗られた上に簡単な模様が描かれる（写真12）。

化粧が終わると衣装のとりつけにかかる。腰布や上着がつけられ、完成に近づいた頃になると、着付けを手伝っている仲間らがトーッタム[22]を詠唱する。最後に頭飾り（*muti*）をつけて完成する。頭飾りには、自分でかぶれる程度の小さなものから、2、3人がかりで支えていないと倒れてしまう10メートル近くのものもある。巨大な頭飾りが、小さな人間であるテイヤッカーランの姿を、非人間的な神の姿へと近づけるのである。

化粧や衣装、頭飾りをつけることによって、テイヤッカーランは人間とは異なる顔、色、形となり、観ている者の中に彼らの神（テイヤム）のイメージが形成される。こうして、テイヤッカーランは人間から非人間的格好をすることによって脱人間化し、神（テイヤム）に変容するのである。

⑧テイヤム

テイヤッカーランは化粧をほぼ完成させ衣装をつけて、供物台の前に置かれた椅子に座る。そこで頭飾りをつけられ、最後の化粧として唇を中心に色を重ねる。この時もトーッタムが詠唱される。飾りつけが完了すると、テイヤッカーランは手にした鏡に写った自らの顔姿をみて震えだす。この時、鏡の中に日常の自分とは異なる「神」の姿をみて憑依する（*urayuka*）（写真13）。この瞬間、観ている人々も神霊が降りてきたことを認識する。「鏡をみて震える」とう行為は憑依の合図である。

写真13　鏡を見るヴィシュヌムールッティ

テイヤッカーランとは別の霊媒、コーマランかヴェイリッチャパードゥがいる場合は彼らも憑依する。写真はヴィシュヌムールッティのヴェリッチャパーダムが、テイヤムが憑依した時、神霊（*niyōgam*）を得て震え出し、剣を手に飛び跳ねているものである。

その後のパフォーマンスは、テイヤムによって異なる。決まったリズムに合わせてステップを踏むが、リズムやステップは複数のテイヤムに共通しているものも多く、組み合わせ方にヴァリエーションがみられる。途中、祠の前で司祭から剣や盾など種々の武器を受け取り、受け取った武器を手にステップを踏む。テイヤムは各々神話をもっているため、神話を再現するような場面もある。

例えば、ヴィシュヌムールッティは長い爪で悪魔ヒランニャの体を割く場面を、祠の入り口で演じる。またムッチローットゥ・バガヴァティ女神は、女神が初めて発見されたといわれる井戸を覗きこむ。

激しい踊りが終わると、テイヤムは祠の前を行き来しながら、縁起譚（*mumbŭsthānam*）を唱える。縁起譚では、テイヤムが発祥の地からいかなるルートを経て当寺院に辿り着いたかが語られる。

踊り終わると、テイヤムは供物台の前に置かれた椅子に座り、ココナッツ、

写真14　憑依する霊媒、ヴェリッチャパードゥ

揚げた米などの供物を受け取る。女神や一部のテイヤムでは、供物台の上に、ココナッツ、米、叩いた米などの供物が置かれる。

また、カラシャムという椰子酒の入った壺をもったカラシャッカーランが、テイヤムの後ろについて祠または供物台の周りを3回回る。子宮の形をしたカラシャムは豊穣の象徴であり、テイヤムへの供物であると考えられる。最近では、高位カーストの習慣である禁酒の影響から、椰子酒の代わりにココナッツ水を用いるところも増えてきた。女神や戦士のテイヤムに対しては、鶏が供物として捧げられる場合が多い。その場合、鶏の首がテイヤッカーランの仲間またはテイヤム自身によって切られる。夜叉であるカリン・チャームンディ（Karincāmuṇḍhi）に対しては山羊の首が切られ、カリン・チャームンディは生き血を飲む。反対に血の供犠を行わないのは、プリデイヴァン（Puḷḷideivam, 虎の神）や、ヴェーッタイッコルマガン（Vēṭṭaykkorumakan）やウールッパラッチ（Ūrppaḷacci）などの戦士テイヤムの一部、そしてブラーマンによって祀られるドゥーマー・バガヴァティ（Dūmābhagavati）やラクテーシュワリ（Raktēśvari）である。ブラーマンの礼拝儀礼では生き血は用いられないが、ウコンの粉と石灰水を混ぜて作った赤い液体を血の代わりとして用いるグルティ儀礼（*guruti*）を行う。

供物や踊りが終わると最後に、テイヤムは王、タラワードゥの年長者（*acchan*）に近づいて剣をかざしながら祝福する。そしてアンディッティリヤンから受け取った米を彼らに渡し、その米を彼らから振りかけられる。そして、一般の観衆からお布施を受け取り、かわりにターメリックの粉[23]または米（クリと呼ばれる）を与え祝福する。お金とクリを受け取ることを、「クリを買う（*kuri vāṅguga*）」または「トラル（*toḷalu*<*toḷuka*= 祈る）」と呼ぶ。人によっては、お布施を渡す時に、テイヤムに悩みを訴え助言をもらうこともある。この時、テイヤムが人々に発する言葉が「モリ（*moḷi*）」[24]である。テイヤムは人々の状況を察してその場で託宣を下すが、モリにはいくつかの形式がある。例えば、タラワードゥの不和や財政難などの理由から、長年テイヤム儀礼を中断していたタラワードゥで儀礼を再開した場合、テイヤムはタラワードゥの成員に向かって以下のように発する。

> ○○年経ってから、お前たちは私を見る機会を得た。お前たちは一団となって、何の問題もなく、テイヤムを毎年祀らなければならない。一枚の布のように、一つの小屋に住んでいる牛たちのように、一緒になって祀り続けよ。[25]

写真 15　清めの儀礼

清めの儀礼（*kariyiṭikkal*）

祭礼が終了すると寺院は3日間閉ざされる。その間、タラワードゥの者も含め誰も立ち入ることはできない。それは、祭礼の間に呼び寄せられた死霊（*bhūtagaṅam*）が彷徨っているため、中に入ると憑りつかれるとされているからである。

3日目には、清めの儀礼と掃除が行われる。祭礼の間には、物質的な汚れのほか、不浄の者（月経中の女性や喪中の者）が出入りしている可能性があるため、司祭が祠や寺院の周りに水を撒き、清め、タラワードゥの者が掃き掃除を行う。大祭の後には、死霊に対して大量の鶏の血が供物として捧げられる場合が多い（写真15）。

2．化粧と衣装の象徴性

テイヤム儀礼は、神霊の勧請から始まり、神の姿への変容、踊り、供犠を経て託宣で終わる。神霊がテイヤッカーランという霊媒の中に入り、テイヤム（神）として人々の前に顕現することが儀礼の過程となるが、ここでは人を神にしている要素である化粧と衣装に着目したい。数あるテイヤムだが、各々に決まった化粧の仕方、衣装があり、見る者はその様相で何のテイヤムであるかがわかる。図10は、化粧のタイプとその名称の例であるが、1はプリカンダン、2はターイパラデーヴァタ、3はヴィーラバドラン、4はバーリテイヤム、5はヴェーッタイッコルマガン、6はクシェートラパーランのテイヤムの化粧のデザインである。同じテイヤムでも地域によって多少デザインが異なる。

化粧の名称は、「さそりの尾をした目」「刀の形をした鼻」「はとの形をした大きな眉毛」「曲線と丸い形」といったように、自然界の生き物や道具、形を表す名称にちなんでつけられている。目の周りが黒く塗られ、鼻や口の周りに装飾がなされ、額や頬にも草花のような模様が左右対称に施されているのが特徴である。

頭飾りもテイヤムによって異なり、ワッラークランガラ・バガヴァティには「大きな頭飾り（*valiyamuṭi*）」、アンガックランガラ・バガヴァティやチャームン

1　Poṭippum Tēḷvāl Kaṇṇum
さそりの尾をした目

2　Pakṣitāyum Sūryakannum
鳥と太陽のような目

3　Mānkaṇṇum Daḷavum
雌鹿の目と花弁の形

4　Curuḷum Kuriyum
曲線と丸い形

5　Curikamunayum Anjupuḷḷi
５つの小さな円と刀の形をした鼻

6　Koṭumpurikavum Prākokkum
鳩の形をした大きな眉毛

図 10　化粧のデザイン　Teyyam Charisma 2002: 34

頭飾りの名称（形）	用いるテイヤムの例〈神格〉（テイヤッカーランのカースト）
ワッタムディ（丸い）	カッカラ・バガヴァティ、ナランビル・バガヴァティ、マーッカ・バガヴァティ〈女神〉（ワンナーン）
ワリヤムディ（高く大きい）	コーラソワルーパティンガルターイ、カラッキールバガヴァティ、チェンヴェローットゥバガヴァティ〈守護神〉（ワンナーン）
チェッタムディ（丸く大きい）	チャームンディ女神　ラクタチャームンディ、マダイルチャームンディ、ムーワーラングリチャームンディ〈女神〉（マラヤン）
ピーリムディ（丸く下を向いている）	ウールパラチ、ヴェーッタイッコルマガン、コンニッコルマガン〈戦士神〉（ワンナーン）
プーッカッティムディ（丸くて小さい）	パダヴィーラン、カトゥヴァヌールヴィーラン、グルッカルテイヤム〈戦士、英雄、男神〉（ワンナーン）
クンブムディ（魚の形を表す）	ヴァイラジャータカン、プーマーラダン〈戦士神〉（ワンナーン）

表6　頭飾りの種類

ディは「丸い頭飾り（*vaṭṭamuṭi*）」といったように、形や大きさが異なる。また、頭飾りの代わりにマスクを着けるテイヤムもあり、ポッタンやグリカンはヤシの木の樹皮に文様を描いたマスクをつけて踊る。頭飾りは、テイヤムが女神であるのか、戦士であるのか、テイヤムに扮するテイヤッカーランがワンナーンかマラヤンかによって異なる。

化粧、頭飾りの他に、首から足先までにつける装飾品や持ち物のアイテムもテイヤムによって定められている。同じアイテムを他のテイヤムにも用いることはあるが、組み合わせはテイヤムごとに決まっている。定められた化粧、頭飾り、衣装によって一つの姿が作られ、「○○テイヤム」と特定される。地域によってデザインに差があっても、その地域、家で代々受け継がれてきたものであり、テイヤッカーラン個人の意思で勝手にデザインを変えることはできない。

テイヤッカーランは衣装作りを、テイヤム儀礼のない季節（主に6月から10月）にかけて行う。頭のベルトや腰飾り、胸当てなどは毎年作りかえるものではないが、古くなってくると補強したり作りかえる。頭飾りの骨組みは椰子の葉などで作るために、シーズンごと作りかえる。

顔に細い筆で細かい模様を描く作業、また布をデザイン通りに細かく切って縫い合わせる作業は、誰でも簡単にできるわけではなく技が必要である。テイヤッカーランによっても「上手い」「下手」があり、上手い人は下手な人の手本となり指導する。「上手い」テイヤッカーランはアーティストであるといえるが、その作品に独創性は求められず、同じ作業を繰り返し行うので職人であるともいえる。

テイヤムは、テイヤッカーランの技と美的センスにより作りだされるものであり、求められる化粧が施され衣装が装着され、あるべき神の姿と認められるのである。

3.「憑依」の仕方

テイヤムの力、シャクティは、炎、剣といった道具を通して、司祭から媒体であるコーマランとテイヤッカーランへと移される。まず、司祭の礼拝儀礼によりシャクティが御神体に呼び込まれる。御神体は通常剣であり、それは聖なる椅子に据え付けられているが、その前には数種類の剣が立てかけられている。それらの剣にもシャクティが宿るとされる。そしてトーッタム朗誦の後、司祭からコーマランに剣が手渡される。あるコーマランによると、２本目の剣を手渡された時、コーマランは神霊、またはダルシャンを得るという。ダルシャンとは、インドでは一般的に「神を見ること」という意味で用いられ、巡礼者が神像を見ることをダルシャンという。だが、ケーララやカルナータカ南部においては、宗教職能者自身に神霊が憑依する意味で用いられる[26]。

アメリカの民俗学者、ブラックバーンは、タミルのストーリー・パフォーマンスでは、歌のスタイルや特別なリズムによって主人公の死を表し、パフォーマーは「パフォーマンス・マーカー」によって憑依するという（Blackburn 1986: 187-188）。テイヤムの場合、「鏡を見る」、「剣を受け取る」といった行為や「ウヤルガトーッタム（憑依の歌）」がパフォーマンス・マーカーであり、それを契機に憑依したことになる。またフリーマンは、テイヤムの司祭とコーマラン、テイヤッカーランの憑依は「形式化された憑依（formalized possession）」であり、それは形式的に規定され儀礼的に準備された体が、神の意識と体となる器に規定どおりに変容するものであると指摘している（Freeman 1998: 76）。

テイヤムの憑依は突然生じるトランスと異なり、場面が定まっている形式的なものであるといえる。だが、形式的であるからといって「真に憑依していない」とはいえない。なぜならば、震えること、神を演じることによって、自らの心身が日常の自分から異なるものへと変化するからである。また、テイヤッカーランは、テイヤムとなっている間は、半分は日常の自分を保ち、半分は神の意識をもっているという[27]。そのため、「完全憑依」という状態ではないが、半分憑依の状態で神とみなされている訳である。

テイヤム儀礼の「成功」は、テイヤッカーランがいかに憑依を上手く成し遂げたかによっても評価が分かれる。適切な場面で期待される震えがみられ、動きが激しくなれば「あのテイヤムにはシャクティがある」と評価される。シャクティとは力一般を意味するが、ここではテイヤッカーランの踊りの力強さが神霊のパワーを表しているとされる。

テイヤム儀礼の3人の宗教職能者、司祭（アンディッティリヤン）、霊媒（コーマラン）、テイヤッカーランを比較した場合、三者の憑依の仕方には相違がみられる。まず、テイヤムの司祭であるアンディッティリヤンに関してだが、フリーマンは、テイヤム司祭は憑依を得、自身の体を通してシャクティを御神体に投入するというが（Freeman 1998: 84）、筆者がインタビューした司祭は、神に供物を捧げるだけであり、マントラも唱えずダルシャンは獲得しないという。司祭は神と一体になるといったタントラ的な思想をもっている訳ではなく、ブラーマン司祭の儀礼の形式を模倣しているといえる。一方でコーマランの憑依は、神の啓示（*kalpana*）であり、形式的ではあるが、突然降りたものとされる。それに対し、テイヤッカーランのシャクティは、トーッタム、化粧、ヴェッラーッタム、テイヤムといった段階を経るごとに強まる。徐々に身体的に変容していき、最後、神と一体になるとされる。

テイヤム儀礼と共通性のあるカルナータカ州南部のブータ儀礼を分析した鈴木は、神霊と人間の媒介者として二種の巫者が複合しているとする。第一の形は降神型で、神霊の憑依を伴い自らがシャクティを伝達する器となるもので、第二の形は世襲型で、指定カーストが化粧や衣装をつけて踊り託宣を下すものである。よって、ブータ儀礼では「二重のトランス」がみられるという（Suzuki 2008: 79; 鈴木 2013: 152, 153）。テイヤム儀礼でいえばコーマランやヴェリッチャパードゥが降神型で、テイヤッカーランが世襲型といえる。

なぜこのような二種類の媒介者が存在するのであろうか。両者の役割の相違についてであるが、地元の人々はコーマランは常に神の代理であるが、テイヤムは１年に一度現れる神であるという。詳しくは次節で述べるが、コーマランは「日常の聖」であり、テイヤッカーランは「非日常の聖」という役割分担があり、祭礼は両者の存在によって神の顕現が確立されると考えられる。

コーマランにしてもテイヤッカーランにしても、シャクティの媒介者として期待されている行為があり、それを正しくよりパワフルに行うことが神霊の力強さにつながる。コーマランにも「良いコーマン」「悪いコーマラン」と評価が分かれ、良いコーマランが出てくる儀礼には美しさ（*rasam*）があるといわれる。役割と表現方法が異なる二人の媒介であるが、両者の能力によって、儀礼自体に信憑性と美があるかどうか評価されるのである。

４．テイヤム儀礼とブラーマン儀礼の相違点

ワンナーンやマラヤン・カーストのパフォーマーが神霊を呼び降ろして踊るテイヤム儀礼と、ブラーマン司祭が寺院で行う儀礼には、崇拝様式に相違がみられる。

第一に、ブラーマン寺院においてはブラーマン司祭が毎日、礼拝儀礼において、呪文（*mantram*）を唱えてシャクティを神像に注入する。礼拝儀礼は日に３度行われるところもあり、神像は常にシャクティで満たされている状態とされる。それに対し、テイヤム寺院では、毎月のシャンカラマムの日と祭礼の間のみ、非ブラーマンの司祭によって礼拝儀礼が行われる。神像としての剣にシャクティが宿るのは、常時ではなく周期的である。テイヤムのシャクティは普段は浮遊しており、特別の日のみ寺院のご神体に降りてくると考えられる。そして、そのシャクティは司祭の手を通して、神像からテイヤッカーランへと移されまた神像へと戻される。

第二に、ブラーマン寺院の神像は神自身として崇拝の対象となる。それに対

し、テイヤッカーランが扮するテイヤムは、儀礼の間のみは神として拝まれるが、衣装をはずした瞬間に元のワンナーンやマラヤンといった人間に戻るため、神としてのテイヤムである状態は短い。神は寺院に随時滞在しているのではなく、儀礼や祭礼の時のみ顕現するのである。

第三に、儀礼の可視性である。ブラーマンの礼拝儀礼は、祠の扉を閉ざして行い一般の礼拝者が目にすることはできないが、中で儀礼が行われていることは疑われない。そして儀礼終了後に扉が開き、シャクティで満たされた神像は崇拝される。それに対しテイヤム儀礼では、テイヤッカーランが観衆の前で神へと変容していく。特定の場面で憑依したと仮定されるが、それがリアリティをもつか否かは、テイヤッカーランの技量と見る人の判断による。

以上の３つの点からいえることは、ブラーマン寺院においてはシャクティの存在が普遍的であるのに対し、テイヤム寺院ではシャクティは随時存在せず、不定期であり、媒介の技量によって信憑性が左右される。そのため、解釈には幅が生じ、テイヤムを神として見る人がいる一方、被り物をした踊りまたはアートと見る人もいる。テイヤムのシャクティの不安定さ、テイヤッカーランという媒介への依存が、第４章で問題とするテイヤムの柔軟で多義的な解釈へとつながるのである。

第３節　神霊を扱う人々

テイヤム儀礼には複数の役割があり、それぞれの役割は特定のカーストまたはタラワードゥから選ばれたものが担う。

１．テイヤムになる人――テイヤッカーラン

テイヤッカーランは、特定の神霊を自らの身体に呼び降ろし、化粧、衣装、装飾によって姿形を変え、神、テイヤムとして人々の前に現れ、打楽器のリズムに合わせて踊り、供物を受けとり人々に祝福を与える。

テイヤッカーランは元々不可触民出身であり、現在は指定カーストに属する。

カリヴェルール村付近のテイヤッカーランは、ワンナーン（Vaṇṇān）、マラヤン（Malayan）、ヴェーラン（Vēlan）に属する。カーストによって担うテイヤムが異なっており、カーストの中にも序列が存在する。ワンナーンが中央の祠に祀られる主神を演じ、マラヤンが次に重要な副神を演じ、ヴェーランが塀の外側で祀られているその他の神を演じる。このようにテイヤムにも階級があり、祀られる空間、担い手となるカーストが異なっている。

カーストごとに控室を別に構えており、お互いに「あいつらとは違う」という意識をもっている。3つのカーストの中では、ワンナーンが最も高く、次はマラヤンで、最も低いのがヴェ―ランであると認識されている。カースト意識は、上のカーストが下のカーストに対してもつのと同様に、下のカーストも上のカーストに対して対抗意識をもつ。特にテイヤッカーランの場合は、宗教職能者として張り合っているようなところが見受けられる。ワンナーンは、主神を演じることを誇りとし、マラヤンは汎ヒンドゥー教神話由来の神を主に演じることを誇りとしている[28]。

ワンナーン

①職業とテイヤム

テイヤムの始祖、マナッカーダン・グルッカルがワンナーンであり、テイヤム寺院で主神を担うことが最も多いことから、ワンナーンはテイヤムの主な担い手であるといえる。

ワンナーンの伝統的職業は、男性はテイヤッカーランである。一方、女性はワンナーッティ（Vaṇṇātti）と呼ばれ、低位カースト[29]の日常の衣類の洗濯と、高位カーストの月経期間の衣類の洗濯を担った。現在では、ワンナーンの経済状態が向上したのと、穢れと汚れに関わる仕事を恥とする考え方が強まったため、ほとんどのワンナーッティは洗濯の仕事を引き受けなくなった。1999年にカリヴェルール村で洗濯を仕事としていたワンナーッティは、1人のみであった。

ワンナーンの担う主なテイヤムは、他のテイヤッカーランと比べても種類が多い。バガヴァティ女神（ワリヤムディ・バガヴァティ、ムッチローットゥ・バガヴァティ、プディヤ・バガヴァティなど）、英雄・武士テイヤム（ヴェーッタイッコルマガン、ウールッパラッチ、ヴァイラジャータン〔Vairajātan〕、カトゥヴァヌー

称号	地域
マナッカーダン	カリヴェルール村周辺
カンゴーラン	カーンゴール村
アンヌーラン	アンヌール村（パイヤヌール市付近）
アーラッパダンブ	アーラッパダンバ村
エラマンガラン	エラマン村
クットゥーラヴァン	クットゥール村（パイヤヌール市の西側）
カルナムルティ	ニレーシュワラム村（カーサルゴーッドゥ県の南部）
ネーニッカン	カーンゴール村
ペルワンナーン	パラヤンガーディ村（カンヌール県の南部）

表7　テイヤッカーランの称号と地域
（地域に関しては図4を参照）

ル・ヴィーランなど）、祖先テイヤム（ムッタッパン〔Muttappan〕、トンダッチャンTondaccan）、動物神（プリユールカーリ〔Puliyurukāḷi〕、ナーガラージャ〔Nāgarāja〕など）である。ワンナーンの担うテイヤムに共通していえることは、実際に生存していたとされる英雄や女性が死後、テイヤムとして祀られたということである。ワンナーンはより地域の神話に関係が深いといえる。

②称号と祭祀権

村内では、1950年頃まではカースト内で伝統的職業を継承する傾向が強く、それらの職業を行える権利（*cerujanamāvakāśam*）が地域によって代々定められていた。テイヤッカーランにも同様の権利があり、家系によってテイヤムを担うことのできる範囲が定められている。

ワンナーン・カーストに属するタラワードゥが、王またはブラーマンからもらう称号と、そのタラワードゥの成員が祭祀権をもつ地域は、以下のようになる。

カリヴェルール村周辺（コダカッド村、プットゥール村、マナッカート地域）では、ワンナーンの担うテイヤムは、マナッカーダン・タラワードゥの分家であるムータ・マナッカーダンとイラヤ・マナッカーダン・タラワードゥが祭祀権

ワンナーンのタラワードゥ	地域	寺院所有カースト	寺院数
ムーッタ・マナッカーダン	チェルムーラ	ブラーマン	1
		ナンビヤール	1
	ニドゥワップラム	ブラーマン	2
		ポドゥワール	3
	パリエーリ	ナーヤル	1
		マニヤーニ	1
	マナッカート	ブラーマン	4
		ウンニッティリ	1
		ナーヤル	3
		マニヤーニ	3
	ワダックンバードゥ	ナーヤル	1
	カリヴェルール	ワーニヤ	1
		ティーヤ	2
	クニヤン	ナーヤル	3
小計			27
イラヤ・マナッカーダン	カリヴェルール	マーラー	1
		ナーヤル	1
		ウェルッテーダットゥ・ナーヤル	1
		ワーニヤ	2
		ムーワーリ	1
	クニヤン	ナーヤル	8
		ティーヤ	8
		チェッティ	1
		アーシャーリ	1
小計			24
ワダックンバーダン	パーラクンヌ	ナンビヤール	1
	ワダックンバードゥ	ナーヤル	3
	カリヴェルール	ナーヤル	1
		ウェルッテーダットゥ・ナーヤル	1

		ワーニヤ	1
		ティーヤ	4
		シャーリヤ	2
		アーシャーリ	1
	クニヤン	ティーヤ	1
小計			15

表8　ワンナーンの地域、カースト別祭祀権

をもつ。ワダックンバードゥ地域のみはワダックンバーダンが権利をもつ。主神は祭祀権をもつタラワードゥの者が担うが、その他のテイヤムは同タラワードゥの成員だけでは担えないので、タラワードゥのリーダーが他のタラワードゥから選択する。そのため、カリヴェルール地域では権利のないペルワンナーンでもテイヤムを担うことができる。

ワンナーンのタラワードゥ別に、家の祭祀権の数を、地域、カースト別に示すと表8のようになる。表8の地域に関しては以下の図11の通りである。一つの地域が、必ずしも一つのワンナーン・タラワードゥの祭祀圏にあるわけではなく、複数のタラワードゥの祭祀圏である場合がある。カリヴェルール地域では3つのタラワードゥが権利をもっている。また、同じ寺院に複数のタラワー

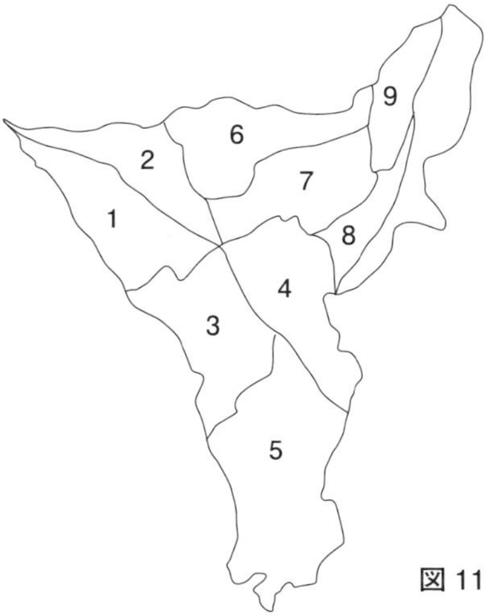

1　ワダックンバードゥ
2　パーラクンヌ
3　カリヴェルール
4　マナッカート
5　クニヤン
6　チェルムーラ
7　ニドゥワップラム
8　パリエーリ
9　クーカーナム

図11　祭祀圏

ドゥが権利をもつ場合がある。例えばワダックンバードゥにあるAナーヤルタラワードゥでは、ムーッタ・マナッカーダンとワダックンバーダンの両家が権利をもつ。このようにワンナーンはタラワードゥによって祭祀権をもつ地域は決まっているが、その境界を越えて、権利が重複する地域、寺院がある。

1999年にカリヴェルール村に住むワンナーンの中で、18歳以上の男性は44人であった。だが、その中でテイヤッカーランは9人のみである（表9）。さらに、カリヴェルール村に滞在するワンナーンの中で、村内に祭祀権をもつものは3人だけで、残り6人は村外に権利をもつ（表10）。

テイヤッカーラン	9
テイヤッカーラン以外	35
合計	44

表9　カリヴェルール村のワンナーン

ムーッタ・マナッカーダン	1
イラヤ・マナッカーダン	1
ワダックンバーダン	1
合計	6

表10　ワンナーン・テイヤッカーランのタラワードゥ

また、ワンナーンのテイヤッカーランには、「マナッカーダン」という称号をもつものともたないものがいる。タイトルは、村の寺院でテイヤムを奉納した場合、寺院の権利者らが称号を与えるのにふさわしいと考えたテイヤッカーランを、チラッカル王に推薦し、王がテイヤッカーランに直接称号を受け渡す。

表11は、ワンナーン・グループの中での役割人数である。称号の有無についてはほぼ半数で分かれた。ワンナーンの中でも、テイヤムは踊らないが、太鼓を叩いたり化粧を手伝ったりするものがいる。

表12のテイヤッカーランの居住地を見ると、テイヤッカーランのうち、カリヴェルール村内に住むものは両マナッカーダン合わせて5人であり、村外に

	ムーッタ・マナッカーダン	イラヤ・マナッカーダン
称号保持者	4	3
称号非保持者	3	5
手伝い（太鼓、化粧など）	8	10
合計	15	18

表11　ワンナーンのグループ

	ムーッタ・マナッカーダン	イラヤ・マナッカーダン
カリヴェルール内	3	2
カリヴェルール付近	1	4
その他	3	2

表12　テイヤッカーランの居住地

住むものが10人と、村外に住むものの方が多い。表9と表12から、テイヤッカーランの居住地と祭祀圏は一致しない場合が多いことがわかる。これは、近年婚姻圏が村落内から近郊の村落外に広がり、結婚後に妻のタラワードゥの近く、または別の村に新居をかまえる夫婦が多くなっているからであるといえる。

③親族関係とテイヤムの継承

テイヤッカーランも他のカーストと同様、タラワードゥが外婚単位となっている。例えば、マナッカーダン・タラワードゥはペルワンナーン・タラワードゥの者と結婚をするという具合である。そのため、結婚後に祭祀権をもつ村を離れ別の村へ移住するといったテイヤッカーランも少なくない。また、ワンナーンの場合、タラワードゥの継承は母系制なため、生まれた子どもは母親のタラワードゥに属する。そのような場合、父親の村で息子は権利をもたない。例えば、第5章第2節で取り上げるカンナン・ペルワンナーンは、父親はムータ・マナッカーダンであるが母親はペルワンナーンであるため、カリヴェルール地域での主神を担う権利をもたない。そのため、祭祀権を必要としない、祈願奉納のテイヤムである、カトゥヴァヌール・ヴィーランやムッタッパンを主に担った。しかし、祭祀権をもつテイヤッカーランが近くにいない場合は、他の地域の祭祀権をもつテイヤッカーランが代わりにテイヤムを担う場合もある。

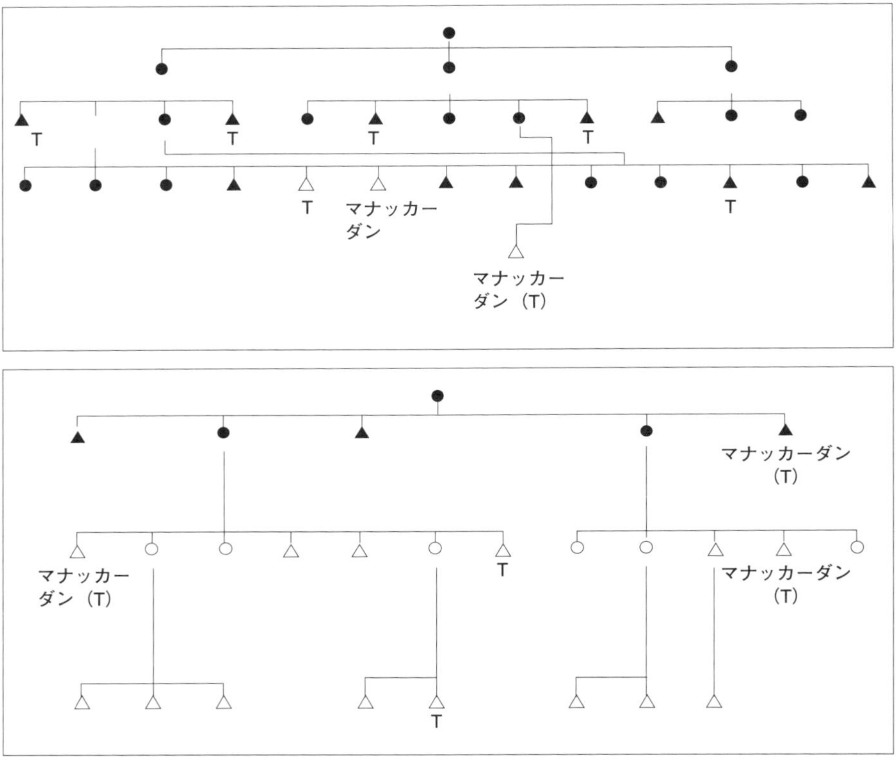

図 12　ムーッタ・マナッカーダンの親族図

昔はテイヤムに用いる衣装や装飾品は、母系の親族に譲り渡していたが、近年では自分の息子に譲る場合もある。

ムーッタ・マナッカーダンの権利圏は、クニヤン、パリエーリ、チェルムーラ、カーリカダヴ、カリヴェルール、プットゥール、コダカッドの各村を含む。権利圏は、現在の一行政村と一致しておらず、複数の村にまたがる。

ムーッタ・マナッカーダンのタラワードゥのうち、親族関係を把握できた二つの分家は、図 12 である。図 12 も図 13 もともに、▲は死亡した男性、●は死亡した女性、△は生存する男性、○は生存する女性、T はテイヤッカーランを示す（1999 年）。

この図から、現存するマナッカーダンの称号を持つものは 4 名で、称号をも

写真16　控室で神の衣装を着つけるワンナーンのグループ

たないテイヤッカーランが2名いる。テイヤッカーラン以外のワンナーン男性が10人と、テイヤッカーランの数7人を上回っているが、彼らは地元で傘を作ったり海外で働いている。2017年の時点では、マナッカーダンの称号をもつものは3人亡くなっており、新たにテイヤッカーランとなったのが3人である。だが、現在のマナッカーダンの最年長者のアショーカ・マナッカーダンは、技術専門学校を出た息子には、できれば別の職に就いて欲しいと願っている。ワンナーンはマラヤンに比べて教育水準が高く、テイヤム以外の職につく傾向がある。高校まで進み村役場の職員になるものもいる。最近では、テイヤムのない時期には、建設業やオートリキシャーの運転手をするものもいて、テイヤム以外の収入を得るようになっている。

マラヤン

①伝統的職業とテイヤム

マラヤンは、タミル・ナードゥから来たとされる（Cantēra 1978 [1968]: 33）。男性の伝統的職業は、テイヤッカーランと呪術師（*mantravādi*）である。呪術の目的は、邪視の影響を祓ったり、死霊（*prētam*）やグリカン（Guḷikan）[30]の災い（*dōśam*）を防いだり、敵に呪いをかけることなどである。呪術は、テイヤム祭祀が行われない雨期に最も多くみられる。伝承によると、ケーララを創出したパラシュラーマ神は、シヴァ神のうけた邪視を呪術で祓うようにマラヤンの男性に指示した。また同様に邪視をうけたパールヴァティ女神のために呪術を使用するようにマラヤンの女性に指示したという。このことから、マラヤンの本業は呪術であるとされる。

マラヤンの女性はテイヤムとなることはないが、トーッタムを男性たちと一緒に歌う。女性の伝統的職業は産婆であり、1950年頃までは実践されていたが、現在は病院で出産するようになり、産婆の姿はなくなった。

マラヤンの担う代表的テイヤムには、ヴィシュヌムールッティ（Viṣūnumūrtti）、ラクタ・チャームンディ（Rakūtacāmuṇdhi）の他、妖術神（mantramūrtti）といわれるクッティシャースタン（Kuṭṭiccāttan）、バイラバン（Bhairavan）、ウッチッタ（Ucciaṭṭa）、グリカン、ポッタン（Poṭṭan）などがある。マラヤンのテイヤムはプラーナ神話に由来するものが多く、地域の英雄譚などはみられない。

②祭祀権とテイヤムの継承

カリヴェルール地域で祭祀権をもつマラヤンは、カリヴェルール・ペルマラヤン家だけである。彼らに与えられる称号には、ペルマラヤンとパニッカールがある。ペルマラヤンは、一つのタラワードゥの最年長者に与えられる称号で、チラッカル王によって、刀と盾と共に与えられる。パニッカールは、地域で力量を認められたテイヤッカーランに、金の腕輪とともに地域の寺院から与えられる[31]。

カリヴェルール・ペルマラヤンの祭祀圏は、コダカッド全域、ヴェッラチャール、プットゥール、カリヴェルール全域、マナカード、アンヌール（パイヤヌール付近）、ターネーリ（パイヤヌール付近）である。これらの範囲は、王またはブラーマンから称号をうけた時に知らされる。ペルマラヤンは年間約100箇所でテイヤムを担っている。

タラワードゥは元々カリヴェルールにあったが、75年前、故カリヴェルール・ペルマラヤンがコダカッド村に移った。現在は、故アンブ・ペルマラヤンの3人の息子と、その子どもたちがコダカッド村の家に住む。ワンナーンが母系制であったのに対し、マラヤンは父系制である。カリヴェルール・ペルマラ

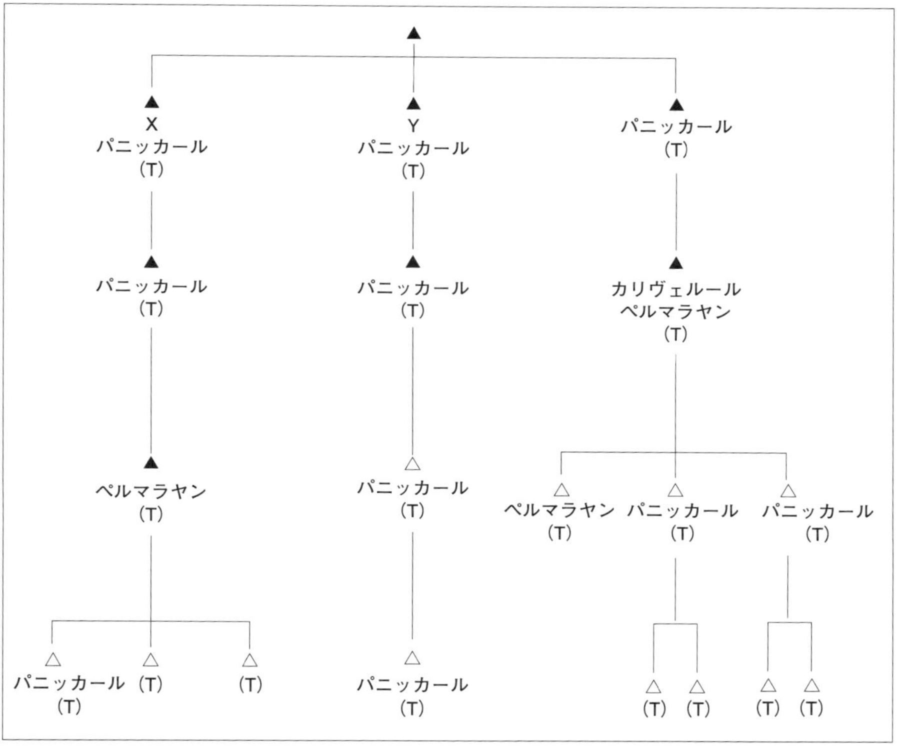

図13　カリヴェルール・ペルマラヤン・タラワードゥの親族図

ヤン・タラワードゥの成員は、図13の通りである（1999年）。

マラヤンの男性は、タラワードゥ内の男性12人中全員がテイヤッカーランの職業を継いでいる。マラヤンはワンナーンに比べて教育水準が低く、義務教育を終えてテイヤッカーランとなる場合が多い。家庭に高等教育まで行かせる余裕がないため、子どももテイヤッカーランになるというサイクルが続いている。

2017年には、地域の権利者であった3兄弟は引退し、20代から30代の息子ら4人に世代交代していた。また9歳から13歳の娘の息子2人と妻の弟の息子が加わっていた。彼らは女系の親族なためタラワードゥは異なるが、親しい間柄の場合は女系親族も交じってグループに加わることもある（写真17）。

マラヤンは父系であるため父親と息子が同グループに所属する。ワンナーン

写真17　マラヤンのグループ

が母系で、自分が年をとって踊れなくなるまでテイヤムを担うのに対し、マラヤンは50代で引退し息子のサポートに回る。そのためマラヤンのテイヤムは、息子半分、父親半分で担うという[32]。

ヴェーラン

ヴェーランの伝統的職業は、藁籠作りである。現在でも、カリヴェルール村の東にあるヴェッルール村のヴェーランは、テイヤムのない閑散期には藁籠を作っている。

彼らの担う主なテイヤムは、クンドーラ・チャームンディ（Kuṇdhōra Cāmuṇḍhi）とクラッティ（Kuratti）である。両テイヤムとも、カルナータカ州南部が起源とされるため、ヴェーランはカルナータカ州南部の出身であると推定される。

カリヴェルール周辺の地域のヴェーラン・カーストのテイヤムは、ヴェッルール村に住むヴェーランが祭祀権をもつ。ヴェーランには8つのタラワードゥあり、それらはアリコードゥ、コヤンガラ、クンナル、カダナッパッリ、パイヤヌール、チェルグンヌ、パッリカラ、ヴェッルールの各村にある。8タラワードゥのヴェーランはクンドーラ・ヴェーラン（Kuṇdhōra Vēlan）といい、クンドール地域（カルナータカ州マンガロール市付近）のクンドーラ司祭（*tantri*）が称号を与える。彼らの担う主なテイヤムは、クンドール・チャームンディとクラッティである（写真18）。両テイヤムとも、カルナータカ州南部のトゥル地方に由来するため、ヴェーランはカルナータカ州出身であるといわれる。

ニレーシュワラムではアニューッターン（Aṇṇūṟṟān）と呼ばれるヴェーランが祭祀権をもち、祭祀の主神を担うが、通常のヴェーランとは異なるクランに属する。通常のヴェーランはワンナーンやマラヤンよりも格が下であるが、アニュータンはワンナーンよりも格が上であるとみなされている。

写真18　ヴェーランが扮するクラッティ

その他の不可触民のテイヤム

その他、不可触民であるプラヤ[33]やコーパーラン、マーヴィラもテイヤムを担うが、彼らはカーストの中でも最下層に位置付けられているため、他のカーストと交わることがない。そのため彼らの寺院では、同じカーストのテイヤッカーランを村外から呼んでテイヤムを祀る。他のカーストの祭礼でも、時折プラヤやマーヴィラのテイヤムが祀られるが、ワンナーンやマラヤンの担うテイヤムとは別の祠で祀られる[34]。プラヤたちのテイヤムは、ワンナーンやマラヤンのテイヤムに比べ、頭飾りが小さく衣装は主にヤシの葉などから作られ、人工的な装飾が少ない。テイヤムが始まった頃の様子を連想させるような素朴なものである（写真19）。

写真19　プラヤによるカーリチャーン、トンダッチャン、チャームンディシュワリ（左から）

写真20　コーパーランによるチャウッカール・グリカン（前）とマーラナ・グリカン（後ろ）

2．神の代理人――コーマランとヴェリッチャパードゥ

コーマランやヴェリッチャードゥも、祭礼の際に主神のシャクティと一体に

なる宗教職能者である。マニヤーニやワーニヤなど中位カーストの寺院ではコーマランと呼ばれ、ティーヤやムガヤなどの低位カーストの寺院ではヴェリッチャパードゥと呼ばれる。コーマランは神の代理（*pratinidhi*）であるといわれる。テイヤッカーランとコーマランの相違点は4点ある。第一に、テイヤッカーランはカリヤーッタムの時のみ「テイヤム」となるが、コーマランは毎月シャンカラママムと、第一火曜日、プーラム祭や歌祭り（*pāṭṭuutsavam*）の際にもシャクティと一体になり「テイヤム」と呼ばれる。

第二に、テイヤッカーランの役割はワンナーン、マラヤンといった指定カーストのみの間で継承されている。それに対し、コーマランはカースト寺院の権利者であるタラワードゥの成員で、前コーマランの死後に神の啓示を受けたもの、または占星術によって指名されたものがなる。

第三に、テイヤムは派手な化粧、衣装をまとうのに対し、コーマランは金のついた赤い布を頭に巻き、腰には白い布と赤い布を、肩から赤い布を巻くといったシンプルなスタイルである。

第四に、日常生活の規制がコーマランの方が厳しい。テイヤッカーランは他の職業と兼職できるが、コーマランは原則として他の職業についてはならない。

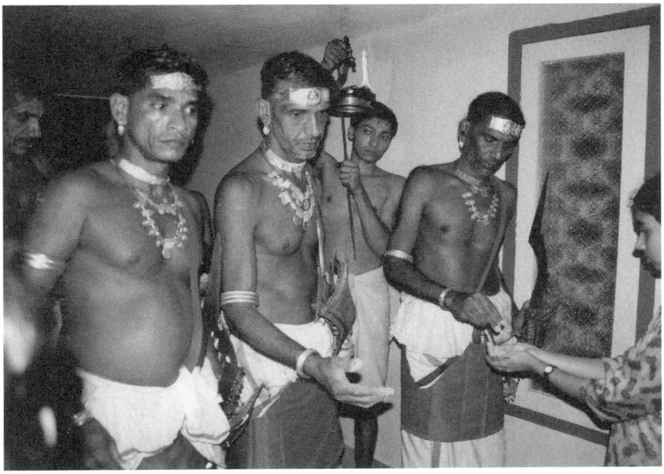

写真21　近隣の家を回って祝福するムッチローットゥ女神寺院のコーマランたち

またテイヤッカーランは主なテイヤムになる前の数日間、精進潔斎（*vratam*）[35]を行うが、コーマランは常時穢れのない者が作った食事をとらなければならない。そのため、月経期間の女性や、出産・死の穢れのある家の者、また結婚式の食事のように不特定な者が作る食事はとらない。また、外出する際の服装は、腰巻きと肩掛けのみである。

3．炎を灯す人——アンディッティリヤン

アンディッティリヤンは「夕方の炎を灯す者」という意味であり、寺院の近くに住み、毎日夕方、祠のランプに火を灯す。シャンカラマム、第一火曜日、テイヤム祭祀、プーラム祭、歌祭りの日に礼拝儀礼を行う。礼拝儀礼の内容は供物を捧げ、鐘を鳴らしながら神像に火かざしをすることであり、ブラーマン司祭のように呪文を唱えたり、灌頂儀礼（*abhiśēkam*）をすることはない。アンディッティリヤンは寺院を所有しているタラワードゥの中から選択される。祭礼の際には、コーマランとテイヤムに武器や神の御下がり（プラサーダム）であるウコンの粉や米を手渡す。

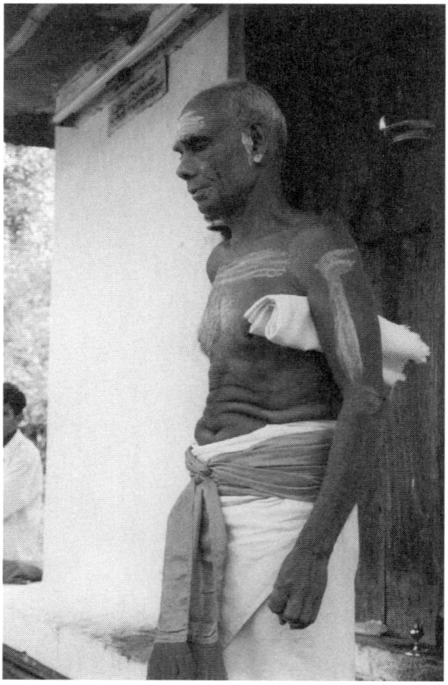

写真22　ラヤラマンガラム女神寺院のアッチャン

4．年長者——アッチャン

アッチャン（*acchan*）とはマラヤーラム語で父親の意味であるが、テイヤム儀礼ではカースト寺院の代表者であり、タラワードゥの年長者数人がこの役割を担う。テイヤムが顕現している間、祠の脇で立ちながら見守り、テイヤムからの祝福をコーイマに次いで受ける。カリヤーッタムの間、コーイマ

写真23　テイヤムにコディイラを渡すノーッティリックンナ

の席とは別の脇の塀の入り口にアッチャンの席が設けられ、テイヤムが顕現していない間は席に座っている。

5．剣を渡す人――ノーッティリックンナ

ノーッティリックンナ（*nōrririkkunna*）とは、精進決済を行っている者を意味し（Piḷḷa 2000 [1923]: 1130）、司祭からテイヤムへ聖なる剣や盾などを受け渡す役目を果たす。テイヤムの儀礼の最初には、コディイラ（*koṭiyila*, 祠の中の炎をつけた灯心を載せたバナナの葉）や、祠の前に立て掛けられた剣や盾などの武器がテイヤムに手渡される。通常はテイヤム寺院をもつタラワードゥに属するアンディッティリヤンが手渡すのだが、ブラーマンまたはナーヤルの祠では、マニヤーニまたはナーヤル・カーストのものがノーッティリックンナとなる。これは、高位カーストが直接テイヤムと物のやり取りを行うのを避けるためであり、「神」となっている最中であっても、テイヤッカーランの不可触性はなくならないといえる。

写真 24　カラシャムを頭に載せたカラシャッカーラン

6．供物を作る人——カラシャッカーラン

カラシャッカーラン（*kalaśakkāran*）は、カラシャムと呼ばれる供物を作り、テイヤムと共に祠または供物台の周りを歩く役割をもつ。カラシャムには大きさによって、①数人で担ぐタイプの大きなカラシャム、②カラシャッカーラン一人が頭の上に載せてテイヤムと共に歩く中くらいの大きさのカラシャム（*eṭuttŭ kalaśam*）、③地上に置きテイヤムがその周りを回る小型のカラシャム（*keṭṭikalśam*）がある。①は壺の中に椰子酒を入れその上に木の板とアラカナッツの花で装飾したもので、マーダーイ・カーヴ寺院、マンナンプラットゥ・カーヴ寺院のようにシャクティ礼拝儀礼を行う寺院で、年に一度女神に供えられる。②は①のタイプを小型化したもので、カラシャッカーランが頭の上に載せて、女神テイヤムやヴィシュヌムールッティと共に祠やカラシャ置き場の周りを回る。③はココナッツに椰子の葉を束ねて差したもので、寺院の北側に他の供え物と共に置かれる。

カラシャムの中身は、本来椰子酒（toddy）であるが、最近では、高位カーストの習慣である禁酒を模倣し、ココナッツ水を代用しているところもある。また祭礼の３日後に行う鶏の供儀を止めて、代わりにブラーマン司祭による清めの儀礼を行うところがある。こういった行為は、祠に対して森の中の社を意味する「カーヴ」という名称を、ブラーマン寺院を指す「クシェートラム（*kśētram*）」に変えるなどといった行為と同様、ブラーマン儀礼化、「サンスクリット化」の影響がみられる[36]。

カラシャッカーランはティーヤ・カーストが担う権利をもつ。カリヴェルール村近辺には、ティーヤの二つの家が権利をもっていて、祭礼の際は二人の内、一人がカラシャムをもち、もう一人がランプをもってカラシャムを先導する。

カラシャムが必要なテイヤムではカラシャッカーランの存在が不可欠であり、どのカーストの寺院であっても、カラシャッカーランはティーヤが担う。また、ティーヤはケーララ州北部で最も多くの人口を占め、テイヤムを祀るタラワードゥや祠が多いことから、「ティーヤがいなくてはテイヤムがない」といわれるほどテイヤム祭祀で重要な役割を果たす。

７．王――コーイマ

コーイマは「王」を意味し、テイヤム寺院の最高権威者である。元地主であるナンビ・カーストやナーヤル・カーストが、中・低位カーストの寺院のコーイマの地位にある。以前は経済的・政治的にも力があり、地域の「王」であったコーイマであるが、土地改革後は財産を失い、祭礼の時のみの象徴的王となった。祭礼の際には、寺院の正面のコーイマ席に座り、テイヤムから最初に祝福をうける。また祭礼の初日には、コーイマのタラワードゥにコーマランが挨拶に来る儀礼がある。

王は政治的権力者であり、テイヤム祭祀のパトロンとして重要な役割を果たしている。司祭や霊媒のように、神霊の操作そのものに関与はしないが、世俗の長として祭祀をコントロールしている。

８．司祭――ブラーマン

ブラーマンは全てのテイヤム寺院に関与している訳ではない。だが、ブラーマンの家（*illam*）とナーヤルの寺院でテイヤム儀礼が行われる際は、ブラーマンが祭司を務め祠の中で礼拝儀礼を行う。

テイヤム寺院の中には、ブラーマンが神像への入魂儀礼（*pratiśṭḥa*）を行ったものもある。入魂儀礼とは、神像に神の力、シャクティを呼び込む儀礼であり、テイヤム寺院の場合は祠に安置されている椅子にもシャクティが宿るとされ、その上に神像を設置する。神像を設置する儀礼はアシュタバンダム（*aṣŭṭabandham*）という。本来、テイヤムの霊は彷徨っていて、祭りや儀礼の時のみ呼び降ろされた。それが、設置儀礼により、常時寺院に縛り付けられることになる。入魂儀礼は、特定の司祭（*tanti*）によってのみ執り行われる。カリヴェルール周辺の主なテイヤム寺院は、パイヤヌール市の東にあるカーラガート・イッラム[37]の司祭によって入魂されている[38]。

大祭の３日後に行われる清めの儀式では、大量の鶏がコーマランによって殺され、まだ寺院を彷徨っているとされる主神の女神と死霊、餓鬼に捧げられる。だが寺院によっては、それをブラーマン司祭による儀礼に代えたところもある。例えばコダカッド村のパナヤッカートゥ・バガヴァティ寺院では、祭礼の３日後、ブラーマンにより清めの儀式（*puṇyāham*）とガナパティ・ホーマム（護摩儀礼）が執り行われる。

このように本来、非ブラーマンが主体となって行っていたテイヤム儀礼に、ブラーマンの儀式が取り入られ、神観念や儀礼の様式および意味づけが変えられてきた。現在、大祭で発行される冊子の筆頭には、司祭の写真が掲載されており、ブラーマンの存在感が増している。共産党支持者たちはテイヤムのヒンドゥー化に反対する一方で、テイヤムをブラーマンの権威と関連づける動きも進んでいる。

以上が主なテイヤム祭祀の担い手たちである。この他、シャクティが降りてくる傘をもつコダッカーラン、司祭やコーマラン、アッチャンの服を洗うワンナーティ、テイヤムが手にする剣を磨くコッラン、大祭の日程や主なテイヤッカーランを指名する占星術師といった役割がある。カーストごとに祭祀で担う仕事が分担されているため、カースト分業が宗教的儀礼の場では維持されている。

カーストは現代でも存続し、特に婚姻の際には同じカーストであることが求められるが、日常生活の中では意識されることは少なくなった。しかし、祭礼の場では、誰が何カーストに属しているかが一目瞭然となる。このように、祭祀はカースト関係を顕在化させ、保持しているといえる。

9．司祭と霊媒、王の力関係

テイヤム儀礼の主な担い手には、①司祭であるアンディッティリヤンまたはブラーマン、②神格の代表であるコーマランまたはヴェリッチャパードゥ、③神霊を呼び降ろして踊るテイヤッカーラン、④祭礼の最高権威者である地域のコーイマ（王）、⑤家の最高権力者のアッチャン（長老）がいる。これらを大別すれば、①から③は宗教職能者であり、④と⑤は世俗の権力者である。また②と③はともに、神霊と一体化するため霊媒といえる。これら司祭、霊媒、そして世俗の権力者との力関係をみていくことにする。

まず霊媒であるコーマランとテイヤッカーランを比較することにより、両者の神との距離、つまりヒエラルキーを考える。第一に神との対応関係であるが、コーマランは常に特定の寺院における特定の神の代理であるのに対し、テイヤッカーランは寺院もしくは祭礼によって異なる神格を演じる。第二に憑依の時期であるが、コーマランは祭礼の他に毎月のサンカラマムの日や歌祭りの際にも憑依をするが、テイヤッカーランはテイヤム祭祀の時のみ憑依する。

よって、霊媒と神霊との接触時間からいうと、コーマランの方がテイヤッカーランに比べて長い。コーマランは常に神の代表であり、寺院に属する成員にとって聖なる存在である。日ごろから外食しないなどの禁忌を守り、知的なコーマランは特に尊敬の念を抱かれている。それに対しテイヤッカーランは、祭礼の間のみ神となるわけで、頭飾りを外した瞬間に普段のワンナーンやマラヤンといった低位カーストに戻る。つまり、コーマランは「日常の聖」であるのに対し、テイヤッカーランは「非日常の聖」なのである。

こうしたことから、神と最も接触時間の長いコーマランが、より神聖な立場にありヒエラルキー的に上であるといえる。だが祭礼の間は、コーマランがテイヤッカーランより上であるかというと、儀礼的役割の重要性はテイヤッカーランの方が大きい。テイヤッカーランが受け取るのは、一時的な聖なる力ではあるが、ブラーマンやコーイマなど高位カーストもテイヤムを崇める。よって祭礼の間だけは、テイヤッカーランが最も神に近く、ヒエラルキーの上にあるといえよう。

田中は、司祭と霊媒に関する論考の中で、司祭のほうが霊媒よりも権力と密接な関係を確立しうるかという問題を吟味している。憑依は個人の資質によるところが大きく一時的ものにすぎないのに対し、司祭の知識は長期にわたる学習によって獲得された聖典に基づく。また司祭は神に様々な供物を捧げるが、霊媒は自らの肉体を捧げる。このようなことから、霊媒の方が自己の自由度が限定され、形式性と自由のバランスが不安定となりがちだが、司祭の権力と神とのコミュニケーション方法はより安定しているという。（田中 1990: 501-502）。

テイヤム儀礼では、ブラーマン司祭は日常の聖なる権威は最も高いが、中・低位カーストの司祭（アンディッティリヤン）は祭壇の炎を灯す人であり、霊媒のコーマランより権威があるとは捉えられていない。形式化の度合いでいえば、歌やパフォーマンスが細部にわたって定められているテイヤッカーランが最も強く、次に憑依するコーマラン、そして司祭の順である。だが、日常では最も権威があるのはブラーマン司祭またはコーマランであり、儀礼の間はテイヤッカーランである。よってヒエラルキーは、形式性や自由度よりも、神との接触期間の長さによるものであり、それは日常と非日常によっても変わるものであるといえる。

では、なぜ儀礼の最中のみテイヤッカーランの受ける力は絶大になるのであろうか。一つには、大胆な化粧と衣装により、脱人間化し視覚的に神であることを観衆に訴える効果があること、また1年に一度という短期間なため、瞬間的な演出がより非日常で神聖であるということがあげられる。さらに、日常では穢れと接するワンナーンやマラヤンが神となることであり、「ケガレの聖なる力」といったものが発生すると考えられる。関根は、ケガレのイデオロギーはカオスとコスモスの境界線上にあり、女性の生理がケガレとして受け取られる一方で、生産力や豊饒性は聖なるものとして享受されていることから、「ケガレの聖」が発生していることを指摘した（関根 1995: 334-335）。また、内山田は不可触民のシャクティと女性のシャクティの類似性を指摘し、不可触民は浄と不浄の境界に位置しているという（内山田 1998: 10, 24）。不可触民であるテイヤッ

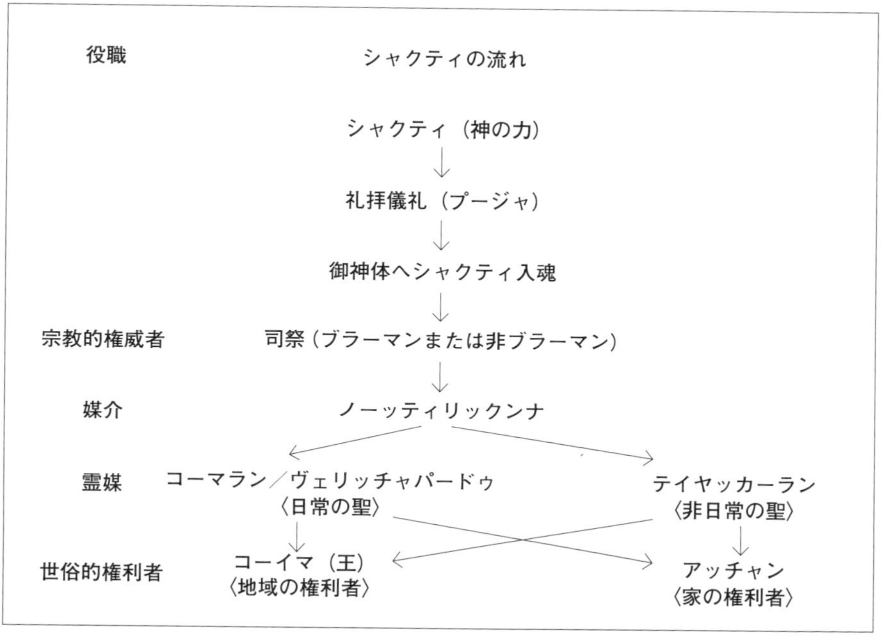

図 14　司祭、霊媒、王の関係図

カーランは日常では穢れと結び付けられているが、儀礼の場では聖なるものと一体化する。穢れと聖の両義性をもつことが、テイヤッカーランの特徴であるといえよう[39]。

ここで注意しなければならないのは、テイヤッカーランが儀礼の最中常に宗教的権威をもつとは限らず、それはテイヤッカーランの技量や日常の生活態度に影響されるということである。パフォーマンスの技に長けているもの、トーッタムをきちんと歌えるもの、化粧が上手なものが演じた場合は、そこに芸術効果が生まれ、観衆は憑依の真偽を疑わない。だが反対に、下手なものが演じた場合には、そこにみられる神の顕現のリアリティは減少する。

次に、宗教的権威と世俗的権力の関係について考えてみよう。司祭によって呼び降ろされたシャクティは、炎と剣を通してテイヤッカーランの手に渡る。テイヤッカーランはそれを御下がりの形で、コーイマ（王）やアッチャン（長老）、その他の観衆に祝福の言葉とともに分配する。ここでは、世俗の権力者であるコーイマは、宗教的権威をもつテイヤムの前に屈することになる。だが儀礼の執行に当たり、最高権威者はコーイマである。もし儀礼の最中にテイヤッカーランが、呼ぶべき観衆の名前を間違えたりしたら、コーイマはテイヤッカーランを処罰する権利をもつ。

宗教的権威と世俗的権力に関して、デュモンは司祭がもつ宗教的権威が、王がもつ世俗的権力を包摂し、最も浄性が高いブラーマンがヒエラルキーの頂点に立つとした（Dumont 1980 [1970]: 213）。だが両者は、どちらかが常に優位にあるわけでなく、場によってその関係が変わり、儀礼の場においては宗教的権威が、日常では世俗的権力が優勢であるといえる。

第４節　祀られる神霊

写真 25　ワリヤ・バガヴァティ

「テイヤム」とは、様々な名前で呼ばれている神が姿（*kōlam*）をもって人々の前に現れる時の総称であり、実際には 400 以上の神がいるといわれている。神々の由来、神話は、祭文（トーッタム）の中で歌われ口頭伝承として語られる。それによると、神として祀られる霊には大きく分けて３タイプある。第一は、ある土地で生まれた者が死んで後に神格化したもの、第二は汎ヒンドゥー教の神話に基づくもの、またはヒンドゥー神の化身であるとするもの、第三は第一のローカルな話と第二のヒンドゥー神話型が混合したものである。最も多いのが第三のタイプで、ローカルな土地で起きた出来事がヒンドゥー神話に結び付けられている。各々のタイプの中には、様々な特色をもった神々があるが、ここでは神格を性格別に分類しテイヤムで祀られる神概念について考える。

１．女神

土地の守護女神

大寺院、カースト寺院、またはタラワードゥの主神のほとんどは、女神（*bhagavati*）である。女神の呼び名は、コーラスワルーパッティンガルターイ、ワリヤ・バガヴァティ、チェンビローットゥ・バガヴァティなど、各寺院によって異なっているが、チラッカル王家の守護神であるマーダーイ・カーヴ寺院のティルヴァルカーットゥ・バガヴァティと同一視されているという点は共通である。特にナーヤルのタラワードゥでは、第２章第３節で述べるように王家と同じ女神を守護神としている場合が多い。チラッカル王が、守護女神を大国内のタラワードゥやカースト寺院で祀らせることにより王国を象徴的に支配していたといえる。

女神は民に恵みを与えると同時に、血の供犠を好む荒々しい性質をもち、その土地の敵である悪魔を倒すため、カーリー女神の化身ともいわれる。そのため、祭礼の中で踊られるテイヤムの中で最後に登場し、鶏の供犠をうける。

女神の神話は土地によって多少異なっているが、地域の女神は王家の女神の化身であるとされ、王家の守護神から地域の守護神またはタラワードゥの守護神となり祀られている。このように化身という概念は、古典ヒンドゥー神が民俗神として受容される時のみに用いられるのではなく、より中心的な民俗神が他の民俗神を包摂する場合にも用いられている。

チャームンディ女神

チャームンディも、バガヴァティと同様、女神の総称であるが様々な名前で祀られている。例えば、マダイル・チャームンディ（Maṭayilccāmuṇḍhi）[40]、ムーワーラングリ・チャームンディ（Mūvalamkuliccāmuṇḍhi）、クンドーラ・チャームンディなどがあげられる。だが、同じチャームンディが各地で祀られており、バ

写真 26　ラクタ・チャームンディ

ガヴァティに比べ普遍性がみられる。特にラクタ・チャームンディに関してはローカル・ストーリーがなく、悪魔のチャンダ・ムンダとラクタビージャースランを殺したチャームンディという『デーヴィーマーハートミヤ』の神話に依拠する。その他のチャームンディに関しては、土地の特定のカーストと結び付いた話が語られる。

アーリヤの国から来た女神

中・低位カーストであるティーヤやマニヤーニ、ムガヤ[41]などの大寺院で祀られる主神は、アーリヤの国（*āryanāṭu*）に起源をもつ場合が多い。ナーヤルなどの地主階級が王家と同じ女神を祀るのに対し、小作人階級は外来の神を祀るところに抵抗の構図がみられる。アーリヤの国とは、南インドからみて、インド北部を指すが、具体的にどこの国を指すかは明らかでない。パダケッティ・バガヴァティ（Paṭaketti Bhagavati)、プーマールダン（Pūmārutan)、アーリヤプーンガニ（Āryapp ūnkanni)、アーイッティバガヴァテ（Āyitti Bhagavati）などは、船に乗ってアーリヤの国からやってきたといわれる。プーマールダンを祀る寺院では年に一度、歌祭りの際にカニヤーン・カースト[42]が船の歌を歌う。その歌の内容は、以下の通りである。

アーリヤの王の娘が、メイドとともに花摘みにいった。その後アーリヤポン池で沐浴をして着替えると、女神が現れたので祈りを捧げる。王女は、メイドに帰りたくないという。メイドが王の前に王女を連れて行くと、王は占星術師を呼んで占わせた。すると王女にはマラナードゥの人々が必要としている神が乗り移っていることがわかった。王は大工に船を作らせた。船はガンガー川岸、アナンダ岸、アランビ岸などの港を通って、最初にエリマラに着いた。それから各地へ行った。
（Viśňǔnambūtiri 2002: 93-94）

アーリヤの国とは、具体的にどこを指すか明記されていないが、それが北インドであることはガンガー川が歌われていることからわかる。マラナードゥ（山の国）はケーララを指すので、北インドの王女が船に乗ってケーララにやってきて女神として祀られたと解釈できる。

現在の村人は、アーリヤの国を今のグジャラート州であると解釈している。地理的に海を渡ってくることが可能であるからである。神話は多様な解釈が可能であり、場合に応じて異なった意味付けがなされる。

疫病神

ベンガル地方やタミル地方では、シータラー[43]女神やマーリアンマ[44]女神のような疫病神が祀られている。疫病は神によってもたらされ、また同神によって癒されると考えられる。ケーララでは疫病神がテイヤムとして祀られ、天然痘が流行していた頃には、プディヤ・バガヴァティ（Putiya Bhagavati）のテイヤムを祀り病気の回復を祈った。現在、天然痘はないが、プディヤ・バガヴァティを祀る習慣は、主にティーヤまたはマニヤーニの家で残っている。プディヤ・バガヴァティ誕生の神話の要約は以下の通りである。

写真27　プディヤ・バガヴァティ

マハーデーヴァ（シヴァ神）の娘、チールンバが生まれた時、マハーデーヴァは天然痘にかかる。天界を天然痘が襲い、病気の拡散を抑えるためにパッテーリ（ブラーマン・カースト）の最年長が、大規模な40日間のホーマ（護摩供犠）を行った。41日目に、マハーデーヴァの近くのホーマの火から、プディヤ・バガヴァティ（「新しいバガヴァティ」の意味）が現れた。彼女は父親の病気を治し、パッテーリの病気も治した。下界で二人のチールンバは天然痘を撒き散らした。それをなくすためにマハーデーヴァはプディヤ・バガヴァティを下界に送った。

（Viśňŭnambūtiri 1998: 259-269、カッコ内は筆者による）。

この神話に登場する、天然痘を撒き散らしたチールンバも、テイヤムの姿はないが、アーシャーリやモガヤ、ティーヤ・カーストのチールンバ・カーヴに祀られている。つまり病原を撒き散らす神と癒す神の両方を祀っているのである。両者ともシヴァから生まれたとする神話は、シヴァの破壊と再生の性質と結び付いているといえよう。その他の疫病神としては、かゆみを癒す神として、トゥーワッカーリ（Tūvakkāḷi）が祀られている。

写真28　ヴェーッタイッコルマガン（左）とウールッパラッチ（右）

2．戦死した英雄神

女神と同じく、ケーララ北部に数多く祀られるのは、地域の戦いで戦死した英雄神である。ヴァイラジャータン（*vairajātan*）、ヴェーッタイッコルマガン、ウールッパラッチ、カティヴァヌールヴィーランなどが例としてあげられる。

シヴァ神が戦士アルジュナの力を試した際、アルジュナは連日瞑想苦行を行ったので魔法の弓矢（*pśupadāsūtram*）を与えられる。その時、シヴァは狩人の格好をして、妻のパールヴァティと戯れ、アルジュナに弓矢を贈与して帰って来る途中で生まれた子どもがヴェーッタイッコルマガン（「狩人の子ども」の意味）である。カンヌールの東側のヴァヤットゥールとパイヤーヴールでは、シヴァを狩人の姿で祀っている。ヴェーッタイッコルマガンと一緒に祀られることの多いウールッパラッチも戦士のテイヤムである。カンヌール市付近でヴィシュヌの敬虔な信者であった女性から生まれた子どもが、ウールッパラッチでありヴィシュヌの化身であるとされる[45]。

ヴェーッタイッコルマガンは、シヴァの息子であるとする神話がある一方で、実在する戦士であったという話もある。コーラッティリ王の息子がカリカットのザモリン領主を訪ねた時に、ザモリンの姪と関係をもち子どもが生まれ、ザモリンの怒りを買って追放されるが、コーラッティリ王にニレーシュワラの土地（アッラダ王国）を与えられて治めるようになった。ザモリンの姪が家を追放され、船に乗せられて漂流している時に助けたのが、ヴェーッタイッコルマガン他、3人の神（クシェートラパーラカン、ヴァイラジャータカン、シャースターヴ）であるという（Freeman 1991: 520-522）。またヴェーッタイッコルマガンとウールッパラッチの場合、テイヤムといわずにティラ（*tira*）と呼ぶ。ティラとはカンヌール県よりも南の、カリカット県にみられる儀礼である。そのため、ヴェーッタイッコルマガンは南方（カリカットを指す）から来たといわれる。

ここでは、実在したであろう戦士が死後に神格化し、シヴァ神の神話と結び付けられている。中世には、コーラッティリ王国とアッラダ王国の中で、領地をめぐって領主同士の争いが絶えなかったので、領主は戦士たちをカラリ道場[46]で訓練させ、常日頃から戦に備えていた。戦士にはナーヤルに限らず、ワーニヤやティーヤ、時にトライブも含まれた。戦で活躍し戦死した戦士がその後ナーヤルなどの寺院で祀られるようになったのである。

3．祖先神・死霊

タラワードゥまたはカースト寺院では、トンダッチャン、またはカーラノールと呼ばれるテイヤムが祀られている場合がある。これらはタラワードゥの祖先神であり、トンダッチャンは「おじいさん」を意味し、カーラノールはタラワードゥの最年長男性である「カーラナヴァン」を指す。タラワードゥは母系制であるため、始祖は女性であるが、実際に財産や土地を管理していたのはカーラナヴァンであった。タラワードゥでは、土地の女神や英雄神と共に、祖霊もテイヤムとして祀る。

祖霊の他、死霊であるブータムも祀られる。死霊とは、人生を全うして死に、子孫に供養されている祖霊とは異なり、事故や急死などで不慮の死を遂げた人の霊である。ブータムは墓場をうろつくシヴァ神の付き人でもある。ブータムはテイヤムでは道化のような役を担い、祖先神と同様、夜中過ぎに現れ、人々に冗談を言って笑わせる。

写真 29　プリユルカーリ

その他、ラクシャスと呼ばれるテイヤムがある。元々ブラーマンが住んでいた土地に他のカーストが移り住み、テイヤム寺院を建立して祀り始めた場合、かつてそこに住んでいたブラーマンの霊を、ブラフマー・ラクシャッス（Brahŭmārakṣassŭ）として祀る習慣がある。そこには、元々ブラーマンの土地であったことに対する畏怖の念が見受けられる。

写真30　ナーガカンニ

4．動物神・蛇神

テイヤムでは、死者だけでなく動物も神格化され祀られる。虎の神は、多くの寺院で主神または副神として祀られている。シヴァ・プラーナで語られるシヴァとパールヴァティが、虎の姿をして戯れていた時のシヴァがプリッカンダン（Pulikkandan）で、パールヴァティがプリユルカーリ（Puliyurukāḷi）であるとされる（写真29）[47]。カーサルゴーッドゥ県のピリコード村は、昔、虎（*puli*）が住んでいたためにピリコードと名付けられた。ケーララの内陸部は山や森が多く、ピリコード周辺も森で覆われていたため虎が生息しており、付近の住民にとって恐ろしい存在であった。虎に対する畏怖の念から虎を神として祀るようになったのである。

蛇も神格化してテイヤムとして祀られる。ナーガラージャ（Nāgarāja）とナーガカンニ（Nāgakanni）は、対で祀られる場合が多い（写真30）。タラワードゥの南東には、蛇（*nāga*）を祀る祠が置かれる場合が多い。そこには、ナーガラージャとナーガカンニとして蛇の姿の像が祀られており、年に一度ブラーマンによる礼拝儀礼（*nāga pūja*）が行われる。蛇は多産の象徴でありタラワードゥの繁栄を願って祀られている。またかつては森であったカーヴでは毒蛇が出没し被

写真 31　バイラバン

害に遭う人が多かったため、蛇を神として祀るようになったのである。

5．妖術神

マラヤンの担うテイヤムの中には、呪術を行うとされるマントラ・ムールッティ（*mantramūrtti*）と呼ばれるテイヤムがあり、クッティチャーッタン、ウッチッタ（Ucchiṭṭa）、バイラバン（写真31）、カリワール（Karivār）、ポッタン、グリカンなどがそれに当たる。その中には、ブラーマンの家でブラーマンのマントラ（呪文）によって生まれたといわれるものがあり、クッティチャーッタンはカーラガート・イッラム、ウッチッタはプッランチェリ・イッラム、カリワールはカーット・マダムが生誕地であるとされる。クッティチャーッタンは妖術師として恐れられ、家の窓ガラスが突然割れたりするとクッティチャーッタンの仕業であるといわれる。

原因不明の病気で占星術師を訪ねると、マントラ・ムールッティにとり憑かれていると診断される場合がある。その場合、マラヤンのマントラワーディ（呪術師）がマントラ・ムールッティを患者から取り除く儀礼を行う。このように、マントラ・ムールッティはマントラの力に対する畏怖の念から祀られている。

6．神々のパンテオン

女神、英雄、祖霊神等といった様々な神格をもつテイヤムであるが、これらの中で優劣は存在するのであろうか。

インド中部のマッディヤプラデーシュ州で民衆ヒンドゥーイズムについて調査したバッブは、祀られる神々の中にヒエラルキーがあることを指摘した。ヒエラルキーで優位な神々は、シヴァ神やヴィシュヌ神など聖典に出てくる神である。彼らは菜食の供物のみを受け取り、普遍的幸福を祈るとご利益があり、個人的利益や要求のためには祈られない。それに対して、劣位な神々は特定の地域でのみ祀られる神々であり、優位な神々ほど大きな効力をもたないが、個人の悩みを解決するとされる。それらは非菜食の女神の場合が多い（Babb 1975: 237-242）。ハーパーも、神をデーヴァル（devaru）、デーヴァタ（devate）、デーヴァ（devva）の３種類に分類し、デーヴァルは菜食主義の神でヒエラルキーの頂点にあり、それに続くデーヴァタは非菜食の神で慈悲と悪意の二面性をもち、最下位のデーヴァは血を好む神で不幸を呼び起こすという（Harper 1959: 227）。

フラーは、神々の中にみられる浄性の度合いを、人間のカースト社会と関連付けて捉えているハーパーに疑問を呈する。人々は神が浄性だから祈るのではなく、パワフルだから祈るのであるという（Fuller 1979: 468-469）。

菜食の聖典の神々が優位に立ち、それらに非菜食の民俗神が従属するというヒエラルキーは、テイヤムの場合明確ではない。なぜなら、テイヤムの多くはシヴァ神やヴィシュヌ神、あるいはカーリー女神の化身でもあり、プラーナ神と民俗神の両面性をもつからである。また神格の中で、プラーナ系の神が最も優位な神というわけではなく、主神は地域やカーストによって異なり、時には動物神や祖先神が主神である場合もある。さらに、プラーナ系神であっても血の供犠を必要とする神もいることから、菜食・非菜食の区分もヒエラルキーの基準とはならない。ナーヤルのタラワードゥや寺院では、女神が主神でその他の神が副神であるといった傾向はあるが、それ以外のカーストでは別の神が主神として祀られている。つまり、テイヤム神のパンテオンにはヒエラルキーはなく、祀られる場所やカーストにより主神が代わり、多少の優劣が生じるのである。

テイヤム神と、ブラーマン司祭によってヒンドゥー寺院で祀られる神々は何が異なるのであろうか。調査地周辺のブラーマンにその違いを尋ねたところ、①ブラーマン寺院は「神の寺院（*dēvālayam*）」[48]、テイヤムを祀る祠は「死霊の祠（*bhūtālayam*）」である、②ブラーマンの礼拝儀礼とテイヤム祭祀の違いは、ブラーマンはサンスクリット語のマントラ（呪文）を神に唱えるが、テイヤッカーランはマラヤーラム語のトーッタム（祭文）でテイヤムを呼び降ろす、③プラーナ神はブラーマン司祭により毎日礼拝儀礼がなされるが、テイヤムは年に一度だけその姿を現す、という回答を得た。つまり、ケーララ北部のブラーマンにとっても、プラーナ神とテイヤム神に優劣があるわけではなく、礼拝や崇拝の形式に相違があるということである。このことは、テイヤム崇拝がブラーマンにとっても、サンスクリット的礼拝と同様、慣習として浸透しており、両者の優劣を付けるのが難しくなっていることを示す。

ブラーマンの中にも、ヴィシュヌ神が主神でありドゥーマー・バガヴァティやラクテーシェワリは副神であるというものもいれば、シヴァ神やヴィシュヌ神よりヴェーッタイッコルマガンが重要であるというものもいるため、一概にプラーナ神がテイヤムよりも優位に立つとはいえない。

テイヤム神の多くが、シヴァ神やヴィシュヌ神などプラーナ神の化身とされるが、それはヒエラルキーに基づいた「サンスクリット化」現象であるとは安易にはいえないと考えられる。サンスクリット神とテイヤム神は、下（テイヤム神）から上（サンスクリット神）へと上昇したというよりも、ブラーマン文化によるテイヤム神の吸収、またテイヤム儀礼によるブラーマンの取り込みといったように、両者からの歩み寄りにより生じた、平行的な融合であるといえる。

注

1　その他ワヤナードゥ県、カルナータカ州のクールグ地方でも祀られている。

2　スワルーパム（Svarūpam）とは王族を意味し、転じて王の支配する領域、王国を意味する。

3　35テイヤムの内容は一様ではないが、ヴィシュヌナンブーディリによると以下のテイヤムがあげられている。マントラコーラッパン、ターイッパラデーヴァタ、カラリヤール・バガヴァティ、ソーメーシュワリアンマ、チュラリ・バガヴァティ、パーティックッティ、ワヤットゥール・カーリヤル、キールール・シャースターヴ、キールール・ヴァイラジャータカン、マディヤンク・シェートラパーラン、ヴィーラチャームンディ、ヴィーラバドラン、マハーガナパティ、ヤクシャン、ヤクシ、ククシッシャースタン、ウールッパラッチ、ヴェーッタイッコルマガン、イラムカルマガン、プトゥルヴァーディ、ベンムリッカン、カリムリッカン、テッカン・カリヤーッタン、ワヤナーットゥクラヴァン、トーットゥムクラ・バガヴァティ、プディヤ・バガヴァティ、ヴィーラルカーリ、バドラカーリ、ヴィシュヌムールッティ、ラクテーシュワリ、ラクタチャームンディ、ウッチッタ、カリヴァール、カンダーカルナン、ヴィーラン（Viśńunambūtiri 2000 [1989]: 541）。

4 ムッチローットゥ・バガヴァティのテイヤムを草案したのは、マナッカーダン・グルッカルの弟、クンニャーランであったという説もある。ムッチローットゥ・バガヴァティの像は、マナッカーダン・グルッカルの廟を向いており、両者の関係は深い（1998年6月、チラッカルのクンニャンブ・マスターの話による）。

5 毎月、新月の日はヴァーヴといい、家の中で祖先に供物を捧げる。特にカルッカダガム月（7～8月）、トゥラーム月（10～11月）、クムバム月（2～3月）、メーダム月（4～5月）のヴァーヴは重要であるとされる。

6 王はアーラパランブのポドゥワール・カーストの男性を徴税人として任命し、支配下の地域から税を取り立てていた。

7 1998年4月1日、チラッカル王家レヴィンドラ・ヴァルマの証言による。1970年代に、染色工場が資金を集め、カリヤーッタムが王宮で催された。

8 現在はデーヴァスワムボードが管理している。

9 テイヤム儀礼に関する王権の考察は、古賀（1999）を参照。

10 シャクティとは、一般的には力、特に神の力や女神を指す。ここでは神格の性別に関わらず、神の力をシャクティとする。

11 シヴァラートゥリ祭のいわれは以下のようにある。神々と悪魔が乳海を攪拌して不死の薬を抽出しようとしたところ、最初に出てきた毒が地上に落ちないように、シヴァが飲みこんだ。そのシヴァを心配して神々が断食をして祈った（Viśňǔnambūtiri 2000 [1989]: 609）。

12 チャーキヤールはチャーキヤールクートゥを担うカーストである。チャーキヤール男性の配偶者の女性はナンギヤールといい、別のカーストに属する。チャーキヤールとナンギヤールが共演する芸能が、2001年に無形文化遺産として登録されたクーリヤーッタムである。

13 『マッタヴィラーサム』は以下のような内容の話である。ホーマ（護摩儀礼）に用いる薪を切る斧を落として、ブラーマンを殺してしまったサッティヤソーマンという男が、ブラーマン殺しの罪で死刑になりそうになった時、妻がシヴァに祈った。シヴァは乞食の格好をして踊れば助かると助言した（Viśňǔnambūtiri 2000 [1989]: 501-502）。

14 トーッタムによると、ムッチローットゥ・バガヴァティは、シヴァ神の娘が、地上に生まれ変わった者である。

15 例えば、カリヴェルール・ムッチローットゥ・カーヴのコーイマは、ワンガートゥ・タラワードゥ（ウンニッティリ）、プディヤダヴァン・ヴィードゥ（ナーヤル）、パナッカーチェーリ（ナンビ）、コットゥーカラ（ナンビ）、パットゥワ・ヴィードゥ（ナーヤル）、パリエーリ・ヴィードゥ（ナーヤル）、カリンビン（ナンビ）、エダマナ（ナンビ）、テングム・タラ（ナーヤル）、カンニッチ・ヴィードゥ（ナーヤル）、コダッカルタラワードゥ（ナーヤル）に属する11人である（カッコ内はカースト名）。

16 メールコーイマ権といい、王の権利の中でも権威があり、他の王を従属させる権利。

17 信者が寺院に参拝し、ご神体と一体化したというエピソードは南インドの他の地域でもみられ、自己と神が一体化して解脱に至ったことを意味する。

18 特定の寺院でテイヤッカーランがテイヤムを担う権利は、代々同じ家系で継承される。

19 このような菜食の供え物をナイヴェーディヤム（*naivēdyam*）という。供物の中身はテイヤムによって異なる。非菜食の供物はバリ（*bali*）という。

20 銀で作られた21匹の蛇は21聖人を表す。

21 ココナッツを割るという行為は、他のヒンドゥー儀礼にもみられ自己供犠を表す。

22 この時詠われるのは、アニヤラトーッタムといい控室で歌われるトーッタム。通常のトーッタムを短縮したもの。

23 大抵のテイヤムはターメリックを与えるが、シヴァ系のテイヤムは牛糞の灰（*bhasŭmam*）を与える。

24 「モリ」とは言葉、言語、陳述を意味する。

25 ピリコード村に住むワンナーン・カーストの、クンニラーマン・ワイディヤの説明による。

26 ヒンドゥー教徒は、寺院で神像と目を合わせることによって神との合一を図る。なぜなら神との合一は、ヒンドゥー教の最終目標、解脱に通じるためである。テイヤッカーランの憑依を「ダルシャン」というのも、神と合一したという意味では同じである。

27 半分は通常の意識を保たなければならないのは、テイヤムの形式的な踊りや所作を行い、かつ信者たちに適切な託宣を与えなければならないからである。

28 ワンナーンやヴェーランが演じるテイヤムが、地域の英雄や地母神などであるのに対し、マラヤンが演じるテイヤムは、ヴィシュヌムールッティやラクタ・チャームンディなど、プラーナ神話に登場する神が中心である。

29 主にティーヤ・カーストの衣類を洗濯した。

30 シヴァの分身で死の使いである。

31 カリヴェルール地域では、プットゥール村にあるシヴァ寺院のブラーマンによって与えられる。その他の地域のマラヤンに与えられる称号には、ヴェッルール・パルッタダヴァン、パラヴァンダッタ・パルッタダヴァン、カンイヤーットゥ・パルダッタヴァン、エラマンガラム・ヴァーッカ、タリイ・ペルマラヤンがある。いずれも称号の前部が地名である。

32 2017年3月6日、プリエーシュ・パニッカールによって語られた情報。

33 プラヤのテイヤムに関しては、パラスの改宗クリスチャン・プラヤとの比較研究がある（Pallath 1995）。

34 第3章第4節で述べるワーニイッラムでは、マーヴィラによるテイヤムが祀られている。

35 大祭では、主神のテイヤッカーランは精進潔斎を実行中、寺院のそばで寝泊まりし非菜食を貫く。

36 テイヤムを祀る場は、元々は森の中にある小さな御神木や石であったが、それがブラーマン寺院の影響を受けて社が作られるようになり、クシェートラムと名付けられるようになった。カリヴェルール村のムッチローットゥ・バガヴァティ寺院では、1950年代以降にこの傾向がみられた。

37 詳しくは第3章第2節を参照。

38 ラヤラマンガラム寺院、カリヴェルール・ムッチローットゥ寺院はカーラガート・イッラムの司祭によって入魂儀礼がなされた。

39 マラヤンがテイヤッカーランであるのと同時に呪術師であるのも、同様に考えられる。つまりマラヤンはケガレの力をもつが故に、霊を操る呪術を行うことが可能である。

40 マダイル・チャームンディの話は第3章第5節を参照。

41 漁師カースト。

42 占星術師カースト。

43 ベンガル地方の疱瘡女神（小西 2002: 42）。

44 タミルナード州およびケーララの一部で崇拝されている疱瘡女神。今日、ケーララ州ワヤナードゥ地方では、パールヴァティ女神と同一視されている。

45 1998年4月10日、コダッカード・カンナン・ペルワンナーンによる。

46 棒や剣、盾を手にして戦う、ケーララの武道であるカラリパヤットは、戦士たちが戦いのために覚えた武道であった。カラリ道場の近くには通常、バガヴァティ女神が祀られている。

47 二人には5人の子どもがおり、それらはカーラップリ（Kāḷappuli）、マーラップリ（Mālappuli）、カンダップリ（Kandappuli）、プルユールカンナン（Puluyūrkaṇṇan）、プッリカリンガーリ（Puḷḷikkarinkāḷi）である

48 *alayam* は、「家」を意味する。

第2章　テイヤムの実践

第1節　個人の祈願による奉納

テイヤム儀礼で祭主側の組織が最も小規模なものは、個人の祈願（*nērcca*）によるものである。個人が特定のテイヤムに祈願をし、その望みがかなった際、テイヤッカーランに依頼し、家または広場で神霊を呼び降ろしてもらう。祈願奉納される代表的なテイヤムとして、カトゥヴァヌール・ヴィーラン（Kativanūr vīran）、マッカム（Makkam）、ムッタッパンがあり、ポッタンやグリカン、ヴィシュヌムールッティも時として祈願奉納される。

カトゥヴァヌール・ヴィーランは、盗賊との戦いに敗れて亡くなった男が神格化したテイヤムである。カトゥヴァヌール・ヴィーランの話は以下の通りである。

> カンヌールのマーンガートゥに住むマンダッパンは、幼い頃から武術、カラリパヤットを学び、弓矢に長けていた。父に荷物運びの仕事をするようにいわれたが断り、友人と共にカルナータカ州南部のクールグへ旅立った。クールグの村に住むオジの娘、チェンマラティと結婚した。ある日、盗賊が村を襲い、マンダッパンは戦って彼らを倒した。だが指輪のはまった小指を切り落とされたため、それを取りに戻ったところ盗賊に殺されてしまう[1]。

カトゥヴァヌール・ヴィーランは勝訴の神として人気があり、訴訟に勝った場合奉納されることが多い。1998年2月18日、コダカッド村の空き地で行わ

写真32　カトゥヴァヌール・ヴィーラン

れたれたカトゥヴァヌール・ヴィーランは、罪に問われ無実が証明された男性が祭主となった（写真32）。

一日目の晩は、グルッカル・テイヤム（Gurukkal Teyyam）[2]とカトゥヴァヌール・ヴィーランのトーッタムがある。トーッタムが終わると、テイヤッカーランは剣や鞭などの武器を手に器用な手さばきで振り回す。これは、ケーララの伝統武術であるカラリパヤットを取り入れた技である。翌日の夜には、カトゥヴァヌール・ヴィーランのテイヤムが登場する。妻のチャンマルティを象徴する火を灯した台の周りを回り、マンダッパンの火葬の火に飛び込んで死んだ妻を偲ぶパフォーマンスが繰り広げられる。費用は1万6000ルピーと高額であるため、ムッタッパンのように頻繁には行われず、カリヴェルール村付近では年に数回ある程度である。

カンヌール県のクンニマンガラム村には、カヴァヌール・ヴィーランの寺院があり、そこでは祈願をかけてスポンサーになる人がいれば、カトゥヴァヌール・ヴィーランが奉納される。元々はティーヤのタラワードゥが保有していたが、維持するのが困難になり委員会が管理することになった。

マッカムは、カンヌール県クンニマンガラム村のナンビヤール・カースト[3]のタラワードゥで生まれた女性が死んだ後神格化した神である。マッカムは12人の兄たちに可愛がられていたため、同居していた義姉らはマッカムを嫉妬していた。ある日、ワーニヤが油を売りに来た際、マッカムにワーニヤの対応を強要した。マッカムは月経中で家の外に出られなかったため、ワーニヤに片足を台所において油壺を家の中に置くように指示した。兄らが帰ってくると、義姉らはマッカムは油売りと姦通したと虚偽の報告をする。兄らはマッカムを森に連れていき、マッカムを二人の子どもと一緒に殺してしまう。またその惨劇を目撃したマヴィランも殺される。その後、ナンビヤールの家では不幸が続いたため、マッカムを二人の子どもとマヴィランと共に祀るようになったという。

マッカムは子授け祈願の神として女性に人気がある。1998年3月、カリヴェルール村のチェッティ（金細工カースト）の家で、同居していた娘に子どもが生まれなかったので父親は4年前にマッカムに祈願し、その翌年子どもを授かったのでマッカムを奉納した。儀礼は2時間以上にわたるトーッタムの朗唱から始まり明朝まで続いた。

ムッタッパンは個人のあらゆる祈願に幅広く対応すると考えられ、家を新築した後や仕事を得た後などに奉納される。ムッタッパンは最も数多く祀られる神であり、村落地域でのムッタッパン奉納は年々増加傾向にある。ムッタッパン儀礼は、手軽でコストも600から700ルピーと低価格なため需要が多い。ムッタッパン信仰は今や、村落を越えて州外まで広がっているが、その発展に関しては、第3章第1節で詳細を述べる。

カトゥヴァヌール・ヴィーランもムッタッパンも、カリヴェルール村付近でよくみられるテイヤムであるが、それらが決して行われることのない地域がある。それは、ピリコード村のラヤラマンガラム女神寺院周辺である。なぜならその地域はラヤラマンガラム女神の支配領域であるため、他の神は祀らないことになっているからである。このように奉納の日にちと場所を選ばない祈願テイヤムであるが、地域の有力寺院の周辺では禁止されている。地域の神々にも支配領域があり、寺院のないテイヤムだからといって勝手に奉納するわけにはいかないのである。

個人祈願のテイヤムは、タラワードゥやカースト寺院のテイヤム儀礼のように、定期的に行われるものでなく、またタラワードゥや寺院のような組織によって主催されるのではなく、個人によって行われる。慣習として行っている面が強かったタラワードゥや寺院のテイヤム儀礼と比べ目的が明確であり、個人の信仰に基づく儀礼であるといえる。

第2節　ブラーマンのテイヤム儀礼

一般にインドでは、ブラーマンが司祭をつとめる寺院と、非ブラーマンが司祭をつとめる寺院とでは、祭式が異なっており、高位カーストはブラーマン寺院に、低位カーストは非ブラーマンの寺院に詣でる慣習がある。しかしケーララ州北部においては、ブラーマンがテイヤム儀礼に積極的に関与している。ここでは、ブラーマンの家で行われるテイヤム儀礼についてみていき、ブラーマンがいかにテイヤム儀礼に関与しているのか、また他のカーストの儀礼との違いを考察する。

1．地域のブラーマン地主の事例

イッラムと祭神

母系合同家族の家屋敷をタラワードゥと称するのに対し、ブラーマンが住む父系の夫方居住の屋敷をイッラムという。カリヴェルール村の北側にあるパッテーナ・プドゥクラットゥ・イッラムは、村内に15あるイッラムの中でも規模が大きく、43の部屋を携えている他、5エーカーの田畑と8エーカーの乾燥地をもつ。ここでは毎年クンバム月（2～3月）20日にカリヤーッタムが行われ、一晩で数多くのテイヤムが踊られるため大勢の人が集まる。パッテーナはカーサルゴーッドゥ県ニレーシュワラ市近くにある土地の名であり、そこに住んでいたプドゥコラット・イッラムの女性が息子と共に、200年前カリヴェルール村に移住し、現在の場所にとどまるようになった。現在でも、パッテーナから以前の小作人であった10家が、テイヤム祭礼の際にココナッツや鶏など儀礼に必要なものを献上しにやって来る。

イッラムでは、1913年前後にテイヤム儀礼が始まり、その5年後に神像への入魂儀礼がなされた。それ以前にもテイヤムを祀る場所はあったが、祭礼は行っていなかった。イッラムの家の主神は、ヴィーラバドランとヴェーッタイッコルマガン、ウールッパラッチであり、いずれも戦士の神である。その他、アーラニャー・バガヴァティ（Āṛaṇyā Bhagavati）という穏和な森の女神（*vana durga*）を祀る。この女神には鶏の供犠はなされず、代わりにドーシャ（米粉を水で溶いて焼いたもの）とバナナ、水が捧げられる。プディヤ・バガヴァティは土地の女神（*stāna dēvata*）であり、クンドーラ・チャームンディやクラッティと共に、ブラーマンが来る以前、この地に住んでいたティーヤによって祀られていた神であり、それらをブラーマンも引き続き祀っている。家や土地の所有者が代わっても、神霊がその場にとどまり、後から移住したものによって祀られ続けているのである。プディヤ・バガヴァティに対しては、ブラーマン司祭による血の模倣供犠（*guruti*）が行われ、祭祀の目玉となっている。その他、ヴィシュヌムールッティとグリカンが祀られている。

イッラムの元々の主神はシヴァ神であったが、それがシヴァ神から生まれたとされるヴィーラバドランというテイヤムとして祀られるようになった。また、イッラムのブラーマンはプディヤ・バガヴァティのことをバッドラカーリーとも呼ぶが、それは彼らが元々信仰していたバッドラカーリーがプディヤ・バガヴァティにとって代わられたからといえる。ここでは、ブラーマン信仰であるシヴァ神やバッドラカーリー女神が、テイヤム信仰の強い土地で地域化していった様子が窺える。

テイヤム祭祀

祭祀の日に行われる儀礼の過程を、1998年3月5日の例を基に以下に記す。まず、祠と寺院の配置は図15の通りである。イッラムのもつ寺院は東に面し、

写真33　プドゥクラットゥ・イッラムの寺院

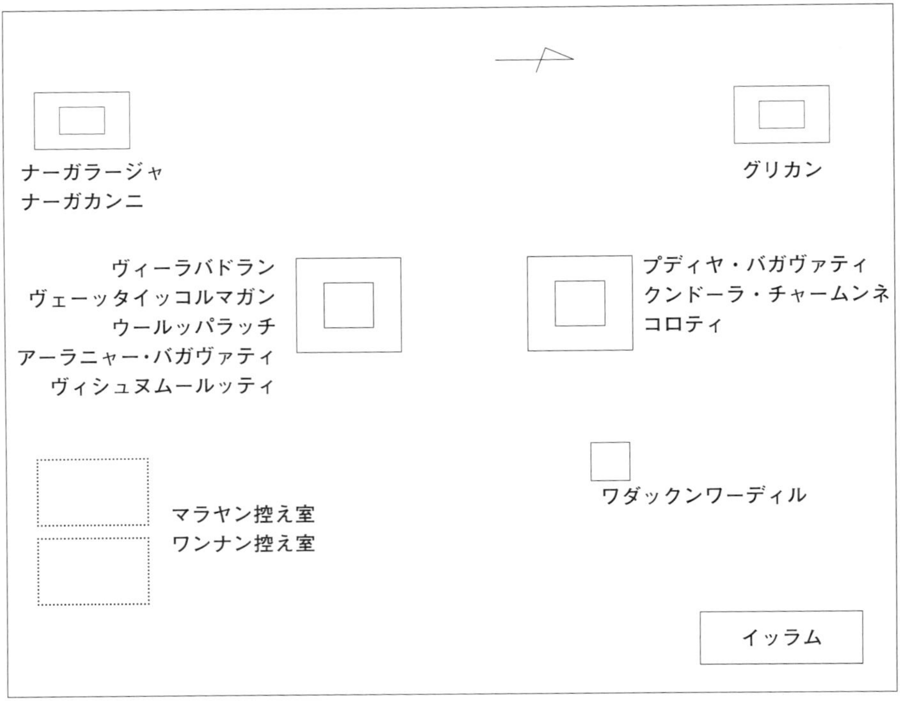

図 15　プドゥクラットゥ・イッラム寺院配置略図

中の祠の左側には、主神であるヴェーッタイッコルマガンをはじめとする5神が、右側にはもう一つの主神のプディヤ・バガヴァティをはじめとする3神が祀られている。

寺院の南西には蛇の神であるナーガラージャとナーガカンニの祠があるが、テイヤムとしては祀られず、年に3回、4月、クムバム月17日とアーイッリャムの日[4]に祀られる。また北西にはグリカンの祠がある。テイヤムが奉納されるのは寺院の前であり、テイヤッカーランまたはテイヤムが寺院の中に入ることはない（写真33）。

儀礼は、寺院の中では礼拝儀礼をはじめとする各儀礼がブラーマンによって行われ、外ではテイヤッカーランによりテイヤムが踊られる。スケジュールは表13の通りである。早朝から寺院内でブラーマンによる儀礼が行われ、夕方

写真34　グルティ・タルッパナム儀礼

以降はテイヤッカーランによるテイヤムが登場する。ただ午後9時には、寺院内の儀礼と外の儀礼が同時並行して行われる。プディヤ・バガヴァティのトーッタムが始まると同時に寺院の中で、プディヤ・バガヴァティに対するプージャが、イッラムの最年長者によって始まる。その間、プディヤ・バガヴァティの神像には金の冠がつけられ、赤い花とトゥルシの葉で飾られる。プディヤ・バガヴァティが現れると、椰子の木の茎で作ったマンダラム（*maṇdhalam*）の松明に火をつけ、大きな皿にターメリックの粉と石灰と水をまぜて赤水を作り、司祭は手で赤水をマンダラムにかける。これをグルティ・タルッパナム（*guruti tarppaṇam*）の儀礼という（写真34）。

赤水は血を表し、動物供犠が禁じられているブラーマンのイッラムにおける代替行為である。ここでは、バッドラカーリーが悪魔を殺すという神話を表している。

表13からいえることは、ブラーマン主催のテイヤム儀礼には、ブラーマンと元不可触民の両者が主な担い手として参加するが、両者が行う儀礼は別の空間で進行しており、重なるのは一部分である。だが元不可触民の存在なくしてテイヤム儀礼は成立しないことから、儀礼が完全にサンスクリット化するということはありえない。

またテイヤム寺院以外にも、イッラムの祭壇室（*paṣiññāṟṟa*）では、毎朝ガナパティ・ホーマと、ヴィシュヌ、シヴァ、ドゥルガー、ヴェンカテーシュワラに礼拝儀礼を行っているが、このイッラムにとって最も重要なのがヴェーッタ

	日時	寺院内の儀礼	寺院外の儀礼とテイヤム
3月5日	5時	ガナパティ・ホーマ（護摩儀礼） アビシェーカム（灌頂儀礼） ウッシャ・プージャ（朝の礼拝儀礼）	
	17時		トダンガル（始まりの合図）
	18時	アッターラ・プージャ（夕方の礼拝儀礼）、プディヤ・バガヴァティに対するグルティ・タルッパナム（血の模倣儀礼）	
	18時半		ヴィーラバドラン（ヴェッラーッタム）
	20時		ヴェーッタイッコルマガン（ヴェッラーッタム）
	21時	プディヤ・バガヴァティに対するグルティ・タルッパナム（血の模倣儀礼）	プディヤ・バガヴァティ（トーッタム）
	21時半		ウールッパラッチ（ヴェッラーッタム）
	22時半		アーランニャー・バガヴァティとヴィシュヌムールッティ（トーッタム）
6日	0時		クラッティ（テイヤム）
	1時		ヴィーラバドラン（テイヤム）
	2時		プディヤ・バガヴァティ（テイヤム）
	3時		アーランニャー・バガヴァティ（テイヤム）
	7時		クンドーラ・チャームンディ（テイヤム）
	8時		ヴィシュヌムールッティ（テイヤム）
	9時		ヴェーッタイッコルマガン・ウールッパラッチ（テイヤム）
			グリカン（テイヤム）

表13　プドゥクラットゥ・イッラムのテイヤム時間表

イッコルッマガンであり、次がウールパラッチ、その次がティーヤの神であったプディヤ・バガヴァティである。

現在祀られている神々は、ある時代から祀られるようになって複合的な寺院となった訳であるが、プラーナ神が最重要という訳ではなく、テイヤムの方が優位にたつ場合もあることが、このイッラムの事例からいえることである。

カーストの空間

儀礼の最中、テイヤムに剣を渡したり、神からの御下がり（プラサーダム）を信者に手渡したりするノーッティリックンナと呼ばれる役割は、ナーヤルとマニヤーニ・カーストによって担われる[5]。ブラーマン以外のカーストによるテイヤム儀礼では、主催者のタラワードゥのものがノーッティリックンナを担うが、ブラーマンの家ではブラーマンと指定カーストであるテイヤッカーランの直接的な接触を防ぐために、間に中間カーストのものが媒介する。テイヤッカーランがテイヤムの神霊を心身に呼び降ろしたとされる時、彼は指定カーストではなく神（テイヤム）であると想定されるが、実際は元のカーストのサブスタンスが完全に払拭される訳ではない。テイヤムが寺院の中に入ることができないのも同様の理由による。

このように、ブラーマンの家におけるテイヤム儀礼は、カーストによる空間の定めがより厳格であり、儀礼的役割がより多くのカーストによって担われていることから、儀礼的ヒエラルキーが明確に現れる。それは元来テイヤムを祀る習慣のなかったブラーマンがケーララ北部に定住した際、他のカーストによって行われていたテイヤムを吸収し、全体のテイヤム儀礼の中においてもヒエラルキーの頂点に立つための手段であったと考えられる。

２．テイヤム寺院を司るブラーマン

ブラーマンと呪術神

第１章第１節で述べたように、テイヤム儀礼には、不可触民やティーヤやナーヤル・カーストだけでなく、ブラーマンも大きく関与している。カンヌール県ペリンダッタ村にあるブラーマンの家、カーラガート・イッラムは、ケーララの起源伝説『ケーラロールパッティ』によると、ケーララ州の神話上の創設者パラシュラーマ神がケーララに連れて来た、黒魔術を司る６人のブラーマンの一人が始めたイッラムであるといわれる（Gundert 1999 [1872]: 158）。カーラ（*kāḷa*）とは雄牛を、カートゥ（*kāṭū*）は森を意味する。

カーラガート・イッラムは元々、カルナータカ州南部のクールグ地方の近くにあるチャンドラネッルールマラ山（通称『カーラガート丘』）にあり、守護神はチャンドラネッルール・バガヴァティ女神である。この女神はクールグの人々によっても崇拝されていた。

カーラガート・イッラムのブラーマンは呪術師として有名であり、原因不明の病や不幸を抱えた人が占星術師の指示を受けて、イッラムに呪術や護符（*urukkŭ*）を求めてやってくる。例えば、敵による災い（*śatrudṣam*）を受けているとされるものは護摩[6]を焚いてもらったり護符[7]をもらったりする。

現在、イッラムで中心的に祀っているのは、カリン・クッティッチャーッタン（Karinkuṭiccāttan）である。カリン・クッティッチャーッタンの由来には、以下の３つの話がある。

①カーラガート・イッラムには子どもが生まれなかったため、司祭がホーマ（護摩）を焚くと、その中から一人の男の子が生まれた。ある日、イッラムにミルクがなかったので、その男の子は近くのマラヤンの家へ行き、ミルクをくれるように頼んだ。しかし、マラヤンの女性は男の子を侮辱した。マラヤンの女性が牛のミルクを絞っている時、全てのものが蛇にみえ、不思議に思い占星術師に尋ねたところ、クッティッチャーッタンの仕業であるといわれた。またある時、イッラムの人が金細工師に金の細工を依頼したところ、金細工師は金をごまかして盗もうとしたが、金が動かなかった。占星術師に尋ねたところ、イッラムの子どもに神通力があることがわかった。そこで、その子どもがクッティッチャーッタンであることがわかった[8]。

②カーラガート・イッラムには子どもが生まれなかったので、イッラムの年長者であるブラーマン司祭がホーマを焚くと、その中から一人の男の子が生まれた。子どもは超人的な力をもっていた。子どもは、肉を食べて酒を飲み、低位カーストの家で食事をとったため、司祭は子どもを殺すために再びホーマを焚いた。司祭は、子どもの悪い要素を取り除き、良い要素は残した。良い要素は、ヴィシュヌ神の要素である[9]。

③シヴァ神とパールヴァティ女神は、ワッルヴァ（Vaḷḷuva、不可触民）を装って、地上に降り、丘の上に住んだ。この時、ワッルヴァの女性が、カルワールとクッティッチャーッタンを産んだ。その時、カーラガート・イッラムでは子どもが生まれなかった。イッラムのブラーマンはシヴァ神に祈り、シヴァ神は彼にワッルヴァ女性から生まれた男の子を与えた。こうして男の子はイッラムで育てられるようになった。

その後、少年は不思議な力を示すようになる。少年に必要な牛のミルクをとりに、別の少年が山の家の女を訪ねたところ、女はミルクを与えることを拒否した。すると女の牛は石に変わってしまった。女が占星術師に尋ねたところ、イッラムの少年の呪力によることが判明し、少年にミルクと赤い角の牛と腕輪を与えた。すると全てが元通りになった。

ある時、師匠が沐浴している間、クッティッチャーッタンは師匠の本を読み始めた。師匠はそれを聞いて怒り、クッティッチャーッタンを竹の棒でぶった。クッティッチャーッタンは怒って師匠の首を切り、師匠の子どもの喉を切った。

（Viśňūnambūtiri 1990: 204-209、訳は Parpola 1999: 190-194 参照）[10]

これら3つの話からいえることは、クッティッチャーッタンの誕生に関して、①と②ではホーマの火から生まれ、③では、不可触民（神の化身）の子どもとして生まれている。いずれもブラーマン以外のものから生まれている。その後クッティッチャーッタンはブラーマンの家で育てられるが、低位カーストとしての習慣をもち、また呪力をもっていたため、恐れられ崇拝されるようになった。

ここでは、ブラーマンと妖術神とが、直接的血縁関係ではなく、呪術的力または低位カーストという媒介を通して結ばれている。なぜブラーマンが妖術神を祀るのか。その第一の理由としては、ブラーマンと低位カーストの間に生まれた子どもの可能性である。子どものいない王やブラーマンなどの高位カーストの夫婦が、神から子どもを授かるが、その子どもが高位カーストの家の慣習にそぐわない行動をするため、家から追放されるといった話は、第3章で述べるムッタッパン神の神話にもみられ、インド民話の一つのパターンであるといえる。

第二の理由としてあげられるのは、土着の妖術信仰の影響である。ケーララでは、マントラワーダムといわれる呪術はマラヤン・カーストによって行われており、何か原因不明の事故や病気があると妖術の仕業であると判断される。一方で、ブラーマンの中には、カーラガート・イッラムのように妖術神を祀り、呪術に携わる家もある。ケーララのブラーマンは、土地の人々を宗教的に支配するためにテイヤムを祀るが、それだけでなく妖術神をもコントロールすることによって、多くの人々の信仰を集めている。

祭礼

1999年1月10日から行われた、カーラガート・イッラムにおける祭礼の次第は表14の通りである。

カーラガート・イッラムでのカリヤーッタムの特徴は、プドゥコラットゥ・イッラムと同様、司祭（タントリ）によるグルティ儀礼があることである。グルティ儀礼が行われる時間には、イッラムのテラスの周りには大勢の人々が集まった。中には、カルナータカ州南部のクールグ地方からの参拝者も多く、クールグ地方でもカーラガート・イッラムに対する信仰が厚いことがわかる。

初日の夜11時過ぎから、イッラムのテラスの上に米の粉で幾何学模様（*cakram*）が描かれ始め、その上に椰子の幹でマンダラムが作られる。タントリがマンダラムの周りを歩きながら、マンダラムの中に赤い花（*cekkippū*）を投げ入れると、見ていた男性が憑依して飛び跳ね始めた。クライマックスでは、マンダラムの前に座って、大きな皿の中に入っている赤い水をマンダラムにかけ、最後に皿をひっくり返すと、見ている人々の興奮も頂点に達する。それが終わるとタントリは人々に御下がり（プラサーダム）として灰（*bhasmam*）を配る。

グルティ儀礼は、事例1のプドゥコラットゥ・イッラムでも見られたように、ブラーマンのイッラムで行われるカリヤーッタムにはつきものであるが、カーラガートゥ・イッラムではブラーマンが呪術師であり、彼の力を信じる地元やクールグ地方の人々の熱狂的反応から、グルティ儀礼がカリンクッティッチャーッタン・テイヤムと並んで祭祀の目玉となっている。

翌日の午前10時からは、カリン・クッティッチャーッタン・テイヤムが始ま

	日時	儀礼とテイヤム	担い手のカースト
1月10日	12時	ウッチャ・プージャ（昼の礼拝儀礼）	ナンブーディリ・ブラーマン
	20時	ウッチャクッティッチャーッタン（テイヤム）	マラヤン
	21時	ウールッパラッチとヴェーッタイッコルマガン（ヴェッラーッタム）	ワンナーン
	22時	カリン・クッティチャーッタン（ヴェッラーッタム）	マラヤン
	23時	グルティ（血の模倣儀礼） チャンドラネッリユール・バガヴァティへの礼拝儀礼	ナンブーディリ・ブラーマン
1月11日	2時	カリワール・バガヴァティ（テイヤム）	マラヤン
	3時	バイラバン（テイヤム）	マラヤン
	4時	カッカラポーディ（テイヤム）	ワンナーン
	5時	ラクタ・チャームンディ（テイヤム）	マラヤン
	9時	ウッチッタ（テイヤム）	マラヤン
	10時	カリン・クッティチャーッタン（テイヤム）	マラヤン
	11時半	ウッシャ・プージャ（朝の礼拝儀礼）、灌頂儀礼	ナンブーディリ・ブラーマン
	22時	ヴェーッタイッコルマガンとウールッパラッチ（ヴェッラーッタム）	ワンナーン
1月12日	0時	ブータム（テイヤム）	ワンナーン
	10時	ポッタン（テイヤム）	マラヤン
		クラッティ（テイヤム）	マラヤン
		グリカン（テイヤム）	マラヤン
	12時	カリン・クッティッチャーッタン	マラヤン
	18時	ヴァッラールクランガラ・バガヴァティ（テイヤム）	ワンナーン
		ヴィシュヌムールッティ（テイヤム）	マラヤン

表14　カーラガート・イッラムのテイヤム時間表

写真35　カリン・クッティッチャーッタン

る。クッティッチャーッタンには何種類かあり、通常は赤装束をまとっているが、カリン・クッティチャーッタンは黒がベースの衣装をまとっている。カリン・クッティチャーッタンがイッラムの庭で、ゆっくりと横歩きに歩いている間、イッラムの祠の前には、クールグ地方から来た10名の巡拝者が憑依し、飛び跳ねながら祠に向かって拝み人々に託宣を下した。

3．ブラーマンとテイヤム

ブラーマンの保持するサンスクリット儀礼と、低位カーストが担う民俗儀礼では儀礼の形式が異なり、後者が前者の模倣をする「サンスクリット化」現象がみられると指摘されてきた。ところが、ケーララ北部のブラーマンの慣習をみると、テイヤム儀礼を主体的に行っており、特にカーラガート・イッラムの場合は妖術神発祥の地であり、他のテイヤム寺院の神像の入魂儀礼を行うなど、テイヤム儀礼の中心的役割を担っている。

第1章第4節で述べたように、ヒンドゥー神を祀る場所には2通りある。一つは神の祠（*dēvālaya*）で、そこでの目的は解脱（*mōkṣam*）を得ることであり、礼拝儀礼は毎日行われる。良い性質をもち供物に肉や酒を用いない。祈りの結果を得るには時間がかかる。もう一つは死霊の祠（*bhūtālaya*）で、そこでの目的は物理的満足を得ることであり、礼拝儀礼は一時的である。激しい性質をもち、供物には動物や酒を用い祈りの結果は短期間で得られる。

通常、神の祠で行われる儀礼はブラーマン司祭によるもので、死霊の祠では非ブラーマン司祭によって儀礼が行われるが、ブラーマン主催のテイヤム儀礼の場合には両者は混在している。供物に動物の血は用いないにしても、血を模倣したグルティ儀礼を行うわけであり、意味的には動物供犠と同じである。また、テイヤム儀礼の多くの目的は現世利益であり、カーラガート・イッラムのブラーマン司祭は、テイヤム儀礼と呪術を通して人々の欲望に対処している。

ブラーマンのテイヤム儀礼への関与から、サンスクリット文化と非サンスクリット文化は分断できるものではなく、両者が重なり合う形でお互いを吸収しているといえる。また、低位カーストによる地位向上のための「サンスクリット化」ではなく、非ブラーマン文化をブラーマンが模倣・吸収する形で、「サンスクリット化」している。これは、あらゆる神々がヴェーダ祭式により入魂され礼拝儀礼の対象となりうることを示しており、ヒンドゥー教の許容性と浸透性を表している。ブラーマンが主体となって積極的にテイヤムを祀っていることを考えると、「サンスクリット化」を用いて民俗社会へ適応している過程は「ドラヴィダ化」現象ともいえる。サンスクリット化とドラヴィダ化とは、逆ベクトルに働くものではなく、同時進行していくものであり、表裏一体であるといえる。

第3節　ナーヤル・カーストとテイヤム儀礼

ナーヤルは、ブラーマンと同様に地主であることが多く、カースト・ヒエラルキーの上位に位置することから、コーラッティリ王国の中で地域の王として君臨していた。ナーヤル・カーストが主催するテイヤム儀礼から、タラワードゥと王のテイヤムへの関わりをみていく。

1．カルワッチェーリ・タラワードゥの事例

タラワードゥの繁栄と衰退

1969年に施行された土地改革まではタラワードゥの財政が豊かであったため、タラワードゥの5つの分家が1日ずつ祭主となり、5夜連続して大祭が催されていた。村の南側の土地一帯をもつ大地主であったが、土地改革後はその大半を失い、祭礼は3夜に短縮され、1980年の後半から1夜だけの祭りとなった。

このタラワードゥのある土地一帯は、元々ヴェンガート・ウンニッティリ家が所有しており、ウンニッティリ家がカルワッチェーリ・タラワードゥの5つの分家に土地を与えテイヤムを祀らせていた。5日とも同じテイヤムが繰り返された。この土地の収益は地主に納めず、全てテイヤム儀礼に充てることができた。現在は、5つのターワリから資金を集め、カルワッチェーリ・タラワードゥが管理している。5つの内、二つのターワリは他の土地へ移住した。

カリヤーッタム

カリヤーッタムは、マカラム月28日から29日（1999年は2月11日から12日）に毎年行われる。カリヤーッタムの次第は表15の通りである。

カルカッタラ・テイヤム（Kalkattara Teyyam）は、二人のワンナーンが扮する、小さな頭飾りをつけたテイヤムである。ワンナーンのうち一人は顔に化粧を施し、一人は素顔のままで行う。二人のカルカッタラは、祠の周りを右に2周りし、3周回ろうとするが、観衆にかつがれ連れ戻される。この儀式は、ある年偶然に行われたものが、慣習化したものである（写真36）。テイヤム儀礼の中には、時折、その場所でしかみられないパフォーマンスがあるが、観衆とのやり取りの中で偶然に生じたパフォーマンスで、受けが良かったものが定着していったと考えられる。

バガヴァティ・トーッタムが歌われる最中に、大きな壺の供物（カラシャム）が近くのティーヤ・カーストに属するチャンマンガート・タラワードゥから運ばれ女神に対して捧げられる。昔は一人で担いだが今は15人で運ぶ。カラシャムの中には、18リットルの椰子酒が入っており、費用はカルワッチェーリ・タラワードゥによってまかなわれる。椰子酒はカリヤーッタムが終わった後、テ

写真36　カルカッタラ・テイヤム

イヤッカーランによって消費される。その後8本の松明が一斉に運ばれる。祭日が5日間にわたった時は、21本の松明が運ばれた。1本の松明は、25枚の椰子の葉を束ねて作られる。チャンマンガート・タラワードゥの少女が誓願儀礼（*vratam*）をして、松明に灯火する炎をもってくる。少女はテイヤム儀礼が終わるまで寺院に滞在する。カラシャッカーランはカリヤーッタムの前日、カルワッチェーリに泊まった。この大きな松明を使う儀礼は祭礼の日が「大地の初潮の日（*ērppŭ*）」と重なっていることから、昔は焼畑を行っていたことが推測される。

12日の正午にマダイル・チャームンディが登場する。マダイル・チャームンディは、ポドゥワールの男性に殺された女性が神格化した女神であり、女性たちの信仰が厚い。チャームンディが祠の前に来ると、タラワードゥの女性たちがココナッツ油の瓶を奉納する。

最も重要なテイヤムはペルムディッカール・バガヴァティ女神（「大きなムディのバガヴァティ」の意味）である。この女神は、チラッカル王の守護神であるワッラークランガラ・バガヴァティ女神と同一神であり、王の守護神が地域の王かつ地主であるナーヤルによって祀られていることになる。このように、王の守護神が名前を変えて地域の地主カーストに祀られている事例は各地でみ

	日時	儀礼とテイヤム	担い手のカースト
2月11日	19時	始まりの合図	ワンナーン、マラヤン
	20時	カンニッコルマガン・ヴェッラーッタム	ワンナーン
		カンニッコルマガン・テイヤム	ワンナーン
	21時	ヴェーッタイッコルマガン・ヴェッラーッタム	ワンナーン
		ウールパラッチ・ヴェッラーッタム	ワンナーン
	23時半	マダイル・チャームンディ・トーッタム	マラヤン
		ラクタ・チャームンディ・トーッタム	マラヤン
		ヴィシュヌムールッティ・トーッタム	マラヤン
2月12日	0時	カルカッタラ・テイヤム（二人）	ワンナーン
		マニクンダン・テイヤム	ワンナーン
		ワールクンナン	ワンナーン
	1時	ペルムンディ・バガヴァティ・トーッタム	ワンナーン
	1時半	松明の行列	ティーヤ
	4時	ヴェーッタイッコルマガン・テイヤムテイヤムとウールパラッチ・テイヤム	ワンナーン
	12時半	マダイル・チャームンディ	マラヤン
	14時半	ラクタ・チャームンディ	マラヤン
	15時半	ヴィシュヌムールッティ	マラヤン
	22時	ペルンムディ・テイヤム	ワンナーン

表15　カルワッチェーリ・タラワードゥのテイヤム時間表

られ、テイヤム儀礼は地域の権力構造を象徴的に表しているといえよう。

テイヤムが終了して３日目には、清めの儀式（カライディッカル）が行われる。はじめに礼拝儀礼がブラーマン司祭によって行われる。そして集まってきたワンナーン、マラヤン、カラシャッカーランの中から、翌年テイヤッカーランを担う人に、ビンロ

役職	権利者
寺院の司祭	プーカッタール・イッラムのナンブードリ
ノーッティリックンナ（仲介者）	カルワッチェーリ・タラワードゥのナーヤル
ワンナーンのテイヤム	イラヤ・マナッカーダン
マラヤンのテイヤム	カリヴェルール・ペルマラヤン

表16　カルワッチェーリ・タラワードゥ寺院の役職

ウジュの葉とアレカナッツ、白檀のペーストが渡されることによって任命される。ペルンムディ・バガヴァティとマダイル・チャームンディの担い手のみがタラワードゥによって指名され、あとのテイヤムは指名された人が決める。

主女神テイヤムの由来

主神である女神は、コーラッティリ王の主寺院であるマーダーイ・カーヴ寺院から来たといわれ、その発端は以下の通りである。

> ある日、タラワードゥのカーヴを掃除しに来た近所のティーヤのチェンマンガートゥ・タラワードゥの女性が、足輪が落ちているのをみつけ拾って家にもち帰った。ある日、カルワッチェーリ・タラワードゥのカーラナヴァン（長老）がチェンマンガート・タラワードゥに来て、椰子酒を飲んでいると足輪が震えている音を聞いた。その後、チラッカル王が昔、この近くの川を舟に乗って通りかかった時、舟が突然止まった。占星術師に尋ねたところ、バガヴァティが祀られる場所を求めていることがわかった。カーラナヴァンはバガヴァティのために祠を建てて祀り始めた。

女神の存在が最初に気づかれた、チャンマンガート・タラワードゥから、カルワッチェーリ・タラワードゥまでは、カーラナヴァンの松明と共にやって来たといわれる。現在でも毎月シャンカラマムの日には、チャンマンガート・タラワードゥからカルワッチェーリ・タラワードゥの寺院までカラシャムをもっていく儀礼が行われているのは、両タラワードゥが女神の発見に深く関与していることを示す。

王権とタラワードゥ

チラッカル王の守護神であるマーダーイ・カーヴ女神は、マーダーイ・カーヴ寺院やマンナンプラット・カーヴ寺院でも祀られている。それらの寺院の大祭では、巨大なカラシャムが運ばれるが、王家の威厳を表しているといえる。カルワッチェーリ・タラワードゥにおいても、マーダーイ・カーヴと同じ女神が祀られ、小型化したカラシャムが供えられる。カルワッチェーリ・タラワードゥでは、地域の地主であるウンニッティリの指図の下でテイヤム祭祀が始まり、チラッカル王は女神が来たことに気づいたという伝説があり、チラッカル王の守護神がウンニッティリという地域の地主を通して、地域のナーヤルにまで祀られている。これらのことから、チラッカル王は、テイヤムを王国内のナーヤルに祀らせ、国土の繁栄を祈らせ、同時に地域の地主が小王となって、領地の繁栄を祈らせるという象徴的支配がみられる。

2．クルンディル・タラワードゥの事例

テイヤムとタラワードゥ

カリヴェルール村の北部にあるクリシュナ寺院付近には、高位カーストであるブラーマンとポドゥワール・カーストが住んでいる。カリヴェルール村には、二つのポドゥワールのタラワードゥ、マンニャンマーダ・タラワードゥとクルンディル・タラワードゥがあり、クムバム月（2～3月）にプディッチョーン（Puticcōn）とプーローン（Pūlōn）という、他では見られないテイヤムが祀られている。

マンニャンマーダ・タラワードゥは元々、南トリカリプール村のマニヤートゥ地域にあり地主であったが、人々から抵抗を受け、500年前にカリヴェルールに越してきた。ある日、タラワードゥの長老（カーラナヴァン）が、パイヤーヴール村にあるワヤットゥールカーリヤル（Vayattūrkāliyar）・シヴァ寺院へ参拝に行ったところ、神がカーラナヴァンの傘にのって、タラワードゥまでついて来た。

プディッチョーンはシヴァ神の本来の姿であり、プーローンは、シヴァがア

写真 37　プディッチョーン

写真 38　コッターラムとタラワードゥの長老

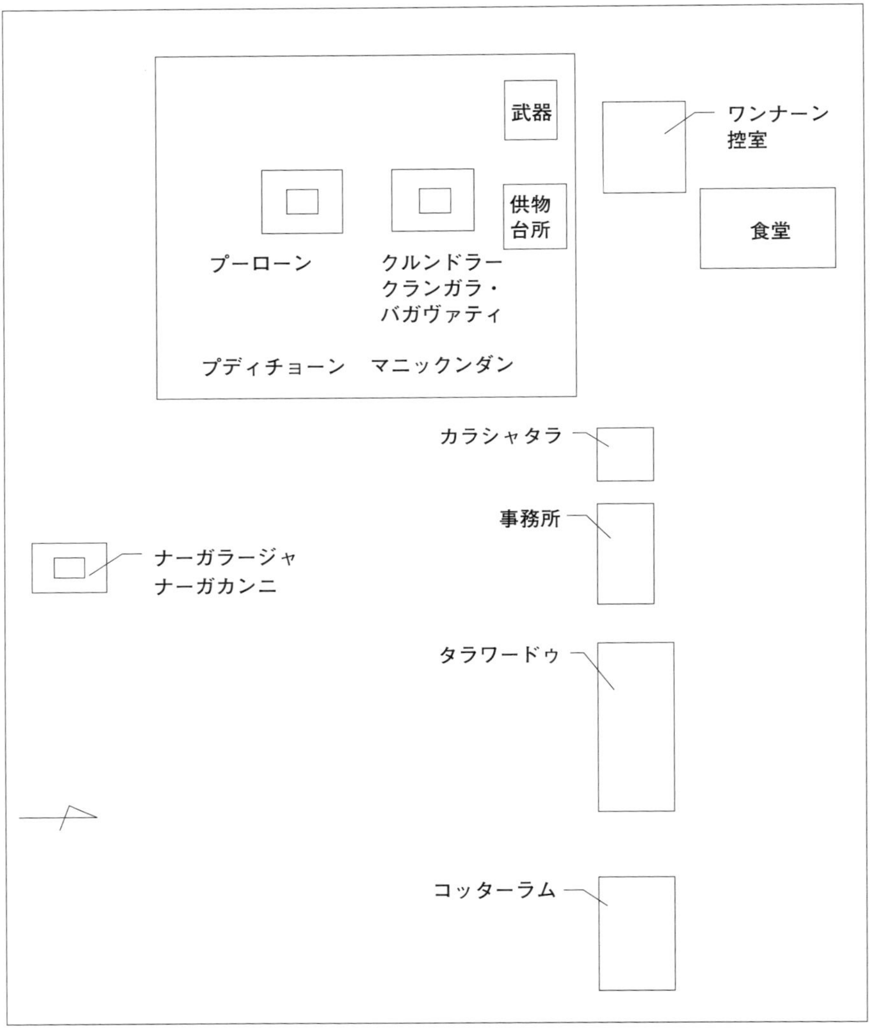

図 16　クルンディィル・タラワードゥと寺院配置略図

ルジュナを試す時の姿であるといわれる。また、プティチョーンもプーローンも、アルダナーリーシュワラン（Arddhanārīśwaran、右半分がシヴァ神で左半分パールヴァティ女神の神）であるともいわれる。

パイヤヌール市やトリカリプール市付近のポドゥワールが、ナーヤルと同等のランクに位置づけられている一方、タリッパランブ県付近のポドゥワールは、寺院内の仕事を伝統的職業としていることから、ワーリヤやアムバラバーシとも呼ばれブラーマンの次に位置づけられている。

クルンディィル・タラワードゥは、パイヤヌール市にあるスッバラフマニア寺院付近に住んでいるポドゥワール・カーストに属する[11]。ある日、クルンディィル・タラワードゥの女性が、不浄期間のため祠のランプに火を灯すことができず、マンニャンマーダ・タラワードゥの女性が火を灯しに来たところ、プディッチョーン神とプーローン神がついて来たという。一般にテイヤムは、参拝者の傘、ランプ、棒に乗って移動するといわれている。

1992年に、タラワードゥ寺院の神像は、カーラガート・イッラムのブラーマンによって入魂儀礼がなされた。それ以降、毎年マカラム月（1～2月）のアッタムの日に、イッラムからブラーマンが来て礼拝儀礼を行う。

タラワードゥの東側には、コッターラムと呼ばれる場所がある（写真38）。ここには、柱と座る場所があるが、ここへはタラワ―ドゥの長老しか立ち入ることができない。かつてクルンディィル・タラワードゥは地域のリーダーであった。チラッカル王が来訪すると、王はコッターラムで休息をとり、長老と地域の状況について話し合ったという。

組織と運営

2015年まで、クルンディィル・タラワードゥのカリヤーッタムは3日間、それぞれ異なるターワリ（タラワードゥの分家）によって主催されていた。それらは、①クルンディィル家（カリヴェルール村）、②アッターイ家（パイヤヌール市）、③パッターッティダッティル家（パイヤヌール市）である。これらは以前は一つのタラワードゥであったが、400～500年前に3つに分かれた。4日目以降は、個人の祈願があった場合に行われる。

クルンディィル・タラワードゥでは、1996年にカリヤーッタムのための祭礼委員会が結成され、300人近くいるタラワードゥ成員から一定の金額を徴収するようになった。男性は年間125ルピーで女性は65ルピーが徴収される。

50年ほど前は、寺院の付近にはタラワードゥに属する4つの家のみがあり、

写真 39　再建前のクルンディィル・タラワードゥの寺院（1998 年）

写真 40　再建後のクルンディィル・タラワードゥの寺院（2017 年）

寺院の掃除はこれらの家の女性の仕事であった。当時、女性は日中は夫の家にいても、夜には自分のタラワードゥに戻り寺院の掃除をしていたが、現在では夜も夫の家にいるため寺院の掃除が行われていない。1997 年にタラワードゥの年配者が占星術師に占ってもらったところ、寺院の掃除がなされていないため障り（*dōṣam*）があることがわかった。そこで寺院の近くに住む人が掃除をするべきだという意見が出され、3つのターワリの家が毎年交代で行うようになった。

しかし、5、6年前から、4つの家の者たちも掃除をすることができなくなり、二人の老姉妹がタラワードゥに住み掃除をするようになった。彼女らは毎晩寺院にランプに火を灯し、シャンカラマムの日には供物のお菓子、アッパンを作っている。彼女らには委員会からお金が支払われている。

2016年には占星術が行われ寺院を建て直すことになった。以前は3つのタラワードゥが寺院を管理していたが、それが困難となったため委員会が結成された。委員会は62人のメンバーと24人の婦人会から形成される。委員会は全タラワードゥの成員から年会費を徴収した。タラワードゥ成員500人のうち、収入のある男性からは700ルピー、収入のある女性はから500ルピーの会費が徴収された。祠の屋根は銅板になり供物を作る部屋（*tiṭappaḷḷi*）と武器を補完する場所（*āyudhappura*）が作られた（写真40）。

また、カリヤーッタムの日程が、以前は3日間タラワードゥにより賄われていたのが、1日目は委員会主催で残りの2日は個人の祈願奉納によるものとなった。祈願奉納が2日までに限定されているのは、テイヤッカーランが翌日には同村の別の場所でテイヤムを担わなければならないからである。カリヤーッタムでの出費は、1日あたり約4万5000ルピー、テイヤッカーランへ支払う報酬は3日で5万ルピーとなった。村人への食事も以前は最終日のみ提供していたのが、3日間、昼・夜と提供するようになった。

タラワードゥの成員が増加し、分化が進むと、寺院の管理・維持やカリヤーッタムの主催、また掃除を誰が行うかといった具体的な問題が生じてくる。「掃除がきちんとなされていない」「寺院が古くなっている」といった不安が、占星術の託宣を導き出し、委員会結成と寺院の再建へと導いた。

祭祀

1998年3月1日から始まったクルンディル・タラワードゥにおける祭祀（カリヤーッタム）の次第は表17の通りである。クルンディル・タラワードゥでは、最初にナーガの祠の前でブラーマン司祭による礼拝儀礼が行われる。高位カーストであるた

	日時	儀礼とテイヤム	担い手のカースト
3月1日	午前9時	ナーガ・プージャ（蛇への礼拝儀礼）	ナンブーディリ・ブラーマン
	午後5時	プーローン（ヴェッラーッタム）	ワンナーン
		クルンドラークランガラ・バガヴァティ、プディッチョーン（トーッタム）	ワンナーン
	9時	ナーガカンニ、ナーガラージャ（テイヤム）	ワンナーン
3月2日	午前2時	プーローン（テイヤム）	ワンナーン
	6時	クルンドラークランガラ・バガヴァティ（テイヤム）	ワンナーン
	8時	プディッチョーン（テイヤム）	ワンナーン

表17　クルンディル・タラワードゥのテイヤム時間表

め、ブラーマン司祭が礼拝儀礼を司る。また、ブラーマンはテイヤムに直接触れることができないため、仲介者であるノーッティリックンナ[12]がテイヤムに剣や炎の受け渡しを行う。

2日には、ナーガカンニとナーガラージャの代わりにマンニャーランマ（Maññāḷamma）が、3日にはマニックンダン（Maṇikkundan）が、4日にはこれら全てのテイヤムが出揃う。

祠の周りは壁で覆われており、祠の中にはブラーマン司祭のみが入ることができ、壁の内側にはブラーマンとポドゥワールの者のみが入ることができる。こうした空間によるカースト間の仕切りは、ナーヤルの寺院の特徴である。司祭からテイヤムに剣を手渡すノーッティリックンナの役にポドゥワールを置くことにより、ブラーマンとテイヤムの直接の接触を避けていることから、多カーストが参加するほどカーストの接触や空間に関して厳しくなるといえる。

3．地域の王とテイヤム祭祀

ナーヤルのタラワードゥは、かつて村落内で有力な地主または戦士として、経済的に豊かで高位カーストとして低位カーストから敬意を払われていた。彼らは周囲のカースト寺院の最高権力者である王であり、宗教的にも権力をもっていた。また王国の中でも一目置かれた存在であり、地域の小王として君臨していた。

自らのタラワードゥ寺院で行う盛大なカリヤーッタムは、権威の象徴でもあったといえる。低位カーストが主催するテイヤム儀礼と差異化を図るため、ブラーマンに司祭をつとめさせ、テイヤッカーランとナーヤル、ブラーマンの空間的立場を明確にしているのも特徴的である。

現代では、母系制廃止制度と土地改革の影響で、多くのタラワードゥは人数的にも経済的にも困窮していて、毎年行っていたカリヤーッタムを３年に１度にしたところや廃止したところもある（第４章第１節参照）。上記の二つのタラワードゥは、現在でも毎年カリヤーッタムを開催できるほどの豊かさを維持している。ただターワリは限りなく細分化していき、近年では仕事や婚姻のために州外に移住するものも多くいる。テイヤム祭祀は、大都市に離散した家族が集まる場であり、また大都会ではみられない「伝統文化」を肌で感じる場である。祭礼委員会は地元に残ったリタイヤ組に任せられ、現役世代は資金的に援助しながら、祭礼の日には集まってくる。資金、労力がうまく分配されながら、テイヤム祭祀が維持されているのは、タラワードゥおよびテイヤム祭祀に対する回帰の思いであろう。

第４節　カースト寺院

ブラーマンは単独のイッラムでテイヤムを主催するが、その他のカーストの場合は、単独のタラワードゥが主催者となる場合と複数のタラワードゥが合同で大規模な祭祀を催すことがある。ここでは、ティーヤが母体となるカースト寺院の事例をみていく。

１．神霊の複合的祭祀

ワーニ・イッラムはカリヴェルール村の中心部に住むティーヤ・カーストの

寺院である。主神はソーメーシュワリ女神であり、毎年プーラム祭りと歌祭りが祝われ、3年に一度カリヤーッタムが行われる。ワーニ・イッラムの由来は、以下の通りである。

カリヴェルール村の東にあるアーラッパラムバ村からパリヤーラットゥ・ナーヤルが、カリヴェルール村のコットゥカラ・ナンビの家に来て、ナンビから現在ワーニ・イッラム寺院が存在する場所を与えられる。ナーヤルがそこに滞在し始めて以降、数々の問題が生じたので占星術師に尋ねたところ、そこは神の住むのに適した場所であり、人間の住む場所でないことがわかった。ナーヤルは神を祀る場を作り、パリエーリ地域の権利者であるティーヤ・カーストに管理させた。そのティーヤは、ナールパーディ（*nālppāṭi*）という称号をもらった。ナールパディは、パリヤーラットゥ家が所有している、パイヤヌール市の近くにあるカンドーッティダム・ソーメーシュワリ寺院へ毎月出向いた。ある日、ナールパディがカンドーッティダム寺院から帰ってくると、ソーメーシュワリ女神とカリンチャームンディ女神がナールパディの傘にのってやってきたことを知る。そして、ソーメーシュワリの祠を建て、その外側にカリン・チャームンディの祠も建てた。[13]

ワーニ・イッラムという名前の由来であるが、「ワーニ」はサラスヴァティ女神を示す。ソーメーシュワリ女神はパールヴァティの穏やかな性質をもった、サラスヴァティ女神の化身であるためワーニと呼ばれる。「イッラム」は通常、ブラーマンの家を指すが、パリヤーラットゥ・ナーヤルの娘の一人がナンブードリ・ブラーマンと結婚し、ブラーマンがタラワードゥに住み始めたことから「ワーニ・イッラム」と呼ばれるようになった。寺院の儀礼はパリエーリ・ナールパディが担い、パリヤーラットゥ・タラワードゥはコーイマ（最高権威者）となった。

占星術により、ワーニ・イッラムの寺院が建てられる前から、その土地には、ヴィシュヌムールッティ、アンガックランガラ・バガヴァティ（Angakkuḷangara Bhagavati）、カンニッコルマガン（*kannikkorumakan*）、パダヴィーラン（Paṭavīlan）、

写真 41　ワーニ・イッラムの祠

パダケッティ・バガヴァティ、ダンダラーム（Daṇdhalām）、カーットゥムールッティ（Kāttumūrtti）、モダンデーマ（Monṭantēma）などが存在していたことがわかり、これらの神々のためにも祠を建てた。そしてナールパディの他に、コダッカーラン、ヴェリッチャパードゥ、アンディッティリヤンなどの宗教儀礼的役職も任命された。彼らはアッチャンと呼ばれ、中でも最も重要なのがパリエーリ・ナールパディである。

後にヴェーッタイッコルマガンが、ラヤラマンガラム寺院から来たといわれる。ある時、ワーニ・イッラムにある大きな菩提樹の枝が、祠に触れようとしていた。チェーンダッタ・ナールパディがラヤラマンガラム寺院のヴェーッタイッコルマガンに祈り、翌朝枝が何の問題もなく下に落ちていたのをみて、ヴェーッタイッコルマガンを祀るようになった。

カリン・チャームンディは、血の供犠を必要とするヤクシ（夜叉）・テイヤムである。昔は、人身供犠が行われたが、後に山羊と鶏が捧げられるようになった。以前は大量の山羊が殺されたが、動物保護団体の影響で現在では１匹の山羊と２匹の鶏だけがカリン・チャームンディの前で殺され、残りは寺院で売られる。カリン・チャームンディは妊娠したムスリム女性を殺したヤクシであるため、女性は見ることが許されなかった（Kuññirāman 1998: 11-12）[14]。現在では、

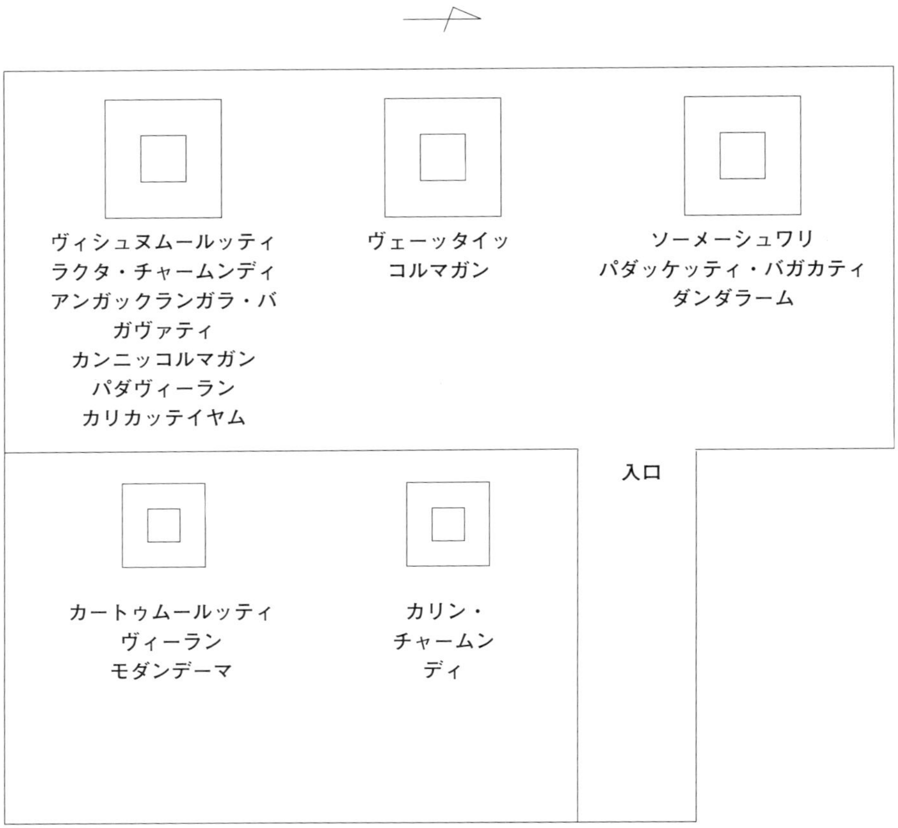

図 17　ワーニ・イッラム寺院配置略図

女性は遠くから離れて見ることはできるが、テイヤムの写真を撮ることは許されない[15]。一般にテイヤムには鶏が捧げられることが多いが、山羊の供犠が行われるのは近隣ではワーニ・イッラムだけなので、供犠の時間になると大勢の人が見に集まる。

図 17 にあるように、ワーニ・デーヴィ（Vānidēvi、別名ソーメーシュワリ）は、右端の祠に鎮座しテイヤムとしては奉納されない。ダヌ月の歌祭りと、プーラム祭りの際のみ礼拝儀礼によって祀られる。ソーメーシュワリ女神は、古くからカリヴェルール村で祀られていたとされる。パダケッティ・バガヴァティと

ダンダンもテイヤムとしての形をもたない。パダッケッティ・バガヴァティの神像は花崗岩でできており、ソーメーシュワリ女神の祠の隣の祠に鎮座する。ダンダンは北側の門の前に鎮座する。

主司祭であるナールパディが主神の祠の儀礼を行うが、彼がいない場合はコダッカーランが行う。両者とも不在の場合はブラーマンが儀礼を行う。中央の祠にはヴェーッタイッコルマガンが祀られている。南側の祠には、3神（ヴィシュヌムールッティ、ラクタ・チャームンディ、アンガックランガラ・バガヴァティ）とカンニッコルマガン、パダヴィーラン、カリッカッテイヤムが祀られている。

毎夕、ランプの火がアンディッティリヤンによって灯される。サンクラーンティの日と、プーラム祭り、歌祭りの際には特別なプージャと供物が捧げられる。歌祭りでは、ココナッツが割られ祈願のプージャが行われる。

ソーメーシュワリとヴェーッタイッコルマガンには鶏の供犠がなされない。また鶏を捧げられた神はソーメーシュワリの祠に近づけない。鶏はカリン・チャームンディの他、カートゥムールッティやモダンデーマ、ヴィーランなどに捧げられる。

2．祭礼での役職と寺院委員会

祭礼には様々な役割がある。表18は、寺院の役職と役割、およびその役を担う権利者のカースト、性別、人数である。最高権威者であるコーイマは、寺院周辺の土地の地主であったナーヤルである。その他、主催者側の役職はティーヤが中心に担うが、別のカーストによって担われている役割もある。コッランは鍛冶屋カーストで、アーシャーリは大工カーストであるが、各々の伝統的職業にちなんだ役割を担っている。儀礼の役割についているのは男性が中心であるが、ランプの灯火や掃除、洗濯は女性が担っている。儀礼の場にも日常の仕事の性差が反映されている。

表18の役職名のあるものの内、コーイマ以外は、日常生活でも上半身に何も纏わず、布一枚を肩にかけていなければならない。クーターイカールとパニッカールは黒い布を、他は白い布をかけることが義務付けられている。彼らは寺院の仕事に従事するため、外で仕事をしてはならず、外食も禁じられているな

役職名	役割	カースト	性別	人数
コーイマ	元地主	ナーヤル	男性	1
ナールパディ	タラードゥの長老	ティーヤ	男性	1
コダッカーラン	傘持ち	ティーヤ	男性	1
アンディッティリヤン	司祭	ティーヤ	男性	1
ヴェリッチャパードゥ	霊媒（神の代理）	ティーヤ	男性	2
カラシャッカーラン	カラシャム作り	ティーヤ	男性	4
クーターイカール	儀式手伝い	ティーヤ	男性	2
サムダーイカール	手伝い	ティーヤ	男性	2
テイヤッカーラン	霊媒（テイヤムとなる）	ワンナーン（ワダックンバーダン）	男性	1
テイヤッカーラン	霊媒（テイヤムとなる）	ワンナーン（マナッカーダン）	男性	1
テイヤッカーラン	霊媒（テイヤムとなる）	マラヤン（ペルマラヤン）	男性	1
テイヤッカーラン	霊媒（テイヤムとなる）	マラヤン（パニッカール）	男性	1
テイヤッカーラン（カリンチャームンディ）	霊媒（カリンチャームンディとなる）	ワンナーン（ティルワッパンン）	男性	1
その他	洗濯	ワンナーン	女性	1
	供物作り	ティーヤ	女性	3
	寺院の掃除	ティーヤ	女性	1
	占星術師	カニシャン	男性	1
	装飾	ムガヤ	男性	1
	灯明作り	アーシャーリ	男性	1
	武器磨き	コッラン	男性	1
	聖水まき	カーヴティーヤ	男性	1

表 18　ワーニ・イッラムの祭礼の役職

どの厳しい規制を課されているため、現在ではなり手がおらず、ヴェリッチャパードゥやアンディッティリヤンなどのポストが空いたままの寺院も多い。

3年に一度、ティーヤ・カーストによる寺院委員会が結成される。1998年の委員は37名であり、全員がティーヤである。カリヤーッタムには、ティーヤ・カーストの8イッラム（家）が参加する。働き手（*vālyakkār*）は約600人であった。

2016年のカリヤーッタムでは、委員は37人だが働き手は1000人に増加し、それに加え未婚男性500人、女性400人が年会費徴収対象となった[16]。1998年の予算は約30万ルピーであったのが5倍の150万ルピーに増加している。2010年から、無料の食事を提供し始め2016年には6000人もの人が集まった。また、テイヤム祭祀の他に、文化プログラムを2010年から始めるようになった。2016年には、舞踊コンサート、音楽コンサート、ケーララのフォークダンスや武術などが披露された。

また、寺院では毎月、無尽（*ciṭṭi, kuṟi*）を行っている。無尽とは、参加者から毎月一定の額を徴収し、途中資金が必要になった人に与え、資金を受けた人は後で利子をつけて返すといった資金調達法で、収益の一部は寺院の管理や祭祀のための費用に当てられている。

3．テイヤッカーランへの報酬

テイヤッカーランへの報酬（*kōlu*）は、現在では現金が主となっているが、伝統的には定められた米が報酬として与えられていた。ヴィシュヌムールッティ、チャームンディ、バガヴァティに21イダンガリ（*Iṭangali*）[17]、各テイヤッカーランに1イダンガリ与えられる。カリン・チャームンディとカートムルティ、ヴィーラン・テイヤムとモダンデーマは、新しく来た神であるため、それらのテイヤッカーランに決まった報酬はないが、代わりに現金と供犠された山羊と鶏の半分、村人からの供物が与えられる。1980年代にはカリン・チャームンディに対して20匹の山羊が捧げられていたが、現在では供犠される山羊は1頭だけで、残りはオークションにかけられ売買される。

カリン・チャームンディに対しての現金での報酬は、1998年は1500ルピーであったのが2016年は7000ルピーに、またワンナーンやマラヤングループに対しても、3000ルピーであったのが、一つのテイヤムに対して5000ルピー支払うようになった。

ワンナーンとマラヤンは地域の祭祀権をもつが、カリン・チャームンディは別の地域のワンナーンに、またカートムールッティとヴィーラン・テイヤムとモダンデーマは、不可触民のマーヴィラ・カーストによって担われる。マーヴィラに対しては、現金101ルピー（1998年）と米が与えられた。他にテイヤッカーランに与えられるものには、ココナッツ、水、ヤシ油、バナナである。

4．パートゥ祭とプーラム祭

カースト寺院では、テイヤム祭祀の他に歌祭りとプーラム祭が祝われる。歌祭はダヌ月（12～1月）のティルオーナムの日に行われ、礼拝儀礼の他、大量のココナッツが投げ割られる。プーラム祭は4月に5日間行われるが、男性有志が毎晩寺院に集まり、プーラカリという輪になって踊る民俗舞踊を踊る。祭りの前には、指導者パニッカールのもと、プーラカリの練習が行われる。パニッカールには、インド学と民俗舞踊に精通したものが選ばれる。カースト寺院はテイヤム以外にも儀礼を行っており、神の代理をつとめるコーマランやヴェリッチャパードゥによる祭儀が行われる。このようにカースト寺院には、年に数回、寺院に所属するカーストの人々と聖職者が集う機会がある。

5．カースト・コミュニティとテイヤム祭祀の組織化

かつて、テイヤムを盛大に祀っていたのは、チラッカル王と地主カーストのナーヤルのタラワードゥであった。カリヤーッタムには、担い手となる人々への多額の報酬が必要なため、それ相応の豊かな家でなければ主催者となることが困難であった。それが土地改革後、小作人であったティーヤも土地をもつようになり、豊かになるにつれ自分たちの神を盛大に祀り始めた。ティーヤのタラワードゥでもカリヤーッタムを行っているところがあるが、複数のタラワードゥが結集してカースト寺院を建て、大規模な祭りを催す場合が多い。カース

ト寺院は、地域の同カーストに属する複数のタラワードゥが組織し参加するもので、費用も分担するため盛大な祭りであり、祀られるテイヤムの数も祭りの日数も多いのが特徴である。

委員会が祭礼部や広報部、出版部など細部に分かれ、祭礼がイベント化し、集客が増加しているのは近年の傾向である。1998年には食事の振る舞いがなかったのが、2016年には連日朝晩の食事を提供するようになった。また宣伝には、地域のテレビ番組や新聞、フェイスブックやワッツアップを利用している。以前は文化プログラムがなかったが、2016年にはパニッカール6人による知の競演（*maṟattukaḷi*）[18]や舞踊、音楽コンサート、武術、民俗舞踊が地元団体によって披露された。

ティーヤの他には、機織りカーストのシャーリヤもカースト寺院を保持しており、彼らは守護神であるソーメーシュワリ女神を祀る。カースト寺院での祭礼では、同じカーストの者が祭礼の組織、運営に当たっており、カースト意識が強く表出される。

カースト寺院がさらに発展したものが、後に述べるカラガムといわれる大カースト寺院である。カースト寺院よりもさらに広範囲の地域に住む同じカーストが集まった集団である。

第5節　タラワードゥ寺院から村落寺院へ

一つのタラワードゥによって所有されていた寺院が、財政難によって祭祀を遂行することが不可能となった場合、地域の人々によって管理・運営され、祭祀が継続する場合がある。以下では、ナーヤルの所有していた寺院が、地域の寺院へ変わっていった事例を見ていく。

1．祭祀にみられる小王の権威

カリヴェルール村の中心部より北東にある、マダイル・チャームンディ寺院は、寺院としての建築物はなく、空き地にある菩提樹の木（*āl*）に毎夕方、近く

写真 42　マダイル・チャームンディ寺院

のマニヤーニがランプの火を灯している。祭礼の日になると、木の根元に御神体である刀を置きテイヤムを奉納する。

この寺院は元々、ナーヤルカーストに属するパットヴァ家が管理していたが、1980 年代半ばから村の地域の人々によって管理されるようになった。それでも儀礼の中では、かつての権威者や有力者の存在を表す場面が随所にみられる。

1998 年 5 月 9 日から 10 日にかけて行われたテイヤムのスケジュールは表 19 の通りである。まず前日の 8 日の晩に、パットゥヴァ家の長老がタラワードゥの礼拝室にあるランプの炎（神の力を表す）を空き地に仮設した祠まで運ぶ。タラワードゥの祖先を祀る部屋（*koṭṭirāgam*）には、テイヤムの御神体とテイヤムが手にする刀が保管されており、カーラナヴァンはそれらの刀も炎と一緒に祠へ運ぶ。それ以降の日程は表 19 の通りである。

マダイル・チャームンディ寺院はナーヤルが所有していたので、ティーヤの寺院には専属するヴェリッチャパードゥは不在だが、ヴィシュヌムールッティが顕現すると、近隣のティーヤ・カーストの寺院であるワーニ・イッラムのヴェリッチャパードゥが刀をもって震えだす。ヴィシュヌムールッティは広範囲に渡って祀られるテイヤムでるため、ティーヤの寺院に属するヴェリッチャパードゥは、自分の所属する寺院以外であってもヴィシュヌムルティが顕現す

	日時	儀礼とテイヤム	担い手のカースト
5月9日	午後7時	始まりの合図	ナンブーディリ・ブラーマン
	9時	ウールッパラッチのヴェッラーッタム	ワンナーン
		ヴェーッタイッコルマガンのヴェッラーッタム	ワンナーン
	11時	アンガックランガラ・バガヴァティのトーッタム	ワンナーン
		ラクタ・チャームンディとヴィシュヌムールッティのトーッタム	マラヤン
		マダイル・チャームンディのトーッタム	マラヤン
5月10日	午前4時	ヴェーッタイッコルマガンとウールッパラッチのテイヤム	ワンナーン
	午後8時	ラクタ・チャームンディ	マラヤン
	12時	ヴィシュヌムールッティ	マラヤン
	2時	アンガックランガラ・バガヴァティ	ワンナーン
	4時	マダイル・チャームンディ	マラヤン

表19　マダイル・チャームンディ寺院のテイヤム時間表

ると憑依する。

バガヴァティは9日の昼過ぎにパットゥヴァ家に行き、バガヴァティに対して鶏の供犠と血の模倣儀礼が行われる。またお金と布がバガヴァティに捧げられる。ヴェーッタイッコルマガン、ウールッパラッチ、ヴィシュヌムールッティは近くのコートゥール・ヴィシュヌ寺院へ挨拶に行くが、これはヴィシュヌ寺院がシヴァ寺院と同様、この地域に古くから存在する由緒ある寺院であるため表敬訪問を行うのである。このようにテイヤムが、小王国を支配していた地主の家や、地域で有力なブラーマン寺院に挨拶へ行くのは、第1章第1節で記したように、寺院間に従属関係があるからである。

マダイル・チャームンディは、イノブタに化けてメーッチェーリの森で遊んでいたチャームンディが、ワンナンディル・ポドゥワールに射られて怒り、ポドゥワールの妊娠中の妻を殺したといわれる、荒々しい神格をもつ女神である。テイヤムに対しては雌の鶏が捧げられ、テイヤムは鶏を踏みにじったあと、

テイヤム	タラワードゥ(カースト)
マダイル・チャームンディ	パットゥヴァ(ナーヤル)
ヴェーッタイッコルマガンウールッパラッチ	パリエーリ（ナーヤル）
ヴィシュヌムールッティ	マナッカート・ヴィードゥ(マニヤーニ)

表20　マダイル・チャームンディ寺院の司祭補佐

5羽の鶏がテイヤッカーラン集団の補佐によって供犠された（写真43）。最後、チャームンディが腰につけている松明へ注ぐココナッツ油を、祈願のために奉納する人々が大勢集まった。

マダイル・チャームンディを殺したといわれるワンナンディル・ポドゥワールの子孫は、20年前まではテイヤムを見に来ていて、チャームンディが殺した最初の雌鳥が与えられたが、現在では姿を見せず、雌鳥はマラヤンに与えられる。全てのテイヤム儀礼が終わるとパットゥヴァ家の長老が、祠の炎と御神体をタラワードゥの礼拝室へと戻す。

テイヤムへ刀を手渡しする役目の司祭補佐（ノーッティリックンナ）のタラワードゥとカーストは表20の通りである。ヴェーッタイッコルマガンのノーッ

写真43　マダイル・チャームンディ

ティリックンナは現在、ナーヤルの継承者が不在であるため、妻がナーヤルのパリエーリ・タラワードゥであるマニヤーニが、ノーッティリックンナの役割を担っている。

2．地域を治めた5人の王の存在

マナッカートの地域は、1960年前まで5つのタラワードゥが、大土地所有者として支配していた。彼らは、マダイル・チャームンディ寺院のコーイマ（最高権威者）でもあった。昔はこの5つの家の代表者であるコーイマが、この村の裁判官であり、何か村の中で問題が生じると、5人がコートゥールパランブの菩提樹の下に集まり問題を解決した。彼らは「5家の王（*anjŭ illam kōyma*）」といわれ、表21のタラワードゥが含まれた。

5家のうち、ナンビシャンの家は、1980年代初めにコートゥールアムバラム・ヴィシュヌ寺院[19]の近くの家から、東のアーラパランバ村へ移り、現在祭礼には関与していない。他の4家はカリヴェルール村に在住しており、コーイマとしてテイヤム祭祀に参列することがある。

テイヤムは、5イッラム・コーイマの者が来ると特別の呼び名で呼ぶ。パットゥヴァとパリエーリ家の者に対しては「アカンバディ（*akanbaṭi*）[20]」、クルンディル家の者に対しては「パイヤヌールグラーマ[21]」、プランバ家のナンブーディリに対しては「タントリ」と呼ぶ。現在、祭礼権は村の委員会の手に移ったが、過去の権力者としての存在は儀礼の中で示される。

テイヤム儀礼は現在、地域の人々から選挙で選ばれる実行委員会によって執行されており、資金は地域の人々から徴収されている。実行委員会の会長は

タラワードゥ	カースト
パットゥヴァ	ナーヤル
パリエーリ	ナーヤル
コーットゥール・カラガム	ナンビシャン
クルンディル	ポドゥワール
プリンバ・ナンブーディリ	ナンブーディリ

表21　5家の王

パットヴァ家のもので、副委員長はクルンディル家、書記はナーヤルである。実行委員は2年おきに委員が交代し、祭礼委員は1年おきに交代する。

実行委員と祭礼委員は多カーストから構成されているが、主神のマダイル・チャームンディの御神体と剣がパットゥヴァ家に保存されていることから、元々の権利者はパットゥヴァ家であったといえる。パットゥヴァ家の祠には39のテイヤムが祀られている。パットゥヴァ・タラワードゥは、この地では王のような存在であったといえる。

マダイル・チャームンディは、パイヤヌール市のペルマールから、カリヴェルール村に滞在する許可をもらい、カリヴェルール村のコーイティディル・モーロン家にたどり着き、そこからコートゥールパランブへ着いたという。また、マダイル・チャームンディが来る以前から、ヴェーッタイッコルマガンとウールッパラッチは存在していたといわれる。

また、別の伝説によると、コートゥール・ヴィシュヌ寺院の近くにカーヴ（杜）があり、そこには元々ソーメーシュワリ女神が祀られていたが、ヴィシュヌ神が祀られるようになってから、ソーメーシュワリ女神はパイヤヌール市付近のカンドッタラの地へ移った。1980年代後半まで毎年ミドナム月のシャンカラマムの日に、ワーニ・イッラム寺院のナールパディ（ティーヤの代表者）がジャックフルーツとアラカナッツをもってカンドータラのソーメーシュワリ寺院へ献上に行った。その行列の先導として、パリエーリ家とパットゥヴァ家の者が交代でついて行った。このように、ワーニ・イッラム寺院のティーヤと、地主であった2軒のナーヤルの家が、土地の女神の由来の場を訪ねるという、土地と神の関係を示す儀礼が近年まで行われていた。

5人の王を中心として祀られていたテイヤムは、現在では地域の複合カーストから組織される委員会の手に渡った。パトロンの経済力が減少しても、神霊に対する地域の人々の畏怖の念が、祭祀を存続させている。

3．タラワードゥ寺院の公共化

マダイル・チャームンディ寺院のように、特定のタラワードゥが所有して祭礼を取り仕切っていた寺院が、タラワードゥの財政難のために、地域の人々で結成される委員会に管理が委託される場合が近年多くみられる。そうなるのは、寺院と祀られる神々が地域の人々にとって重要であるとみなされた場合であり、地域の人々の寺院運営への参入により、寺院と祭礼は閉ざされたタラワードゥの儀礼から、広く開放された祭礼へと移り変わる。実行委員は地域の人々から選出されるが、実行委員会会長や副会長のポストには、寺院の元々の所有者であったナーヤルがつくため、寺院の公共化といってもタラワードゥの権威は存続している。また組織が変わっても、儀礼の内容や奉納されるテイヤムの儀式自体は、公共化される前と変わりない。

変わるのは参加者や見物人の意識であり、以前は特定のタラワードゥの神であったのが、地域の人々全員が関わることのできる「村の神」となったのである。従来のカースト間の主従関係は、祭礼時のみに表出し、元々テイヤムを管理していたタラワードゥは、依然として敬意は表されるものの、神自体は特定のタラワードゥの守護神ではなく、村落共同体の神へと移り変わっている。

第６節　カースト大寺院

最も大規模なテイヤム儀礼は、カラガム（*kaḻakam*）と呼ばれるカースト大寺院で行われる大祭である。カラガムとは、元々、チェーラ王朝時代のブラーマンの行政組織を指す言葉であった（Veluthat 1978: 15）。それをティーヤ・カーストが、テイヤムを祀る中心的寺院を指す言葉として用いるようになった。カラガムでの大祭、ペルンカリヤーッタムは、12年以上の期間をおいて行われ日数も１週間近くある。

カーストによって祀る神に傾向があるが、ワーニヤ・カーストはムッチローットゥ女神を守護神として祀る。ここでは2003年に行われた、ワーニヤ・カーストの組織するムッチローットゥ女神寺院での大祭礼を例にとりあげる。

１．寺院の組織、役職

霊媒となるコーマランは４人おり、それぞれ主神のムッチローットゥ・バガヴァティ（Muccilōttŭ Bhagavati）女神、カンナンガーットゥ・バガヴァティ（Kaṇṇangāṭṭu Bhagavati）女神、プッルールカーリ女神、プリッカンダン神の代理をつとめる。彼らは日常生活においても上半身には布だけをかけており、外での勤めをせず外食をしないなど、行動規制のある生活を営む。

アンディッティリヤンとムッチローットゥ・バガヴァティのコーマランは、ムッチローダン・タラワードゥに属する。その他のコーマランは世襲ではないが、占星術によって適したものが選ばれる。月に400ルピーが寺院から支払われるが、最近では進んでコーマランやアンディッティリヤンになるものは少なく、現職のアンディッティリヤンも他になり手がいないので承諾したという。

カールノール（長老）は、10家と12家から選ばれる。10家と12家とは、元々この寺院に所属していたワーニヤ・カーストたちの所属していた家であり、10家の地域は、チャンデーラ、ピリコードゥ、プッティロートを含み、12家の地域はカリヴェルール、ペララム、ヴェッラッチャール、イーヤッカートゥ、パリエーリを含む。現在ではそれにクーカーナム、コダカッド、マーニヤーットゥ、マナッカートにわたる地域のワーニヤが寺院に所属する。寺院の最高権威者であるコーイマの地位には、1軒のウンニッティリ・カースト、4軒のナンビ・カースト、6軒のナーヤル・カーストがついている（Cenbōla 2003）。

2．大祭での儀礼

2003年1月7日から12日まで、カリヴェルール村のムッチローットゥ・バガヴァティ寺院において、14年ぶりの大祭、ペルンカリヤーッタムが行われた。ムッチローットゥ・バガヴァティはカリヴェルール村のムッチローダン・タラワードゥのワーニヤによって初めて祀られるようになった女神であり、現在ではカンヌール県、カーサルゴーッドゥ県、コーリコードッ県には113のムッチローットゥ・バガヴァディの寺院がある（Cenbōla 2003）。ペルンカリヤーッタムを行う前には、寺院を再建する儀式（*navīkaraṅa kalaśam*）が行われるが、1999年に行われた際に祠は塗り替えられ、中でブラーマンによる礼拝儀礼がなされた。ペルンカリヤーッタムは、記録によると過去には1989年、1979年、1956年、1937年にあり、それ以前はその40年前、19世紀末にあったという。徐々に規模が拡大していき、1979年には祭礼委員会が結成され、記念文集も作られた。祭礼委員会は多カーストから構成され、ムスリムも加わった。大祭時の寺院とステージ等の配置は図18の通りである。

祭礼当日前の準備としては、以下のような儀式が行われた。

11月22日	カリヤーッタム（大祭）をゆだねる儀式 コーマランが、祭礼委員長に神の祝福としてターメリックの粉を与える。
11月29日	米の計量儀式 地域の家々から集めた米を、コーマランが計る。
12月4日	食堂建設初めの儀式 祭礼中の食堂の土台を作り始める。コーマランが土地を板でならす。
12月6日	パーラの木を切る儀式 御神体をのせる椅子を作るパーラの木を切る儀礼。
12月14日	倉庫建設初めの儀式 コーマランたちが、倉庫を建てる土地の上に杭を打つ。
12月28日	占星術 占星術により、主神を演じるテイヤッカーランが適任かどうか、また主神の頭飾りをのせる吉なる時間帯を占う。
12月31日	倉庫納入の儀式 倉庫に野菜や米を入れる。

表22　祭礼前の儀式

テイヤムのプログラムは、以下の通りである。1月7日の初めの儀礼、アランギラディヤンディラムとは、4人のコーマランらが祠に入り、憑依した状態で現れ刀をもって飛び跳ね、ターメリックの粉を人々に与え祝福する儀礼である。その後、コーマラン、テイヤッカーラン、カールノールらは行列を組んで、主寺院のラヤラマンガラム寺院まで行進する。そこでもってきたランプに、ラヤラマンガラム寺院の炎を移し、その他大祭に必要な野菜などをもらって帰る。途中、シヴァ寺院を参拝した後、コーイマの一人であるナンビの家に赴き、最後に寺院の宝庫と倉庫と台所を清める。

8日から11日まで毎晩2回行われるムッチローットゥ女神のトーッタムは、2003年にテイヤッカーランに選ばれたレヴィ・マナッカーダンによって朗唱された。その後、コーマランとマナッカーダンが向き合って祠の周囲を回る。そして、ネイヤーッタムといって、ワンナーンの男性が水の入った壺を頭にのせ

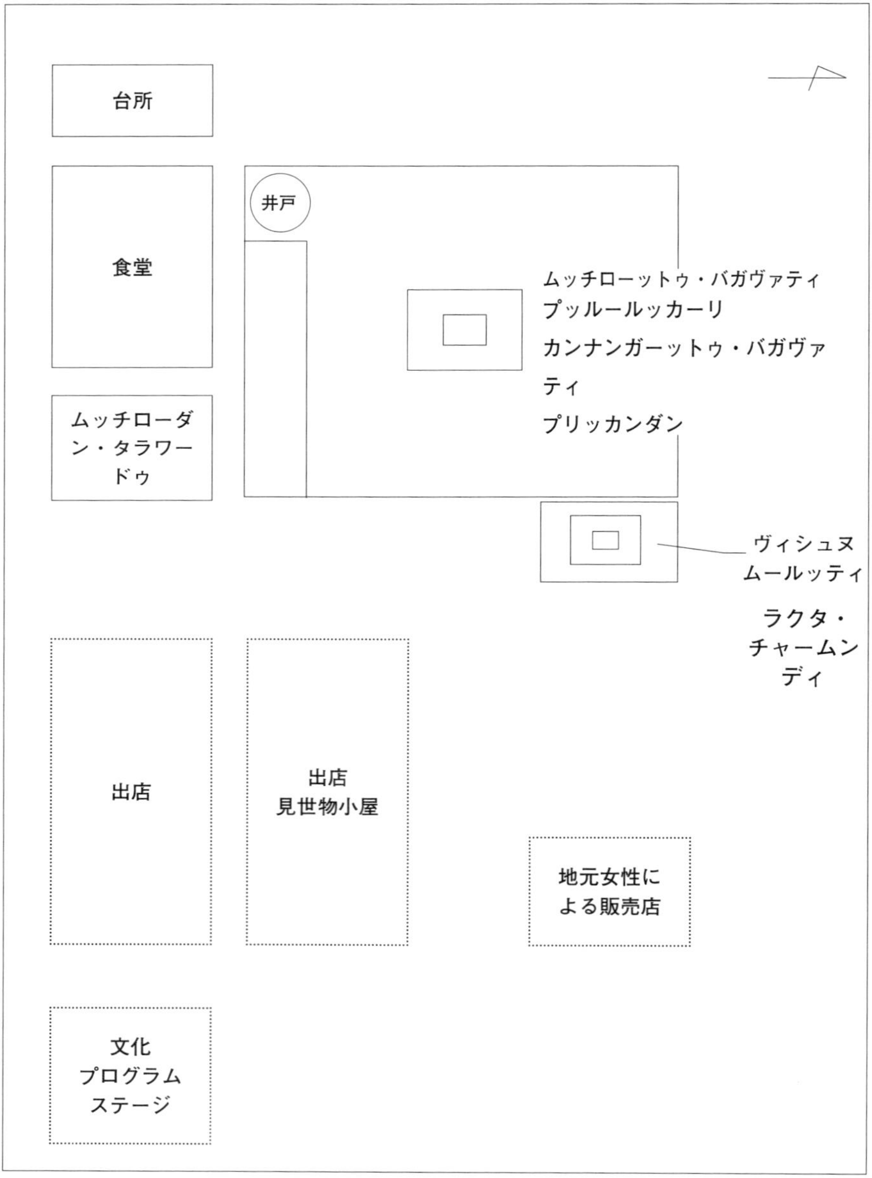

図 18　ムッチローットゥ・バガヴァティ寺院大祭配置略図

て、飛び跳ねながら踊る。これは、ムッチローットゥ女神となる少女が、焼身自殺するのに必要な油をワンナーン男性が用意したという逸話に基づく。毎晩、プリッカンダン、カンナンガーットゥ・バガヴァティ、プッルールカーリとヴィシュヌムールッティ（パラデーヴァタ）、ラクタ・チャームンディのトーッタムとテイヤムがあり、日によってその他のテイヤムが奉納される。

11日の早朝に現れるコーラソワルーパティンガルターイ女神は、コーラットゥ王国の守護神である。同日の午後にあるクーットゥ（*kūttŭ*）とは、ワンナーンによる語りで、『ラーマーヤナ』や『マハーバーラタ』、ムッチローットゥ女神の神話が語られる。同日の夕方には、初潮を迎える前の少女らが、親類の男性の肩にのせられ、祠の周囲を回る（写真44）。これは、他の大祭においてもみられる慣習で、結婚可能な年齢に達した少女を、村人に知らしめる役割があったといえる。

11日の夜中過ぎに、祠の前に積み上げた薪に火が点火される。この火は翌日まで燃やされ続ける。12日の昼過ぎ、くすぶる火の中にコーマランを筆頭にワーニヤの男性らが飛び込み、灰を蹴散らかしながら走り回る。これは、女神が飛び込んだ火の中から生まれたという逸話を再演したものである。その後で、丸い頭飾りをつけたムッチローットゥ・バガヴァティが現れ、祠の周りをゆっ

写真44　少女のお披露目

	1月7日	1月8日	1月9日
2時		プリッカンダン	プリッカンダン
4時		カンナンガーットゥ・バガヴァティ	カンナンガーットゥ・バガヴァティ
5時			パラデーヴァタ、マダイル・チャームンディ、ラクタ・チャームンディ
6時	アランギラディヤンディラム	プッルールカーリ	プッルールカーリ
7時	ラヤラマンガラム寺院へ行進		
8時		食事	食事
9時	ランプと炎と、カリヤーッタムに必要な品々を運んで持ち帰る		
11時	カリヴェルール・シヴァ寺院へ行進		
12時	パナカッチェーリ・ナンビ家に行進し、戻ってから宝庫と倉庫と台所へ行進		
13時半	バガヴァティのトーッタム、アランギラディヤンディラム、ネイヤーッタム		
15時		バガヴァティのトーッタム、アランギラディヤンディラム、ネイヤーッタム	バガヴァティのトーッタム、アランギラディヤンディラム、ネイヤーッタム
16時半	食事		
18時	プリッカンダンのヴェッラーッタム、パラデーヴァタとラクタ・チャームンディのトーッタム	食事	食事
18時半		プリッカンダンのヴェッラーッタム	プリッカンダンのヴェッラーッタム

19時		パラデーヴァタとラクタ・チャームンディのトーッタム	パラデーヴァタとラクタ・チャームンディのトーッタム
20時			ヴェーッタイッコルマガンのヴェッラーッタム
22時	バガヴァティのトーッタム、アランギラディヤンディラム、ネイヤーッタム	バガヴァティのトーッタム、アランギラディヤンディラム、ネイヤーッタム	バガヴァティのトーッタム、アランギラディヤンディラム、ネイヤーッタム
24時	カンナンガーットゥ・バガヴァティとプッルールッカーリのトーッタム	カンナンガーットゥ・バガヴァティとプッルールッカーリのトーッタム	カンナンガーットゥ・バガヴァティとプッルールッカーリのトーッタム
	1月10日	**1月11日**	**1月12日**
13時半	タルスヮルーパムデイヴァムのヴェッラーッタム		
14時	ヴェーッタイッコルマガン	コーラソワルーパティンガルターイ	
15時	プリッカンダン	プリッカンダン	
16時	カンナンガーットゥ・バガヴァティ		プリッカンダン
16時半		カンナンガーットゥ・バガヴァティ	
17時	パラデーヴァタ、マダイル・チャームンディ、ラクタ・チャームンディ		ナランビル・バガヴァティ
17時半		パラデーヴァタ、ラクタ・チャームンディ	
18時	プッルールッカーリ		
18時半		プッルールカーリ	カンナンガーットゥ・バガヴァティ
19時半			パラデーヴァタ、ラクタ・チャームンディ
20時	食事	食事	

20時半			マダイル・チャームンディ
21時			プッルールカーリ
22時		バガヴァティのトーッタム、アランギラディヤンディラム、ネイヤーッタム	
12時半			コーマランらがメーレーリに飛び込む
13時			ムッチローットゥ・バガヴァティ始まる
14時		クーットゥ	食事
15時	バガヴァティのトーッタム、アランギラディヤンディラム、ネイヤーッタム		
16時		バガヴァティのトーッタム、アランギラディヤンディラム、少女のお披露目	
17時半	食事		
18時	プリッカンダンのヴェッラーッタム	食事	
18時半		プリッカンダンのヴェッラーッタム	
19時	パラデーヴァタとラクタ・チャームンディのトーッタム	パラデーヴァタとチャームンディのトーッタム	
22時	バガヴァティのトーッタム、アランギラディヤンディラム、ネイヤーッタム	バガヴァティのトーッタム、台所へ行進	
22時半		ナランビル・バガヴァティのトーッタム	
23時		カンナンガーッドゥ・バガヴァティとプッルールカーリのトーッタム	

23時半	コーラソワルーパッティンガルターイのトーッタム		
0時	カンナンガーッドゥ・バガヴァティとプッルールカーリのトーッタム	コディイラトーッタム、メーレーリに点火	ムッチローットゥ・バガヴァティ終了
2時			ベッティラージャーラム

表23　カリヴェルール・ムッチローットゥ・バガヴァティ寺院のテイヤム時間表

くりと回る（写真45）。途中、女神が初めてワーニヤの家の人に発見されたという井戸を覗く。踊り終わると、食堂では食事がふるまわれる。そして女神の前には、祝福を受けるために集まった人々の長蛇の列ができた。この列は、夜中に女神が頭飾りを外すまで、絶えることはない。

カリヤーッタム終了後3日間は寺院の扉は閉ざされたままで、誰も中に入ることはできない。それは、カリヤーッタムの間に降りて来た死霊[22]が彷徨っており、入るととり憑かれるからとされている。3日目の深夜2時には、カリイディッカルという儀式がある。そこでは、カンナンガーットゥ・バガヴァティのコーマランにより大量の鶏が殺された。これは、寺院内を彷徨う死霊たちに

写真45　ムッチローットゥ・バガヴァティ

捧げる生贄の儀式である。

3．文化プログラム

寺院の東側のステージでは、毎晩スピーチや劇などの催しが行われていた。文化プログラムは、表24の通りである。開会式は、まず祭礼委員会長による開会の挨拶で始まる。次はケーララ出身の国会議員ゴーヴィンダン M. P.による挨拶で、社会の団結（*kūṭṭāyma*）[23]と宗教の違いを超えた統合（*aikyam*）が強調された。続いて主賓である厚生省大臣 P. シャンカランによるスピーチが行われた。彼は、マハトマ・ガンジーが神の真理を説いたのを引用し、全ての宗教は同じであり、それを考えればグジャラートにおけるヒンドゥー教徒とムスリムの争いなどなかったはずといった。また、ネルーがヒンドゥー教は宗教でなく法（ダルマ）であるといったことなどを引用し、会議派のイデオロギーを表明した。

次に記念文集、『チェンボーラ』の出版に際して、V. マドゥスーダラン・ナーヤル教授によるスピーチと、ヤクシ（夜叉）についての詩が詠われた。著名な詩人の詩が終わると、報道陣や多くの人々は席を立った。最後に元インド警察（Indian Police Service: IPS)、カリヴェルール村パンチャヤート会長、ピリコード村パンチャヤート会長、カーンゴール・アーラッパダンブ村パンチャヤート会長、記念文集委員長、祭礼委員会書記による挨拶のスピーチで締めくくられた（写真46)。

セミナー「土地と劇」ではP. アップクータンが、劇は社会を向上させるために作られるべきであると主張した。彼は、独立運動期には政府を批判する劇が制作されたため、英国政府はドラマを禁止したが、劇は世論と結びついているという。彼は、現在では伝統的民俗芸能を近代劇に結びつけようとする動きがあるが、これは美的形式のみを考えていて、社会の発展に寄与していないと指摘し、民衆の問題を伝えるような劇を制作するべきであると訴えた。彼は、娯楽劇や商業劇でなく、共産主義思想を植えつけるような劇を作るべきであるとし、批判精神が旺盛であった独立運動期の劇を見習うべきだと主張している。

前共産党政権の時、音楽劇協会（Saṃgīta Nāṭaka Akademi）の会員であったカリ

	1月7日	1月8日	1月9日
午後4時		シュローカ朗読大会	
5時			フォークダンス「コールッカリ」
6時	開会式、記念文集の発行記念	セミナー「土地と劇」	セミナー「フォークロアと新しい時代」
9時	生徒による芸能発表会	劇「神の署名」	フォークロア「チンマーナッカリ」、「マーリヤーッタム」、土地の歌、妊娠儀礼「カランパートゥ」
	お笑いショー		

	1月10日	1月11日
午後4時		シュローカ朗読大会
6時	セミナー「変わり行く時代と変わり行く芸能」	閉会式
9時	カタカリ「ドゥルヨーダナ殺し」	音楽コンサート

表24　カリヴェルール・ムッチローットゥ・バガヴァティ寺院大祭の文化プログラム

ヴェルール・ムラリも、ケーララのルネサンス期には、社会はカースト社会に反対する風潮があり、劇もそれに乗じてブラーマン支配社会を変えるような劇がブラーマンの劇作家によっても作られたことを指摘する。このように共産党主義シンパの劇評論家たちは、ケーララ社会において劇が社会を変化させる役割をもつこと指摘し、現在の商業劇を批判し、社会批判劇の復興を訴えた。

セミナー「フォークロアと新しい時代」では、1999年にカリカット大学に新設されたフォークロア学部学長のラーガヴァン・パイヤナードが、フォークロアは誰のために学ぶのかを問うた。彼は、社会の変化によってフォークロアも多義的に解釈されるようになり、力をもつ人が人々をコントロールするためにフォークロアを変えようとしており、これは民主主義に反すると問題提起する。それは今始まった問題ではなく、以前からあったが人々は気づかなかったという。また、プラヤの民俗舞踊であるチンマーナカリは、プラヤがいかに土地を失ったかを歌うが、テイヤムでは支配者の話をしなければならないことを指摘

写真 46　記念文集の贈呈

した。

また、西洋の理論は植民地支配の理論であり、これによってテイヤムを解釈できるが、それは文化伝統を変えることにつながると警告する。そして、民衆は西洋理論によって分析されたテイヤムに異議を問いかけるべきであると訴える。また、最近ではテイヤムのウェブサイトが作られ、テイヤムは情報技術の一部となっているが、これは市場戦略である。さらに、テイヤムは死んだ人が神格化したものだが、ヒンドゥー至上主義の影響で、テイヤムを大伝統の神にするために入魂儀礼がなされているとし、原理主義的解釈に異議を唱える。そして最後に、グローバリゼーションの時代にテイヤムを守らなければならないと訴える。

パイヤナードは大学教授というアカデミックな立場にいるが、テイヤムを客観的に西洋の理論を用いて分析することに抵抗を示し、伝統的形式を維持しようとしている。彼はテイヤム儀礼が盛んなケーララ州カンヌール県のパピニシェリー市の生まれで、ティーヤ・カーストに属し、ティーヤに対する愛着が強い。彼の思想には、ヒンドゥー至上主義に反対することから共産党主義シンパであることと郷土主義が窺える。テイヤムやフォークロアを利用しようとしている政治的力に気づき、自らそれに反対するよう働きかける姿勢は、アカデミックといいながらも文化運動である。ケーララでフォークロアに携わる学者は、何かしらの政治思想をもっているものが多く、フォークロアが文化・社会活動と切り離せない状況であることがわかる。

セミナーの後にはプラヤが担い手となるチンマーナカリと、マーリヤーッタムが舞台の上で披露された。フォークロアセミナーでは、舞台上でのテイヤムは伝統を破壊すると非難されたが、自文化の地域からはずれるものの舞台公演には非難の声は上がらない。

閉会式では、大臣を一目見ようと大勢の人々と報道陣が集まった。しかし、大臣は都合がつかず欠席した。集まってきた人々の大半は男性であったが、子どもをつれてみに来た30代の女性は、大臣をみに来たが、来なかったので落胆して帰っていった。近郊のパンチャヤート長の挨拶が、開会式と同様行われたが、彼らの話に耳を傾けるものはわずかであり、パンチャヤート長らも苦笑していた。

文化プログラムの最後はコンサート（*gānamēḷa*）であった。コンサートはケーララで人気のプログラムの一つであり、流行の映画音楽などを歌って演奏する。若者の多くは、テイヤムではなくコンサートを目当てに寺院に来る。ここでは、人気俳優のアショーカンが歌ったため、大勢の人が集まった。ステージの途中、観客同士の間で乱闘が発生し、警察官が介入するという騒ぎも起こった。曲に合わせて踊るために立ち上がる人に対し、後部に座っていた人が怒り、乱闘が生じるということはコンサートの際によく起こることであり、一時コンサートは禁じられたが、カリヴェルール・ムッチローットゥ寺院の大祭はこの地域で最大のイベントであるため行われた。

文化プログラムをみに来る観衆の態度から、寺院に集まる人々の関心がテイヤムだけでなく、むしろ劇やコンサート、有名人を見にくるといった多様な目的を持った人々が集まっていることがわかる。

テイヤム大寺院では、伝統的な儀礼や権威者を残しながらも、組織運営を他カーストや他宗派に開くなど、垂直的なカースト関係よりも水平的なカースト間関係を築いている。また、祭礼実行員により、観光や余興といった儀式以外の要素へ重点がおかれ、観客の祭礼に参加する目的も多様化してきている。

4．14年後のペルンカリヤーッタム

2017年1月に、再びペルンカリヤーッタムが催された。2003年の時と比べ、テイヤムの儀式自体は変わらないが、関わる人の人数や予算の規模が拡大した。委員の数は、2003年時は1001人であったのが、倍の2001人に、幹部は101人から倍の201人に増加した。また予算は24万ルピーから、1700万ルピーに膨れ上がった。来訪者も6日間に約8万人であったのが約40万人に増加した。

規模が拡大した理由には、ワーニ・イッラムと同様、メディアの積極的利用があげられる。地方テレビ番組、新聞、フェイスブック、ワッツアップ、ウェブサイトを用いて宣伝した結果、地元の人だけでなく、コーチンやトリヴァンドラムなどケーララ中部・南部、また隣州からも大祭を観に人が集まってきた。

中でも、最も人が集まったのは、人気映画歌手、K. S. チトラのコンサートである。また、映画女優で舞踊バラタナーティヤムのダンサーでもある、ラクシュミ・ゴーパーラスワミの舞踊公演にも大勢の人が集まった。その他、民俗舞踊、武術、ドキュメンタリー映画など、連日の文化プログラムは多くの人々を引きつけた。

写真やビデオ撮影にはドローンも使用され、上空写真は普段は空き地である寺院境内が大勢の人で埋め尽くされている様子が撮影されていた。また、大祭の最中に流す音楽として、1999年には既成のムッチローットゥ・バガヴァティの賛歌を用いていたが、2017年には新たに歌を作成して流した。

5．多元的空間と解釈によって生成されるテイヤム

ペルンカリヤーッタムというテイヤムの大祭では、神事とエンターテイメントが同時並行で行われており、主催する側も見る側も、それぞれの意図と目的をもって参加しており、祭りの目的は画一的ではない。「女神のお姿を拝む」、「女神の祝福を得る」、「女神の結婚を祝う」といった寺院の中で繰り返し流される放送の文句は建前の目的であり、参加する人々が必ずしもそうした意識があるわけではない。だがそうした人々であっても、寺院の塀の中に入ればテイヤムにお布施を出し、ターメリックパウダーを受け取るといった行為をする。そ

れはその土地に住む人であれば、身体に染み付いている慣習であり、テイヤムに対する信仰心にかかわらずもっているものである。行為と目的や意志は対応関係にはなく、同じ行為に対して複数の意味が存在するのである。ゆえに、儀礼には意味があるとか、行為であるといった極論では、儀礼の中にみられる行為と意味の同時多発的な現象を理解できない。個人とそれをとりかこむ儀礼環境の間で、テイヤムが何であるかが形成されている。つまり、儀礼の場で生じている複数の事象の中で構成されていく人々の意識によって、テイヤムというものが生成されていくのである。

第7節　私の神から公の神へ

以上、テイヤム儀礼をその規模や組織によって、1）個人祈願、2）ブラーマンのイッラム（家）、3）ナーヤルのタラワードゥ（家）、4）カースト寺院、5）村落寺院、6）カースト大寺院に分けてみてきた。各々の儀礼の特徴を、①ブラーマン司祭の関与の有無、②ノーッティリックンナ（司祭補助）のカースト、③祠の外壁の有無、④組織カーストからみていく。

第一にブラーマンのイッラムでのテイヤム儀礼では、ブラーマン司祭による寺院の中での礼拝儀礼が、テイヤムの始まる前に行われる。テイヤムと同じ神に対する儀礼であるが、様式は全く異なりサンスクリットの呪文（マントラ）を用いた儀礼である。ナーヤルの祠で司祭をつとめるのもブラーマンである。彼らは神霊を御神体にマントラを用いて呼び降ろす。中・低位カースト寺院では、寺院の所有カーストが司祭（アンディッティリヤン）をつとめる。カースト大寺院においては、所有者カーストのワーニヤが司祭となっている。つまり、ブラーマンとナーヤルの寺院においてのみ、司祭はブラーマンであり、低位、中位カーストの寺院では、同一カーストから司祭が選ばれる。

第二に司祭補佐（ノーッティリックンナ）のカーストの相違である。司祭補佐は、司祭からの聖なる武器や供物を受け取り、テイヤムに渡したり、テイヤムから武器を受け取り、それを司祭に返したりする役割を果たす。司祭補佐のカーストは、ブラーマン寺院においてのみ主催者のカーストではないナーヤル

	個人祈願	ブラーマンの家	ナーヤルの家	カースト寺院（ティーヤ）	村落寺院	カースト大寺院（ワーニヤ）
ブラーマン司祭の儀礼	無し	有り	有り	無し	無し	無し
司祭補助のカースト	ティーヤ ワンナーン	ナーヤル マニヤーニ	ナーヤル	ティーヤ	ナーヤル マニヤーニ	ワーニヤ
外壁の有無	無し	有り	有り	無し	無し	無し
組織カースト	個人の家	ブラーマン	ナーヤル	ティーヤ	多カースト	多カースト（権威者はワーニヤ）

表 25　テイヤム寺院の規模別比較

が担い、その他の寺院では主催者のカーストの者が担う。ブラーマンはアンタッチャブルが扮するテイヤムと直接剣などの受け渡しを行うことを避けるために、高位または中位カーストを媒介してテイヤムにものを受け渡す。個人の祈願によるテイヤムでは、テイヤムによって司祭や司祭補佐のカーストが異なる。カトゥヴァヌール・ヴィーランやムッタッパンではティーヤが両役割を果たし、その他ではワンナーンが果たす場合が多い。

第三に、ブラーマン寺院では、祠の中にブラーマン司祭以外は立ち入ることは禁じられている。ナーヤルの寺院では、祠の周りに外壁が設けられ、外壁の中にはナーヤルとブラーマンしか立ち入ることはできない。祠の中には、ブラーマン司祭しか入ることができない。それ以外のカーストの寺院では、祠の中は司祭のみであるが、外壁の中には誰でも立ち入ることができる。つまり、高位カーストになるほど、カーストによる空間の境界が明確で厳格である。低位カーストの寺院であっても、コーイマ（ナーヤル）の座る場所は、寺院の正面入口の横と決まっている。

第四に祭礼を組織するカーストについてみると、個人の祈願儀礼では、個人が費用を負担して奉納しており、ブラーマンのイッラムやナーヤルのタラワードゥなど家で行う儀礼は、その家の者が負担し主催する。当然参加者も家のカーストの者がほとんどであり、祭祀は遠方から集まる親族の結束の場となる。また小規模なカースト寺院では、寺院の管理・運営は全て同一カーストの者が担い、地域の同一カーストが多く参加する。そこでは、地域のカースト同胞意識が表出する。それに対し村落寺院では、寺院祭祀の管理・運営委員は複合カーストからなる。参加者のカーストも多様であり、儀礼は地域の祭りとなる。それでも委員長や書記などの役職には、元々寺院に権利をもっていた家の者が就いており、伝統的権威の継承がみられる。カースト大寺院では、儀礼的権威者は同一カーストの者であるが、実行委員や祭礼委員会は複合カーストからなり、中にはクリスチャンやムスリムも委員の中に入っている。特に部門別委員長が他カーストで、委員は同一カーストの場合が多く、他カーストに対する敬意と、複合カースト・宗派からなる地域の統合性をアピールしている。

個人の祈願からカースト大寺院へと向かうに従って、主体となる参加者は、個人から公へと移っている。カースト寺院までは、組織者が同一カーストであるが、公共寺院、大寺院となると、多カーストの参加ということで公共性は高まる。神も「個人の神」「家の神」から「カーストの神」へ、そして「村の神」「地域の神」へと変わっていくのである。

規模が大きくなるにつれ、その規制が緩くなりカーストや宗派以外の人々の参加を可能にしている。複数のタラワードゥの人々が集まれば、多様な価値観が存在する。また、ヒンドゥーとムスリムが同じ視線でテイヤムをみている訳ではなく、「各々のテイヤム」がある。ある人にとっては信仰の対象であり、ある人によってはアートである。

また、個の儀礼から公の儀礼に近づくにつれ、儀礼はパフォーマンス化していく。個人の誓願儀礼においては儀礼の目的は明確であるが、規模が大きくなるにつれ儀礼とは別に仮設ステージが設けられ、そこではコンサートや演劇が繰り広げられ、観衆の目的も多様化する。参加者も、同じ家、同じカースト限定だったのが、多カースト、多宗派から参加するようになる。見る側の意識も、神を讃える祭りからスペクタクルへと変化しているのである。儀礼からパフォーマンスへと移行する現象に関しては、終章で詳しく述べたい。

注

1 Menon (1993) と Mātyu (2016) を参照。
2 カトゥヴァヌール・ヴィーランにカラリパヤットの技を伝授した師匠のテイヤム。
3 カンヌール県クンニマンガラム村にあるカダンゴート・タラワードゥは、マッカムが生まれた家であるとされ、毎年2月にマッカム・テイヤムが奉納される際は、近隣の大勢の人が集まる。
4 アーイッリャムの日は、通常蛇神を祀る日となっている。
5 ナーヤルはヴィーラバドラン、ヴェーッタイッコルマガン、ウールッパラッチ専属であり、マニヤーニはアーラニャー・バガヴァティとヴィシュヌムールッティ専属である。
6 スダルシャナ・ホーマム。
7 スダルシャナ・ヤントラムという幾何学模様が描かれている。
8 1999年3月17日、カーラガート・イッラム付近に住むティーヤの老人による。
9 1999年3月17日、カンヌール県パイヤヌール市のゴーパーラ・ナンビヤール氏による。
10 マラヤンやパーナン・カーストが歌う、クッティッチャーッタンのトーッタム（祭文）に描かれている物語をまとめた、ヴィシュヌナンブーディリの説明の要約。
11 クルンディル・タラワードゥの成員の約90%がパイヤヌール市付近に住んでいる。
12 「アッチャン」の称号をもったポドゥワールが担う。
13 Kuññirāman（1998）を参照。
14 カリン・チャームンディの話は以下のようにある。ある日、パーイヤット山に住むムスリムの妻が産気づき、夫のアリは産婆を求めて外へ出た。途中、木の下で美しい女に会い、出産を手伝うといわれ家に連れてきた。妻のいる部屋へ女を入れてからしばらくして、悲鳴が聞こえた。開けてみると、妻はお腹を引き裂かれて殺されていた。アリは怒って女を殴った。女は怒ってアリを殺した。その後、村では家畜や人が死んでいった。村人は女をテイヤムとして祀ることにした。
15 動物供犠に対する動物愛護団体からの批判を恐れ、動物供犠の場面は写真を撮らせない寺院がある。特にヤギや豚などの場合は撮影が難しい。
16 既婚男性1000人、既婚者は900ルピー、未婚者は450ルピー、女性のみの家は150ルピーが徴収された。
17 1イダンガリは約1キログラム。
18 寺院に所属するティーヤの知識人、パニッカールらが、ヒンドゥー教に関する問題に答える競技。通常は二人で対決する。
19 コートゥールパランブのカーヴには、初めはソーメーシュワリ女神が祀られていたが、ヴィシュヌ寺院ができると女神はコートゥール・ワーニイッラムに移動する。この土地を支配していたチラッカル王は、ナンビシャンにヴィシュヌ寺院の司祭を殺させ、代わりに北方からブラーマンを連れてきた。

20　家臣の意味。ナーヤルはチラッカル王の家臣であったため。

21　パイヤヌール村の意味。ポドゥワール・カーストはパイヤヌールに多く居住するため。

22　シヴァ神の従者である死霊。

23　クーッターイマとは、テイヤム儀礼と社会との関係を示す上で、頻繁に用いられる言葉である。テイヤム儀礼では、社会（サムダーヤム）の団結がみられるといわれる。

第3章　生成される神話

第1節　神話のテキスト化
——口承から書承、そして画承へ

1．伝承の形態と機能

知識の主なる伝達の手段としては口承と書承があり、文字とその保存の発達に伴い、口承から書承へと手段が移行していく傾向がある。それぞれに特質があり、川田は文字の機能を、声の言述の特質と対比させて以下のように整理した。第一に、声による表現が即時に消えてしまうのに引きかえ、文字化されたメッセージは空間的・時間的遠隔伝達が可能である。第二に、声による伝達が発信・受信ともに時間の流れの中でしか行えないのとは対照的に、文字を書く（発信）、文字を読む（受信）行為は、時間をかけて内容を考え表現することができる。第三に、言述の文字化に伴って、音声コミュニケーションの音と音律特徴の大部分が消去された中で、概念化された意味による伝達が行われる。また空間的・時間的遠隔伝達性によって文字化されたメッセージは、メッセージが発信された時のコンテキストから切り離されて受信者にとどけられる。第四に、文字に記すほうが音声のメッセージよりも、より多くの情報を効率よく伝達できる（川田 2001 [1992]: 228-230）。このように、音声による伝達方法と文字による伝達方法では相違がみられ、伝えられる内容が同じでも、受け取る側の感じ方が異なってくる。

インドでは古くから文字が発達し、ケーララでは9世紀頃からタミル語にサンスクリット語が混じった、マラヤーラム語の原型が形成され始めた。だがインドでは中国のように文字を記録して伝えることが少なく、ブラーマンによるヴェーダ聖典の伝承のように口頭伝承が主な伝承の手段であった。

テイヤムのトーッタム（祭文）の場合も、もともとはテイヤッカーランの家系の中で、叔父から甥へまたは父から息子へ、朗唱の模倣と実践を通じて教えられてきた。今日では、コダカッド村のマラヤンのテイヤッカーランがいうように、父親がトーッタムの一部を書き、それを子どもたちが覚えるといった手法もとられている。それらは家系内で代々伝えられてきたものであるため、門外に流出したり外部に公開されたりすることはなかった。

だが、1960年代以降、民俗学者によってトーッタムが採集され記録され、本として出版されるようになると、それらがテイヤッカーランの目にもふれるようになる。1998年10月にタリッパランブ市で行われたテイヤムの講習会では、ヴィシュヌナンブーディリの書いた『北ケーララのトーッタムの歌』（1981）をみながらトーッタムを学んでいる光景がみられた。また、コダカッド村でトーッタムに精通しているワンナーンに、ムッタッパンとムッチローットゥ・バガヴァティのトーッタムを教えてほしいと頼んだところ、ムッタッパンに関してはヴィシュヌナンブーディリの同書を、ムッチローットゥ・バガヴァティに関しては1996年にワーニヤ・カースト団体が出版した『北ケーララのムッチローットゥたち』という冊子を持ち出してきて、各々のトーッタムが記された箇所を指した。後者の冊子に引用されていたトーッタムは、バーラクリシュナン・ナーヤルの『ケーララの言葉の歌』（Nāyar 1993 [1979]）に載っているものの転載である。家系内で独自のスタイルで継承されてきたトーッタムであるが、出版によってある家系のトーッタムが普及し、それ以外のパターンをもつ家系も活字化したトーッタムを模倣するようになり、本来様々なヴァリエーションをもったトーッタムが「標準化」していくといった可能性がある。

トーッタムは、テキスト化されるのみならず最近ではオーディオ化されている。1980年代からテイヤムの大祭では、祭礼委員会がプロのビデオカメラマンを雇い、祭りのビデオを撮影し編集している。1990年代後半からは、それが一般の参加者にも販売されるようになった。1996年代のカーサルゴッドゥ県のティーヤ・カーストの大祭では、希望者から先払いで注文をとり、後に2本組みのビデオテープが渡された。2002年にカーサルゴッド県の漁民カーストの寺院で行われた大祭では、11日間の祭りが5枚のVCDとなって販売された。

また2002年には、コダカッド村の文化団体により、ポッタン・テイヤムのトーッタムを録音したCDとカセットテープが製作され販売された。トーッタムを歌ったパドマナーバン・パニッカールは、録音したトーッタムは、テイヤム儀礼の場で歌うものと全く同じではなく省略しているという。

このようなトーッタムやパフォーマンスのオーディオ化、ビジュアル化は、書き記すというテキスト化（書承）が文字だけであるのに比べ、音律や楽器などの儀礼音楽と舞踊や礼拝儀礼などのパフォーマンスを音と画像で保存し、より実際に近い形のものとして伝える機能をもつ。だがこれらのパフォーマンスは、自宅のビデオプレーヤーやテープレコーダーを通じて再生されるため、寺院という場を離れた脱コンテキスト化したものであり、実際のパフォーマンスとは同一ではない。

口承、書承、画承による、伝承の機能の相違をまとめると以下のようになる。

①一回限りの同時性の再生可能。テキストの有無に関しては、口承の場合には特定のテキストがあるわけでなく、トーッタムに関してはテイヤッカーランの家系内で独自のトーッタムが継承され、またテイヤムにまつわる話に関しては、地域の中でまた同カースト内といった限られたコミュニティ内で伝わる。それに対して書承では、書籍、記念文集、小冊子といった文字テキストにより保存されるため、外部の人および後の世代の人にも参照される。画承に関しては、祭りやスタジオにおいて、録音、録画といった一回限りのパフォーマンスがテキストとして記録され保存される。音声と画像により複合的な情報が伝達される。また記録されたものは、時と場所を超え再生され、鑑賞と研究の対象となる。

②解釈の自由度。知識の可変度は、口承の場合には、一定のテキストがないため伝達の段階で変わる可能性が高い。そのため、一つの神話や詩が複数の人を介することによりヴァリエーションを生む。一方、書承や画承においてはテキストが存在するため、そのテキストの伝達に関しては変化することはない。ただし、読み取る側の解釈によって相違が生じることはある。

③複製化と流通の大衆化。伝達の範囲に関しては、口承ではトーッタムはテイヤッカーランの家系内のみで伝わり、テイヤムにまつわる話は同地域内、ま

たはカースト内のみで伝わるため、限られたコミュニティ内での伝達といえる。それに対して、書承では再販、コピー、転用により、時代と地域を超えて、多くの人々の目にふれる機会がある。画承では、テレビや映画などで放映されない限りは、コストが高く売り上げが少ないため、書承ほど一般には普及しなかったが、近年ではインターネットを通じて急速に広がっている。

④脱コンテキスト化。コンテキストとの関係でいえば、口承は、トーッタムなど儀礼の場で歌われるものは、場所、時間ともにコンテキストに内在したものである。それに対し書承や画承では、書かれたあるいは録画された時とは別の時間空間で読まれ再生されるため、コンテキストから逸脱した知識、パフォーマンスといえる。

以上をまとめると、書承にしろ、画承にしろ、テキスト化されることによって、時間・空間を超えた伝達をなしえるが、その代わりに脱コンテキスト化するといえる。インド宗教学者のバッブは、南アジアにおける宗教文化が、テレビや映画などの近代メディアによって「標準化」される一方で、カセットなどは多様性を生み出しているという（Babb 1995: 5）。テイヤム文化においても、民俗学者や歴史家によって書かれたものにより、ステレオタイプのテイヤムが普及し、テイヤムのイメージが標準化されているといえる。だが一方では、各地域のテイヤム寺院の祭礼の模様が、ビデオやVCDとして保存され販売されるなど地域の多様化も進んでいる。

2．物語の生成

次に、テキスト化が物語の生成にどのような影響を与えているかを考える。トーッタムの内容は主に、①神への賛歌、②神の誕生から成長、活動、③各地への巡行からなる。②の神の活動は、話として記されて本になったり寺院で小冊子として売られたり、また大祭の際に発行される記念文集の中に掲載される。その場合、話は全てトーッタムで詠まれるものばかりではなく、トーッタムにない土地の話や、神や特定のカーストの起源説などがある。ワーニヤ・カーストの主神、ムッチローットゥ・バガヴァティ寺院の大祭で発行された記念文集を例に、テキスト化が人々の自己の所属するカースト認識にいかなる影響を及ぼしているのかをみていく。

ワーニヤ・カーストについて調べているパイヤヌール・カレッジの講師ジャヤチャンドラン・キーローットゥは、カリヴェルール・ムッチローットゥ大祭の記念文集『チェンボーラ』の中で、ワーニヤ・カースト起源説を以下のようにまとめている。

①ヴァイシャ説

ワーニヤの起源は、ヴァクヮ仙人が書いたとされている『ヴァイシャ・プラーナ』にされている。仙人は1000人の弟子に、感覚を統御し解脱を得るように助言する。弟子は指示に従いクンダリニーを上昇させ、精神的知と聖なる言葉によってアートマー（自己）に融合し賢人となる。ワーニヤは精神的知による恩恵として生まれた。

②ブラフマー創造説

ヴァクヮ仙人が3神（ヴィシュヌ、シヴァ、ブラフマー）を喜ばすため、供犠（*yāgam*）を行うことにした。供犠を成功させるため、ブラフマーは1000本のダルバ草を創り、水を注いで1000人の男を創った。供犠の終わりにブラフマーは1000人の女性を蓮の花から創り、彼らを結婚させた。その子孫がワーニヤである。

③北西部のバニヤン南下説

クリシュナ神の孫であるアニルッダンは、魔王バーナアシュラの娘のウシャと結婚し、インド西部のダーリカへ向かう途中、ウシャと共に踊り子や楽師、香水作り師であるバニヤン（Baniyan）も連行した。バニヤンは後に、サウラーシュトラ地方（現在のマハラーシュトラ、グジャラート、ラージャスタン）で商人として名を馳せる。彼らのうち何人かは、ゴーカルナ（カルナータカ州海岸部）に定住する。何年か後、コーラッティリ王、ウダヤヴァルマンがゴーカルナから、カルナータカ・ブラーマンをコーラットゥの国（ケーララ州北部）へ連れてきた時、一緒に来たバニヤンがワーニヤというカーストになった[1]。

④ビーマ[2]説

ビーマが油を抽出していたところ、油が出てこなかったので水浴をしている女性に助けを求めた。女性の髪から滴れた水が搾油機（*cakki*）に落ち油ができた。喜んだビーマは、その女性に油つくりを職とするよう命じた。その女性の子孫がワーニヤである。

⑤チェッティ子孫説

ディムマンという男が搾油しようとしたが油は出てこなかった。それをみていたブラーマンの少年の額から汗が搾油機にたれ落ち油が出始めた。ディムマンは喜び、少年に油のケーキを与えた。少年の友人がそのことをブラーマン家に報告したため、少年はブラーマンの女性と結婚できなかった。そこで少年はタミル・ナードゥ州のチェッティ（Ceṭṭi）・カースト（商人カースト）の女性と結婚し、その子孫がワーニヤとなった。

（Kiḷōtto 2003）

これらの説の中で、現在ワーニヤ・カーストの中で特に受け入れられているのは、バーラクリシュナン・ナーヤルのバニヤン南下説である。バーラクリシュナンは著名な民俗学者であり、彼の著作は祭礼記念文集や民俗学の本に頻繁に引用されている。2002年のチャンデーラ・ムッチローットゥ・バガヴァティ大祭であるワーニヤの祭礼委員は、グジャラートで商売していたバニヤン・カーストがケーララに舟で来て、ワーニヤと呼ばれるようになったのであり、ワーニヤは油を売る商人であるから、ヴァイシャ（商人階級）に属すると語っていた。2003年に行われたカリヴェルール・ムッチローットゥ・バガヴァティ大祭でも、祭礼委員のワーニヤは同様の説を受け入れており、ケーララのワーニヤ・カースト＝北西部の商人カースト、バニヤ＝ヴァイシャ（商人階級）といったワーニヤのアーリヤ起源が積極的に受け入れられている。さらに、ワーニヤは形質上も他のカーストに比べ色が白く、背が高いといわれており（実際、そのような特質はみられないが）、アーリヤ系であることを後押しする傾向がみられる。

ローガンは、ヴァニヤン（Vaniyan）という外来の貿易商人に分類されるカーストがいたことを記している（Logan 1995 [1951]: 114）。また、サーストンは、ワーニヤはタミルの油抽出人であり、彼らは自らがヴァイシャであると主張しており、カーストは4つの派に分かれ、その内の一つはカーマークシ女神を崇拝していると記述している（Thurston 1993 [1909]: 313）。

現在、ケーララ州北部におけるワーニヤの地位は、ティーヤよりは高くナーヤルよりは低くみられている。マニヤーニとほぼ同等の地位にみられており、両者とも結婚式や宗教儀礼ではナーヤルと同様の慣習をとり、自ら「ナーヤル」の称号を名乗るものもいる。ケーララの地に古くからいたナーヤルやティーヤに比べ、後から移住してきたワーニヤは支配カーストよりの慣習に従い、儀礼的に低くない地位を獲得してきたといえる。近年、ティーヤが経済的、社会的に上昇してきたため、ワーニヤとの地位的格差は縮小してきている。そのためアーリヤ起源でありヴァイシャであるとする説は、ワーニヤ・カーストの地位向上と再建に貢献するものであり、積極的に好まれて用いられることが理解できる。ペルンカリヤーッタムで出版される記念論集に掲載されている論文またはエッセイの多くは引用があいまいであるが、その論文が他の文集で引用されたり、また新聞の記事に掲載されたりする。このようにして、さらにワーニヤのアーリヤ起源説が広まり正当化されていくといえよう。

このようにケーララのカースト起源説は神話と深く結びついている。神話を通して、人々は自らのカーストの起源を認識する訳だが、数ある神話の中でも当人たちにとってより好ましいと思われる話が選択され、継承されていくのである。

第２節　錯綜する伝承

第１章第４節で述べたように、テイヤムには様々な神格があり各々に独自の神話や伝承が付随する。神として祀られる霊には大きく分けて３タイプあり、第一はある土地で生まれた者が死んだ後に神格化したもの、第二はサンスクリット神話であるプラーナに基づくもの、またはプラーナ神の化身であるとするもの、第三は第一のローカルな話と第二のプラーナが混合したものである。最も多いのが第三のタイプで、ローカルな土地で起きた出来事がプラーナに結びつけられている。ここでは第三のタイプの例として、ムッチローットゥ女神とヴィシュヌムールッティ神の伝承をみていく。

1．ムッチローットゥ女神

ローカル・ストーリーで典型的な話は、ある土地で生まれた男性または女性が、カーストまたはジェンダーのモラルに反すると周囲の者に判断され、死に追い込まれた後神格化するというものである。カーストのモラルに関するものではヴィシュヌムールッティ、ムッタッパン、ポッタンが、ジェンダー・モラルに関するものではムッチローットゥ・バガヴァティ、マッカムがある。ここでは、ムッチローットゥ・バガヴァティを例として、神格化した霊について考察する。

〈プラーナ型〉

プラーナ型の話はトーッタムの中で歌われている。以下は、バーラクリシュナン・ナーヤル著『ケーララの言葉の歌』に記されているムッチローット・バガヴァティ・トーッタムを要約したものである。

シヴァ神がカイラーサ山[3]を回りながら踊りながら12周した時、汗が銀の皿に流れ落ちた。シヴァ神は南にあるホーマの火に皿を投げ入れた。すると、ホーマの火の中から、ムッチローットゥ・バガヴァティが生まれた。シヴァはムッチローットゥに青い服を与えるが、ムッチローットゥは気に入らず、ブラーマンにペルンジャルール村に赤い服を探しに行かせる。ペルンジャルール村のラージャラージェーシュワラ神[4]のところへ行き尋ねるが、「私の娘に与える赤い服しかない」といって断られる。ムッチローットゥは自分で探し回るが倒れてしまう。占星術師に、悪霊にとり憑かれたかどうか占ってもらったところ、疲労であることがわかった。シヴァは彼女に赤い2枚の布を与えるが、ムッチローットゥはそれでは満足しなかったため、棍棒と刀、盾を与える。それでも満足しなかったため馬車を与えた。彼女はそれに乗りペリンジャルール村へ向かう。途中、ムッチローダン・パダナーヤル[5]（ワーニヤ）の家に立ち寄りそこの井戸に入る。パダナーヤルの妻が井戸を覗くと、ターメリックの粉の匂いがし、棍棒と刀、盾の音が聞こえた。そして二つの目と牙がみえた。彼女は驚き夫を呼びに行く。パダナーヤルは傘をもった従者に籠に乗せられて見に来るが何も見えない。戻ろうとして籠を動かそうとしたが動かなかった。パダナーヤルが、「もしバガヴァティがいらっしゃるのなら、籠におのりください」といったとたんに、籠は鳥のように軽くもち上がった。傘、パダナーヤル、籠のために、3つの椅子を祭壇室の中に安置した。

（Nāyar 1993 [1979]: 103-110）

〈ローカル・ストーリー型〉

ローカル・ストーリーは、儀礼の場で歌われるトーッタムでは言及されず口頭伝承されている。地元の人々にムッチローットゥ・バガヴァティの話について尋ねると、ほとんどの人が以下の話を語る。

ラヤラマンガラム・イッラム（ブラーマンの家）[6]の夫婦には子どもがいなかったので、夫婦がクラデーヴァのラヤラマンガラム女神に祈ったところ、女の子が生まれたのでデーヴァカンニカと名づけた。少女は学問に長けていたため友人たちに嫉妬された。当時の慣習に従い、12歳前に結婚することに決めた。婿候補として集まった大勢の男たちに、少女は「私の夫となる人は学識があり、私の質問に全て答えられなくてはならない」といったが、誰も少女の質問に答えられる者はいなかった。イッラムのブラーマンたちは、この少女が大きくなったら自分たちの存在を脅かすので、少女を陥れようと企んだ。二日目、ブラーマンは少女に「ラヴァラサ（9つの情緒）の中で一番重要なものは何か？　またこの世で一番の痛みは何か？」と質問した。少女はヴェーダから学んだ通り「一番のラサはシュランガーラ・ラサ（*ṣramgāra rasa*、性愛）であり、一番の痛みは出産の痛みだ」と答えた。ブラーマンは、それは経験による答えであって純潔でない少女はブラーマン社会に適さないとし、結婚を中断させ少女を追放することにした。父は悲しみ、少女にお供をつけさせ外に出した。少女はピリコードのエーチコランガラ・シヴァ寺院まで歩いていき、40日間のタパス（苦行）をした。

シヴァ神が現れ、「火の中に入る前に、人々がくれるものは全て受け取りなさい」と指示する。エーチコランガラ寺院に油を注ぎに来たワーニヤが通りかかった。彼は彼女に油を与え、彼女は火を焚き飛び込んだ。彼女を追放したイッラムの人々は病気に襲われた。シヴァ神の崇拝者であった彼女は後、シヴァ神の娘、ムッチローットゥ・バガヴァティとして生まれ変わりワーニヤ・カーストの守護神となる。

（Nārāyanaṉṉāyar 1996: 16-19）

テイヤムとして祀られる神霊は、潔白な人間が疑いにかけられて死んだ霊であるため、怨霊であり鎮魂すべき対象であるとされる。それがプラーナ神と結合すると神の化身となる。前章でとりあげた大カースト寺院の祭礼の場で、主催者側から公に語られるのは第二のプラーナ型の話であり、信者へ向けた放送ではシヴァの娘であるムッチローットゥがワーニヤ・カーストの守護神として祀られるようになったと語られた。だが、私的にはローカル・ストーリーが語られ、神の性格は公と私によって異なってくる。なお、ムッチローットゥ・バガヴァティ神話の分析および、神話の主題に関しては、第５節で詳しく論じる。

テイヤム信仰の原型となるものがそれ以前から存在したにせよ、ブラーマン文化の影響ははるか昔から受けているのである。テイヤム神話も一時に形成されたのではなく、徐々に祀られる神が増えていったと考えられる。ある英雄が死後、神格化されて祀られるようになったとき、人々はすでにプラーナ神話の知識をもっており、英雄がプラーナ神の化身となって捉えられるようになったのである。プラーナ神は普遍的英雄であるため、自らの地域のヒーローを普遍的に英雄化することによって絶対的存在とした。しかしここで、人々の間に地位に上昇意識があったとは必ずしもいえない。なぜなら、現代インド人でも地域の神とプラーナ神との間に優劣をつけているわけではないからである。

むしろ、地域の英雄神をプラーナ神の化身とみることは、人々の知識のブリコラージュによって生じた見解であるといえる。また、プラーナ神の化身としたところで、地域の英雄であることには変わらず、サンスクリット文化の完全なる模倣ではないのである。そのため、シュリニヴァスの提示するような「サンスクリット化」ではなく、人々の思考回路によって形成された、民俗文化とサンスクリット文化の自然的融合である。

２．ヴィシュヌムールッティ神

ほとんどのテイヤムは、土地に根ざした起源神話があると同時に、プラーナ神の一部（*amśam*）であるとされる。シヴァの一部であるテイヤムには、ポッタン、グリカン、ヴェーッタイッコルマガンなどがあげられる。ヴィシュヌの一部であるテイヤムには、ウールッパラッチがあげられる。

これらは皆、シヴァやヴィシュヌの一部ではあるが、シヴァまたはヴィシュヌそのものではないし化身でもない。だがヴィシュヌムールッティはヴィシュヌの化身、ナラシンハとして祀られる。ヴィシュヌムールッティは『ヴィシュヌ・プラーナ』に出てくるナラシンハでありヴィシュヌの信者であるプラハラーダ少年を守り、悪魔ヒランニャカシプを倒すためにヴィシュヌが獅子の姿になりこの世に顕現した。ヴィシュヌムールッティは別名パラデーヴァタ（普遍的な神）ともいわれ、タラワードゥやカースト寺院でよく祀られている神である。

ヴィシュヌムールッティのトーッタムに書かれている、プラーナ型神話の要約は以下の通りである。

> 悪魔ヒランニャーカシャとヒランニャカシプはカシャプの息子であった。ヒランニャーカシャがブラフマーから力を得て神々と戦いだしたので、ヴィシュヌは彼を退治した。ヒランニャカシプは兄弟を殺されて逆上しブラフマーに祈り、日中も夜も、部屋の中でも外でも、人間にも動物にも殺されない力を与えられる。ヒランニャカシプは神々を悩まし始めた。ヒランニャカシプの妻は妊娠中で、インドラ神に誘拐されたがナーラダ聖人に助けられ、ナーラダの保護を受けていた。ナーラダはお腹の子どもに、聖典ヴェーダやウパニシャッド、プラーナを教えた。彼女は息子プラハラーダを産んだ。ヒランニャカシプはプラハラーダを寺子屋で勉強させ、師にはヴィシュヌの別名ナーラーヤナを覚えさせず、ヒランニャカシプの名だけを唱えさせるように命じた。数年後、プラハラーダが家に戻ってきた。

ヒランニャカシプは、息子にグルから習ったことを披露するようにいった。プラハラーダはまずヴィシュヌの名を唱えた。ヒランニャカシプは怒り、ヴィシュヌの名を口にしないように命じたが、プラハラーダは止めなかった。ヒランニャカシプは兵士や毒蛇を使ってプラハラーダを攻撃するが、プラハラーダはヴィシュヌの名を唱えているため無傷であった。プラハラーダは、ヴィシュヌはどこにでも偏在するといったため、ヒランニャカシプは側にあった柱を刀でなぎ倒した。するとそこから、顔が獅子で人間の体をしたナラシンハが出てきた。ナラシンハはヒランニャカシプを戸口で膝の上にのせ、夕暮れ時に殺した。

(Viśňŭnambūtiri 1981b: 285-333)

ナラシンハとしてのヴィシュヌムールッティの話の他に、土地で実際に起こったとされる話がある。

ニレーシュワラムにクルヴァーダン・タラワードゥというクルップ・カーストの豊かなタラワードゥがあった。ある日パーランダーイ・カンナンというティーヤ・カーストの孤児の少年が家畜飼いとして雇われた。ある夕方、カンナンがマンゴーの木の上に登っていた時、年長のクルップの姪が通りかかり、マンゴの実が胸に落ちた。姪はカンナンが意図的に落としたと思い、クルップに告げ口した。クルップは怒りカンナンを屋敷から追い出し、二度と目の前に現れないよう命じた。カンナンはマンガロールへ行ってそこに住むが、6年後、再びクルヴァーダン・タラワードゥに戻り無実を話そうとした。カンナンが戻ってきたというニュースは、年長のクルップの耳に入った。カンナンがタラワードゥの池で沐浴していると、クルップと部下がやってきた。カンナンは真実を話そうとするが、彼らは聞く耳をもたずクルップはカンナンの首を切った。

この時、クルヴァーダン・タラワードゥでは、クルップの姪が精神的におかしくなった。彼女は家畜小屋が燃え、カンナンのような黒い少年が踊っている光景を眼にした。また部屋には黒い蛇がいるのがみえた。彼女は、カンナンが無実であり、自分の行動によって殺されたことを感じた。

タラワードゥには不幸が続いたので、占星術師を訪ねると「無実の少年がタラワードゥのメンバーによって殺されたので、鎮魂しないとタラワードゥは破壊される。」といわれた。また信心深いカンナンを殺したことに神が怒っていることがわかった。そこでタラワードゥの人々はカーヴを建て、カンナンとヴィシュヌムールッティを祀り毎年テイヤムを行った。
（Cantēra, 1978 [1968]: 103-104; Viśňǔnambūtiri 1981b: 282-284)

カンナンが祀られているのは、ヴィシュヌムールッティの発祥の地であるニレーシュワラム市にあるワイクンナータ寺院においてのみである。ワイクンナータ寺院の付近には、カンナンが育てられたタラワードゥが今も存在し、タラワードゥ成員が住んでいる。またカンナンがクルップに殺され池の跡地といわれる湿地や、カンナンが土葬された墓がある。クルヴァーダン・タラワードゥは滅んだが、その跡地はカーヴとして残っている。

カンナンを鎮魂するために祀られる神がナラシンハである理由は、クルップがヒランニャカシプに、カンナンがプラハラーダンになぞられるからである(Cantēra, C. M. S. 1978 [1968]: 104)。ローカルなカンナン・テイヤムは発祥の地にのみとどまり、プラーナ神話で有名なヴィシュヌムールッティだけが各地に広まりポピュラーな神となった。

このように、テイヤムの伝承は一様ではなく典型はあるものの、地域によってヴァリエーションがある。プラーナ神話、地域の歴史、祟り神への畏怖の念が、テイヤム信仰と儀礼による鎮魂という行為を生んだといえる。

第３節　ムッタッパン信仰の発展

1．ムッタッパン——トライブの神からナショナルな神へ

現代流布しているテイヤムの神話は、ヒンドゥー化されたものが多く、ムッタッパンもその例外ではない。ムッタッパンはシヴァの子どもまたはヴィシュヌの化身とされる。ムッタッパンは祠で周期的に祀られる他、祈願をかけた人

が各自の家で手軽に奉納できるため、年間を通して最も祀られることの多いテイヤムの一つである。カンヌール市の北東にある巡礼地パラッシニカダヴ寺院では、ムッタッパンを毎日奉納しており、マラバール中から参拝者が集まる。ムッタッパンの誕生の地であるとされるクンナットゥールパーディにおいては、年に１カ月間の祭礼があり、毎晩洞穴の前でムッタッパンが様々な形で祭られる。近年には、ムンバイやチェンナイに移住したマラヤーリ（ケーララに出自をもつ人）により、ムッタッパンの祠が建設されたり、家での祈願として奉納されたりするようになった。

現在、多元的な規模で祀られるムッタパンの発展の背後には、消された歴史や、土地をめぐる争い、カースト間の力関係の変化などがみられる。以下では、現在ムッタッパン祭祀に関わるトライブや寺院関係者らの伝承とトーッタムや出版物などのテキストを基に、ムッタッパン信仰の発展段階を時系列に再構成することを試みた。

２．トライブの神

現在ではティーヤ・カーストを中心に、全カーストの人に広く祀られているムッタッパン神であるが、発祥の地ではトライブ（部族）であるアディヤン

写真 47　クンナットゥールパーディ祠前のムッタッパン

(Aṭiyan) との密接な関わりがみられる。ムッタッパン信仰の発祥の地といわれるのは、西ガーツ山脈にありカンヌール県パイヤーウール村にあるクンナットゥールパーディ（山）である。山の上には、土で作られた洞穴があり、その中にある石が御神体として祀られている（写真 47)。

ここでは、ダヌ月（12～１月）２日からマカラム月（1～２月）２日の１カ月の間、毎晩ムッタッパンのヴェッラーッタムと、夜にはティルワッパナ（Tiruvappana）が奉納される（写真 48)。

ムッタッパンのヴェッラーッタムとは、小さいムディ（頭飾り）のムッタッパンで、通常、家や寺院で祈願のために奉納されるムッタッパンと同じである。ティルワッパナは、ムッタッパンの祖先であるといわれ、祠が成立してから３年後に踊られる。クンナットゥールパーディでは、ティルワッパンのことを通称ムッタッパンと呼ぶ。ムッタッパンの指示があるときには、早朝にムーランペッタ・バガヴァティ（Mūlamperra Bhagavati）女神が踊られる。この女神は、ムッタッパンが来る前からここにいた森の女神である。

ムッタッパンのアイヤン[7]・トーッタムは以下のようである。

ヴィシュヌ　グルナーダン（師）よ

写真 48　ティルワッパナ

大きな森はとても暑い　その中で
蜂蜜を見つけた（省略）
クンナットゥールの大きな森の中で
鹿の群れが戯れている（省略）
王のペリンゴータへ行った
狩の話は森に住む人々の間で広がって、人々は狩人を助けた（省略）
アイヤン王が来て豚を切り殺した（省略）
両脇の肉を切りわけて王にさしあげた（省略）
王は狩人たちと狩へ出かけ、豚、虎、鳥を射った（省略）
（Viśṅŭnambūtiri 1981b: 104-106、カッコ内は筆者による）

アイヤン・トーッタムから、ムッタパンはクンナットゥールパーディの狩人の長であり神となったといえる。バーラクリシュナン・ナーヤルによると、ムッタッパンは北コーッタヤムへ行き、クッティヨーットゥ王に搾取されていた貧しい人々を助けたという。またクールグやワヤナード地方でも、地主や王に反対し人々から神として祀られるようになった（Nāyar 1993 [1979]: 131-132）。バーラクリシュナンの記述が歴史的事実であることを証明する手立てはないが、クールグやワヤナードもトライブが現住する地であり、彼らによってもムッタッパンが祀られていることから、ムッタッパンは狩猟の神であったことには違いない。

プリヤダルシャンラールによると、アディヤンと王にまつわる以下のような逸話がある。

二人のアディヤンであるエローランとムーットーランが、畑を荒らしにくる動物を見張るための台を築いた。ある夜一匹の猪豚が稲を食べ始めた。その晩二人の夢に、魚の形をした頭飾りをつけたヴィシュヌ神が現れた。二人が目覚めると一匹の豚が稲を食べていた。二人は弓矢を放った。豚は矢のようにとんでいき、その豚を追った二人はコーッタヤットゥ（Kōṭṭayattu）王の王宮に着いた。王は毎朝見る豚を吉祥の印と考えていたため、豚の姿が見えないのを心配していた。家来から豚が射られて死んだと聞き悲しんでいた。そこに現れたアディヤンを王は殺すように命じた。アディヤンは、豚が稲を食べたために弓を放ったのであり、信じられないのなら豚のお腹を裂くように頼んだ。豚のお腹を切りひらくと、30セール[8]の米が出てきた。王は喜びアディヤンに褒美と豚を与えた。アディヤンは豚を弓に縛り付け、喜び叫びながらペーラウールのカッカートゥまで歩いていった。彼らの子孫は今もカッカートゥに住んでおり、その子孫は「5イッラム（家）の人」と呼ばれる。5イッラムの人々は、クンナットゥールパーディ山で彼らの神を祀り始めた。

(Priyadardarsṣanlāl 1988: 2-4)

この逸話は、アディヤンがクンナットゥールパーディにおける最初の住民で狩猟を生業としており、この地がコーッタヤムに支配されていたことを示す。アディヤンと王との関係を表す慣習は現在でも引き継がれており、王家の女性が出産する時は、アディヤンが山でとってきた泥の上で行う（ibid. 1988: 4）。

クンナットゥールパーディでの祭礼の役割からも、トライブが祭礼の中心的担い手であることがわかる。クンナットゥールパーディにおいては、ムッタッパンは、ティルワッパナとヴェッラーッタムという二つの形で奉納される。ティルワッパナを踊るテイヤッカーランは、アニューッターン（ヴェーラン・カーストの一派）であり、ヴェッラーッタム、バガヴァティはペルワンナーンである。ムッタパンとバガヴァティには神官であるコーマランが存在する。コーマランはアディヤン・トライブが担う。またアディヤンの代表者はチャンダンといわれ、儀礼の間ムッタッパンに武器を渡す。ムッタパンに対する供え物の準備はアディヤンの男性が行い、祠の掃除はアディヤンの女性が行うといったように、ムッタッパン祭祀におけるアディヤンの担う役割は大きい。むしろムッタッパンは、アディヤンの祀る神であるといえる。

アディヤンとは「最初にいた人」を意味し、この地にナーヤルやティーヤなどが移住してくる前からいた最初に定住した人々である。現在彼らはトライブに属し、カーストヒンドゥーから区別される。クンナットゥールパーディにおいては、トライブはアディヤンだけであり5つのイッラムがある。それらは①エローラン、②ムーットーラン、③カッラーイッコディ、④プッラーイッコディ、⑤ヌーッターッドゥッケーンであり、③からはムッタッパンのコーマランが④からはチャンダンとバガヴァティのコーマランが選出される。これらの称号は、ムッタッパンが「チャンダン、チャンダン、チャンダン」と名前を唱えることによって与えられる。バガヴァティのコーマランの話によると、クンナットゥールパーディの元々の権利者はチャンダンであった。ある時代からムッタッパンは、(A) クンヌッマイダトゥ・ヴァーナヴァル（ナーヤナール）と (B) クリッパッリカルヴァナ（ティーヤ）に祭礼を組織する権利を渡した。ある年の祭礼の間彼らはチャンダンを殺した。ムッタパンは怒り (A) と (B) のタラワードゥを滅ぼした。その後、ムッタパンは権利をカラッカットゥイダム・ナーヤナールに渡した。以降ナーヤナールはムッタパンを裏切るような行為はしていないので、現在でも彼が権利をもつという。コーマランの話から、クンナットゥールパーディで最初にムッタッパンを祀っていたのはアディヤンであり、後にナーヤナールが支配するようになったことがわかる。現在のナーヤナールの話によれば、ナーヤナールがこの地に来たのは600年ほど前のことであるという。ティーヤも後に移住してきたカースト集団である。ティーヤも後にムッタッパン祭祀に深く関与するが、ティーヤとアディヤンの関連性がいくつかあげられる。第一に、ティーヤはムッタッパンが踊る際に傘をもつ役割を担う。第二に、クンナットゥールパーディのムッタッパンのストーリーの中では、アディヤンもティーヤと同じように椰子酒を作っていた。第三に、アディヤンの家に他のカーストが入ることは禁じられているがティーヤのみは入ることができるなど、アディヤンとティーヤは比較的近い関係であるといえる。それは、後にムッタッパン祭祀がティーヤによって発展させられることと関係していると考えられる。

3．ムッタッパンのヒンドゥー化——ナーヤナールの支配

現在、クンナットゥールパーディを支配しているカラッカートゥイダム家に属するクンニラーマン・ナーヤナールによると、カラッカートゥイダム家は300年前から祭礼を監督する権利を得た。土地改革以前には、ナーヤナールは現在のタリッパランブ市の北東にあたるチュラリソリューバ王国を支配して

おり、350万エーカーの土地を持っていた。そして彼らは、森林の産物、胡椒や象牙を輸出し多大な利益を得ていた[9]。だが1969年の土地改革で土地の大半は政府に没収され、南部のトラヴァンコールから移住したクリスチャン、イーラワー、ナーヤルらに1エーカーあたり5ルピーで売られた。それでも、250エーカーの森はクンナットゥールパーディ神の土地として確保された。

ナーヤナールの支配が始まることによって、元から住んでいた部族、アディヤンの祖先神であったムッタッパン神の祭祀権もナーヤナールが握るようになる。こうしてムッタッパン神はアディヤンだけでなく、高位カーストによっても祀られるようになる。

ムッタッパンの神格と神話の形成にはブラーマンの影響が大きい。祭文トーッタムの一部であるカリッカッパーットゥには、ムッタッパンはブラーマンの女性に拾われて育てられたとある。その一部は、以下のように歌われる。

パーディックッティはティルワンカダヴという川岸に沐浴に行った
（省略）
膝まで川に浸かって神を洗った
首まで浸かった
頭まで潜って起きあがると　子どもの泣き声と足輪の音を聞いた
もう一度潜って起きあがると　石の上に男の赤ん坊をみた
赤ん坊を女の家　アイヤンガラ・モーローン（ブラーマンの家）につれて帰った
アイヤンガラ（夫）はパーディックッティに言った
どこでこんな輝かしい子どもを得たのか
ティルワンカダヴ川で水浴をしているときに得た男の子です
何のミルクをあげようか
象のミルクをあげたら顔が象のようになり　体が象のように大きくなる
馬のミルクをあげたら馬のように育つ
子どもはすくすくと育った
（Viśňǔnambūtiri 1981b: 108、カッコ内は筆者による）

ムッタッパンの生い立ちと活動の話をまとめると、以下のようになる。

アイヤンガラマナ（高貴な家）の女性、パーディクッティは、パイヤーウール川の支流の川岸、ティルワンカダヴに水浴に来た。頭まで水に浸かって出てくると、子どもの泣き声と足輪の音が聞こえた。パーディックッティは岩の近くに子どもの姿をみた。彼女は家に連れて行った。夫のアイヤンガラデーヴァンは、輝かしい子どもを喜んで受け入れた。子どもはマナ（家）で健やかに育った。ある日、子どもは弓矢をもって狩猟に出かけ、豚やリス、鳥を射って、家にもって帰り火で焼いた。アイヤンガラデーヴァンは（家法に反する）子どもの行為に耐えられず、子どもを家から追い出し、山へ行かせた。子ども（ムッタッパン）は、パームの木に登り椰子酒を飲んだ。木の所有者であるカッラーイコディ・チャンダンがそれをみて怒り、ムッタッパンを弓で射ようとした。その時ムッタパンは怒ってチャンダンを睨み、そのとたんチャンダンは石に変わった。夕方になっても戻ってこないチャンダンを心配した妻は、翌日木の近くを通った際、石に変わっているチャンダンを目にした。木の上を見るとそこにはムッタッパンが座っていた。妻は、「ムッタッパンよ、チャンダンを元の姿に戻してくれたら、お礼にヴェッラーッタム、ティルワッパナ、カラシャム（椰子酒）、パインクッティ（*painkutti*、供物を捧げる儀礼）を捧げます」といった。その言葉を聞いてムッタッパンは喜び、チャンダンを元の姿に戻した。

この話は、クンナットゥールパーディの事務所で販売されている『クンナットゥールパーディ　神自身の土地』（Nambudiripad 2001 [1997]）、『なぐさみのムッタッパン』（Paṇikkar 2003）にも書かれており、一般にムッタッパンのストーリーとして知れ渡っている。

この話の中で、ムッタッパンが育てられたアイヤンガラ家は、ブラーマンの家であったとされている（Nāyar 1993 [1979]: 131）。現在クンナットゥールパーディの南西にあるエルヴェーシという場所には、アイヤンガラ家の跡地といわれる場所があり住居跡がみられる（写真 49）。

彼らは、ヴィシュヌ神を信仰しており、ヴィシュヌ寺院も近くにあったとい

写真49　アイヤンガラ家跡地

写真50　ティルワンカダヴ川岸

われる。アイヤンガラ家は何百年も前に滅び、その土地を60年前に買い取ったトラヴァンコールから来たキリスト教徒は気が狂って死んだとされる[10]。近くにはパイヤーウール川の支流が流れていてティルワンカダヴと呼ばれる川岸があり、ムッタッパンが発見されたといわれる石が川中にある（写真50）。

またその近くにはパーディックッティ女神をまつる寺院があり、ブラーマンが司祭をつとめる。寺院の塀の外側にはムッタッパンの祠があり、4月にはヴェッラーッタムが奉納される。パーディックッティとは、パールヴァティクッティのことであり（ibid. 131）、パールヴァティ女神を指すという。ガブリエルによると、パーディクッティは大変信仰の深い女性であったため、パールヴァティ女神は喜んでクラッティ（手相占い師）の姿で彼女の前に現れ、森の中で輝かしい息子を得ると予言した（Gabriel 2010: 45）。ガブリエルは、ムッタッパン神話にはサンスクリット神や叙事詩との関わりが数多くみられるため、サンスクリット化を指摘している（ibid. 72-76）。実際には、ブラーマンの移住と共にヴィシュヌ信仰やパールヴァティ信仰ももち込まれたのであろう。トライブの神ムッタッパンは、やがてパールヴァティ女神の子どもとして解釈されるようになり、ブラーマンの儀礼とトライブの信仰が融合する。土着の神がヒンドゥー神に吸収されるパターンとしては、シュルマンがタミルの事例で指摘するように、シヴァ神が地方の女神と結婚するというものがあるが（Shulman 1980: 176）、その他、ヴィシュヌ神とシヴァ神の息子になったアイヤッパン神や、シヴァ神とパールヴァティ女神の息子となったムルガン神のように、ヒンドゥー神の子どもとして吸収される場合があり、ムッタッパンもその一例といえる。

前述のようにクンナットゥールパーディでは、ムッタッパンはティルワッパナとヴェッラーッタムという二つの姿で奉納される。ティルワッパナは魚の形をした頭飾りをつけ、アニューッターン・カーストによって踊られるが、ヴィシュヌ神の化身であるとされる。これは、アイヤンガラ家がヴィシュヌ派であったことに基づく。またヴェッラーッタムは、小型の頭飾りをつけワンナーン・カーストによって踊られるが、シヴァ神の化身であるとされる。

トーッタムによると、ムッタッパンはクンナットゥールパーディへ祀られたあと、他の地域へ旅に出てその先々で祀られるようになる。中でも重要なのが、クンナットゥールパーディの南東に位置するプラリマラ山（Puraḷimala）である（写真51）。

プラリマラ山には、コーッタヤム王（パラッシ王）が英国軍の侵略に対し、トライブたちによって奇襲をかけさせるために掘らせた洞穴がいくつもある。プラリマラ山にはマダップラ（*maṭappura*、ムッタッパンの祠）が308カ所あった

写真 51　プラリマラ山

といわれるがその多くは滅び、現存する中で重要だとされているものにプラリマラ・マダプッラ、チットラピータム、ハリスチャンドラコーッタ（パラッシ王の住居跡）などがある。チットラピータムでは、テイヤッカーランであるアニューッターンが頭飾りを受け取ったところであるとされるが（Paṇikkar 2003: 44）、チットラピータムとは王がテイヤッカーランに与える象徴的椅子であることから、パラッシ王がアニューッターンにテイヤムを行う権利を与えた印であるといえよう。

プラリマラ山の麓には、ナーッティカッルと呼ばれる大きな石があり、シヴァ神がそこで苦行したと伝えられる。そこにクンナットゥールパーディからティルワッパナが来ると、シヴァは苦行をやめて「ナーヤナールよ」とティルワッパナを呼び、このシヴァがヴェッラーッタムとなったという。またパーディックッティ女神が息子のティルワッパナが一人なのを心配した時に、パイヤーウール寺院のシヴァ神がティルワッパナと共にいるようになったともいわれる（Priyadardarsṣanlāl 1988: 41-2）。このように、クンナットゥールパーディで生まれたティルワッパナはヴィシュヌ神の化身とされるのに対し、プラリマラではシヴァ信仰と結びつき、ヴェッラーッタムがシヴァ神の化身として誕生した。これらから、ヴィシュヌ信仰とシヴァ信仰がトライブの住む山岳部に浸透し、トライブの崇拝する神を吸収していった過程が窺える。さらにティルワッパナの従者としてヴェッラーッタムが祀られていることから、ヴィシュヌ信仰とシヴァ信仰の融合が起きたと考えられる。

現存する308のマダプラの中には、ブラーマンの所有するアリッチル・マダップラ[11]、ティーヤの所有するプンダローットゥ・マダップラ[12]、ナンビヤールの所有するヌーニンガラ・マダップラがあり、王だけでなく各カーストによって祀られるようになったことを示す。このようにムッタッパンの神話と寺院の形成には、ブラーマンと王が大きく関与しているといえる。

次に、クンナットゥールパーディで、ダヌ月（12～1月）に行われるムッタッパンの祭礼の様子を記す。祭礼の初日には、パイヤーウール・シヴァ寺院のブラーマン祭司が来て、プンニャーハ（清め）、パシュダーナム（ブラーマンへの牛の贈呈）[13]、ガナパティホーマム、バガヴァティセーヴァを行う。これらの儀礼はアディヤンだけの時には存在しなかったが、ナーヤナールの支配下になってから、ブラーマン権力を導入して、ムッタッパンをヒンドゥー化することにより、クンナットゥールパーディのムッタッパンを権威づける目論見で始められたと考えられる。また初日のみムッタッパンは4段階になって現れる。初めはプディヤ・ムッタッパン（Putiya Muttappan）で、幼少期のムッタパンを表す。第二はプランカーラ・ムッタッパン（Puṟankāla Muttappan）で、青年期のムッタッパンを表し、顎鬚、口髭をつけている。第三はナードゥワーリッシャン・デーヴァン（Nāṭuvāliśśan Daivam）、最後はティルワッパナで、擬似の目をつけ森林を放浪するステージになる。このようにムッタッパンの4つの段階は、ヒンドゥーの四住期を模倣したものといえる。

祭礼の期間、ティルワッパナが踊られる時、ナーヤナール、チャンダンはそれぞれの臨時の小屋で座って見ている。ティルワッパナが最初に祝福を与えるのはナーヤナールである。次にチャンダン、そしてアニューッターン、ペルワンナーン、そして一般の人々に祝福を与える。ナーヤナールに最も敬意が払われ、彼が儀礼の最高権威者であることが示される。

ムッタッパンのヒンドゥー化の過程をみると、ナーヤナールはアディヤンが住むクンナットゥールパーディに移住し、森を含む辺り一帯の土地を支配した。そこへ移住してきたブラーマンによって、ヴィシュヌ信仰やシヴァ信仰、パールヴァティ信仰が導入され、ムッタッパンはヴィシュヌやシヴァの化身または子どもと解釈され融合されていく。さらにパラッシ王によりムッタッパン信仰はさらに東側にも広がっていった。このようにムッタッパンの神話と儀礼の形成には支配者とブラーマンの影響が大きく、彼らはアディヤンが祀る狩猟の神ムッタッパンをヒンドゥー化し、自らの神として祀ることにより信仰もコントロールするようになったといえる。

クンナットゥールパーディへの参拝者が増えたのは1960年代からである。ムッタッパンは酒を飲むため、参拝者は酒をムッタッパンに捧げた後、御下がりとして飲んだ。だがアルコール度の強い洋酒を飲んで乱酔し問題となったため、洋酒の供物は禁止となり、椰子酒のみとなった。2003年８月には祠の周りに壁を作り、ヒンドゥー寺院形式の造りとなった。儀礼の様式と共に建築もヒンドゥー形式となり、現在ますますテイヤムとヒンドゥー崇拝形式が均質化していっている。

４．巡礼地化とティーヤの台頭

ムッタッパンのトーッタムによると、ムッタッパンはクンナットゥールパーディからパラチニ・マダップラへ行ったとある。これが、現在、カンヌール県ワラパッタナム川の北東に位置するムッタッパンの大巡礼地であるパラッシニカダヴのマダップラ（寺院）であるとされる。パラッチニ（*paraccini*）とはパラッチーンガ（*paraccīnga*, Mimosa B. Lycopodium）のことであり、パラッシニカダヴの辺りにミモザが生息していたためパラチニカダヴといわれ、それがパラッシニカダヴに変化したのだ（Rāmanalikōṭū n.d. 8-9）。

パラッシニカダヴ・ムッタッパン寺院を所有しているのは、ティーヤ・カーストのクンヌメール家である。言い伝えによると、ティルワッパナがクンナットゥールパーディからワラパッタナム川に向けて弓矢を放ち、それが川の近くに落ちてから、大量に魚がつれるようになったのを不思議に思ったワンナーンが、土地の所有者であるクンヌメール家に報告し占星術師に占わせたところ、神が顕現したことがわかったためムッタッパンを祀るようになった（Priyadardarsṣanlāl 1988: 58-59; Paṇikkar 2003: 37-8）。

パラッシニカダヴ寺院では他と異なる点がある。一般のタラワードゥやカースト寺院でのテイヤム祭祀は年に一度といった周期で行われるのに対し、パラッシニカダヴではカンニ月（9～10月）30日の午後からトゥラーム月（10～11月）8日の間以外は毎早朝と夕方に、ヴェッラーッタムまたはヴェッラーッタムとティルワッパナの両方が奉納される。参拝者は遠方からやって来て寺院に宿泊することも可能である。

ヴルシチガム月（10～11月）16、17日の祭礼は以下の手順をもって執行される。①午前、ブラーマンによる清めの儀式、旗揚げ式、②ムッタッパンの霊を山から呼び下ろす儀礼、③ヴェッラーッタム、④コーマランによる踊り、⑤ムッタッパンの起源譚の朗唱、⑥カラシャムを置く儀礼、⑦17日朝、ティルワッパナ、⑧夕方、ムッタッパンの霊を山に返す儀礼。

ムッタッパン、ティルワッパナを踊ることのできるテイヤッカーランは、クンダティル・タラワードゥのペルワンナーンのみであり、彼らはパラッシニカダヴでしか踊らない。現在ペルワンナーンは20人、太鼓を叩くマラヤンは9人いる。

マカラム月（1～2月）21日には、7種のテイヤムが奉納され、それらはチュワンナマ（Cuvannamma）、ワリヤタンブラーティ（Valiyatamburāṭṭi）、クディヴィーラン（Kuṭivīran）、ダルマデーヴァン（Darmmadēvan、死んだマダヤンのテイヤム）、ヴィシュヌムールッティ、ワヤナートゥ・クラヴァン（Vayanāṭṭu Kuravan）、チャームンディである。

クンナットゥールパーディで発祥したムッタッパン信仰は、パラッシニカダヴに住んでいたクンヌメール・タラワードゥ家によって祀られるようになった。当初は、現在のような立派な寺院はなく、草で作られた祠であった。だがしばらくして同タラワードゥ内で問題がおき、マンダップラ・タラワードゥによって管理されるようになる。

パラッシニカダヴ寺院は1946年にヒンドゥー寺院管理局（Hindu Religious and Charitable Endowments: HRCE）の管轄下に入るが、実際の寺院管財委員会はタラワードゥの長老男性5人によって組織されている[14]。彼らはマダヤン（*maṭayan*）と呼ばれ、最年長のマダヤンが最高権利をもつ。

パラッシニカダヴとクンナットゥールパーディは王権時代から関係が深かっ

た。それは、元々パラッシニカダヴ周辺の村はチュラリ王国に属し、ナーヤナールの支配下にあったからである。以前は、クンナットゥールパーディの祭礼が終わる２日前から、パラッシニカダウからクンナットゥールパーディまで、川魚、椰子酒、ムッタッパンの頭につける金の花やマダヤンがつける金の絹を持って人々は行進していった。またアディヤンやコーマランらに着物を献上するといった、従属関係を示す儀礼が行われていた。

約80年前、カラッカットイダム家のダイラッパン・ナーヤナールが、パラッシニカダヴ・マダップラのある土地の所有権を主張し、マドラス高等裁判所に訴訟を起こした。当時のマダヤンであるワリヤラームンニ・マダヤンは寺院で勤めがあったため、マネージャーのクンニラーマンが法廷に出向いた。1935年の判決の結果ナーヤナールが敗訴し、パラッシニカダヴの所有権はティーヤのタラワードゥにあることが認められた。

1944年には、イギリス政府がパラッシニカダヴの所有権を主張して裁判を起こした。その結果、イギリス政府側が敗訴しタラワードゥの所有権が守られた。このように２度にわたってパラッシニカダヴの所有権をめぐって法廷で争われるが、いずれもティーヤのタラワードゥの権利が認められた。

第二次大戦中、インドは経済的に悪化し飢饉に見舞われ、マドラス政府は、米、砂糖を国民に配給した。パラッシニカダヴは米を30袋配給されたが、それでは巡礼者にふるまうのに十分ではなかった。米の代わりに緑豆と砂糖を御下がりとして参拝者に配った。当時の共産党主義者のリーダーであったA. K. ゴーパーランは、マドラスで断食の行進を行った。パラッシニカダヴを所有するメンバーは、貧しい人々の味方であるという共産主義に感化されコミュニストとなった。貧しい人のために、ティルワッパナの奉納価格を13.25ルピーに設定した。当時金１パワンが13.25ルピーであった。この価格は現在でも変わらない。また共産主義が弾圧された時代、共産主義のリーダーであるEMSナンブードリパッドやA. K. ゴーパーラン、クリシュナ・ピッライらは、パラッシニカダヴを隠れ家とした。

第二次大戦後、草の祠の代わりに石の祠が築かれた。さらに管理人のクンニラーマンは本堂の屋根を銅板にした。また彼は、ケーララ中部、南部で発達した舞踊劇、カタカリの劇団を結成し寺院の脇で公演させた。独立運動中には、ナショナリズムを高揚させるような劇も公演した。カタカリの公演は、現在でもブリシチガム月（11～12月）20日と21日と、ヴィシュ（メーダム月〔4～5月〕の第一日目）に行われている。

このように、パラッシニカダヴは戦中から、コミュニスト運動の温床となり、またナショナリズム運動を文化的に促進した。現在でも寺院の委員は共産党主義者であることは、ケーララにおける寺院がコミュニストと密接な関係にあることを示している。高位カーストによって追放されて神格化したムッタッパンは、土地所有階級を批判してきた共産党支持者たち、またその中で多数を占めるティーヤ・カーストのイデオロギーに適合した神格であったのが、両者を結びつけた要素として考えられる。

パラッシニカダヴ・ムッタッパンの名は各地に広がった。1975年には祠の周囲をコンクリートの壁で囲い、タイルの屋根をつけた。また、巡礼者が滞在するための宿坊を作った。寺院は、ワラパッタナム川沿いにあるため、巡礼者は川で沐浴したのち参拝する。現在パラッシニカダヴでは、参道にムッタッパンの人形や絵、賛歌のカセットテープを売る土産物屋が並び、連日参拝者でにぎわっている。特に休日は、ムッタッパン、ティルワッパナを観に大勢の人が集まる（写真52）。

パラッシニカダヴ寺院の巡礼地としての成功は、都市からの交通の便の良さ

写真52　パラッシニカダヴ寺院

と、連日のテイヤム奉納儀礼、そして巡礼宿が完備されていることにあるといえる。クンナットゥールパーディのパーディクッティ女神寺院の委員は、パラッシニカダヴ寺院は観光寺院であり、本当のムッタッパンは山（クンナットゥールパーディ）にいるのであって川辺ではないと批判した。プラリマラ山のムッタッパン寺院では、2003年から連日ムッタッパンのヴェッラーッタムを奉納するようになった。パラッシニカダヴ寺院の成功は他の寺院の羨望の的でもあるといえる。

また、低位カーストのティーヤ・カーストの所有する寺院が発展していった背景には、1969年の土地改革後のカーストの力関係の変化がある。それまで大土地所有者であったブラーマンやナーヤルなどの高位カーストの土地が、小作人であったティーヤなどの低位カーストの手に渡った。それによってテイヤム儀礼の祭主も、ナーヤル中心であったのがティーヤも担うようになった（Holloman & Ashley 1983: 97-99）。クンナットゥールパーディのムッタッパンはアディヤン・トライブの神であったが、平地ではティーヤの守護神として祀られるようになった。ムッタッパンを最初に祀ったチャンダンは、ティーヤであったという解釈もある。カリカット大学フォークロアセンターのラーガヴァン・パイヤナード教授は、チャンダンはティーヤであると解釈する。その理由として、アディヤンは椰子酒を作る慣習がないこと、チャンダンはティーヤ・カーストによくある名前であることをあげる[15]。だが、アディヤンはパーナの木から酒を作る習慣があり、チャンダンが盗んだのはパーナの木の酒である。また、クンナットゥールパーディの洞窟の中の祠には、パーナの木が貫通していることから、ムッタパンを最初に祀ったのはアディヤンであるといえよう。ただ、ムッタッパン信仰が平地に伝わった時に、平地にはアディヤンは住んでおらず、代わりに大多数カーストであったティーヤが祀るようになった。平地の村々には多くのムッタッパン寺院があり、祈願成就のお礼として奉納されているが、祭主はティーヤ・カーストである場合が多い。

5．民衆の神から脱地域的な神へ

ムッタッパンは、年間を通して最も多く奉納されるテイヤムの一つである。

その理由は、他のテイヤムは、決められた寺院で決められた日にのみ奉納されるが、ムッタッパンは、個人の祈願によって祠がなくても家の前で奉納することができるからである。また通常のテイヤムは、タラワードゥの移住に伴い移動したり、参拝に来た人についてきて、新たに祀られる他は、新たに寺院が建設されることは少ない。それに対しムッタッパンは、個人や地域の人々の意志で祠を新たにつくることができる。祠が建ってから1年目はアンディッタラ（Antittara）とヴェッラーッタムを、3年目からヴェッラーッタムとティルワッパナを行う。ティルワッパナを奉納したら、その祠はマダップラと呼ばれる。それまではポディッカラム（*poṭṭikkḷam*）と呼ばれる。アンディッタラはブラフマー神で、ヴェッラーッタムはシヴァ神、ティルワッパナはヴィシュヌ神を表すと人々に解釈されている。

カリヴェルール村付近でムッタッパンを奉納する場合、最も多く依頼されるテイヤッカーラン、タンバン・ペルワンナーンの場合をみてみよう。カリヴェルール村で彼が毎年ムッタッパンを奉納する祠は10箇所であり、祭主カーストはティーヤが7つと圧倒的に多い。

ディネーシャンは、ムッタッパンはカーストやタラワードゥに縛られずに祀られているというが（Dinesan 2016）、ティーヤが祭主となる場合が多く、ティーヤとの関係が深いといえる。カリヴェルール村以外でタンバン・ペルワンナーンが定期的にムッタッパンを奉納する祠は26箇所あるため、彼が奉納する祠は合わせて36箇所ある。だが、定期的な儀礼よりも多いのが個人の祈願による儀礼で、それらを合わせると年間150近くに及ぶ。特に1990年代以降、ムッタッパン儀礼が増加の傾向にあるという。以前は雨期にあたる7月から9月はムッタッパンを奉納する人はいなかったが、最近ではこの時期にも奉納する人がい

祭主カースト	祠の数
ティーヤ	7
マニヤーニ	1
チェッティ	1
ブラーマン	1

表26　祭主カースト別祠の数

る。

ムッタッパンが個人に人気のある理由として、費用の安さがあげられる。費用は地域によって異なるが、カリヴェルール村付近だと600から700ルピー[16]である。同じ祈願奉納テイヤムであるカトゥヴァヌール・ヴィーランの費用が1万6000ルピー以上かかるのに対し、ムッタッパンは少額で済むため、誰でも手軽に奉納できる。

タンバン・ペルワンナーンは、元々カンヌール県南部のパラヤンガーディ出身であり、祭祀権はパラヤンガーディ村にある。そのため、マナッカーダン・タラワードゥが権利をもつカリヴェルール村付近の寺院では権利をもたない。だが、マナッカーダンはムッタッパンを踊ってはならないという決まりがあるため、ペルワンナーンがその役割を担うようになった。タンバン・ペルワンナーンは、かつて「踊る宝石」と賞されたカンナン・ペルワンナーンの甥であり、技量に優れ、ムッタッパンとカティヴァヌールヴィーランの多くを担うようになった。2003年には家を新築し、経済的にも成功したテイヤッカーランの一人といえる。

ムッタッパンの祠は、鉄道沿いにも多くみられる。それらは通常、鉄道ムッタッパン（Railway Muttappan）といわれる。イギリス植民地時代、鉄道が敷かれ、鉄道工事に携わった人たちが、安全を祈願して建てたといわれている。

最近では、ムッタッパンはケーララの外でも祀られるようになった。ムンバイやチェンナイにもムッタッパン寺院が建立され、マラヤーリたちによって定期的に奉納されるようになった。また2008年以降は、ドゥバイやマレーシアなど国外にも、ムッタッパン寺院が建立されている（竹村 2015: 229）。

州外で奉納される場合、ケーララ北部からワンナーンが呼ばれる。タンバン・ペルワンナーンをチェンナイの自宅に呼んで、ムッタッパンを奉納した祭主はムッタパンの熱心な信者であり、パラッシニカダヴに毎年参拝に行っていた。ある日彼の親戚が新築の際、タンバン・ペルワンナーンを呼んでムッタッパンを奉納したのをみて、タンバン・ペルワンナーンにチェンナイの彼の家で踊るよう頼んだ。チェンナイでは、多くのタミル人はムッタッパンに、100ルピー札を手渡したという。ケーララでテイヤムにあげるのは1990年代であると5ルピー以下のコインであり、多くても10ルピー札である。タンバン・ペルワンナーンは、またチェンナイに行く機会をもっているという。

ムッタッパンは、コストが低いという祭主側からのメリットもあるが、テイヤッカーランの側にしてみても、小さな頭飾りと衣装で行えるため、遠方へ行くにも移動の妨げとならない。ケーララ北部以外の土地でも気軽に行うことができるのが、ムッタッパンがケーララを越えて広まった理由といえよう。

以上、ムッタパン信仰の諸相をみていくと、山の上のトライブによって祀られていた神が、ナーヤナールに支配されるようになり、土地所有やカースト関係の分離が生じ、それが平地に来ると低位カーストであるが大多数を占めるティーヤの神として祀られるようになった。そして、現在では大衆に広く信仰されつつあり、さらにはケーララ北部という地域を超え、都市、外国までにも広がっている。祭文、トーッタムの中に出てくる地名の中には、不明のものも多いが、そのうちいくつかは今も存在する地名であり、ムッタッパン縁の場として新たに復興される兆しがある。このように、ムッタッパン祭祀のあり方は時代と共に変わっていき、祭主の層や地域が広がっているといえる。これは、テイヤム神話や儀礼が固定的でなく、流動的なものであり、時代の力関係の中で変わっていっていることを示す。

第4節　社会批判の神——ポッタン・テイヤム

ポッタン（*poṭṭan*）とは、盲人、聾者を指し、おろか者の意味も含む。ポッタン・テイヤムは、パーラの樹皮でできた仮面をかぶり、燻された灰の上に横たわり高笑いをする。奇怪な行為をするゆえに、その名がつけられたと考えられる（写真53）。

ポッタン・テイヤムは、民衆のテイヤム（*janakīya teyyam*）であるといわれる。その理由は、不可触民であるプラヤの青年が、ブラーマンであるシャンカラーチャーリヤに平等を諭したという話にある。マラヤンのトーッタムに歌われるこの話は一般に流布しており、共産党シンパらに好んで引用されるが、ここでは語られないもう一つの話がある。

写真 53　ポッタン・テイヤム

1．殺された不可触民の話

ポッタン・テイヤムはプラヤとマラヤン・カーストによって踊られる。プラヤは、最下層の地位に位置するカーストであり、現在でもハリジャン（不可触民）と呼ばれる。彼らは他のカーストと交わることが少なく、テイヤムも自身らで担い祀っている。プラヤのトーッタムの初めの賛歌には、プラヤによってポッタンが祀られる8つの祠（*kōṭṭam*）やプラヤの10家族（*illam*）が記されており、プラヤとポッタンとの縁の強さが窺える。以下はプラヤによるトーッタムの賛歌の一部である。

毎日ここにいらしてください
コーンナッタリーッカラから
カイヤートゥ・コーッタム　ムイヤート・コーッタム　カーヴンバーイ・コーッタム　パッターニ・コーッタム　パランギ・コーッタム　ムランガーットゥ・コーッタム　マナッタナ・カーヴ　ニーリヤール・コーッタムから
他の沢山の場所から

写真 54　カイヤートゥ・コーッタム

10 家族のプラヤから花を受け取り
プリンゴーットゥ・マーダムに来てください
ケーララの地に来てください
供物を受け取ってください
あなたのテイヤムを奉納しましょう
（省略）
（Viśňǔnambūtiri 1996: 66-7）

コーンナッタリーッカラが何を指すかは不明であるが、8 つのコーッタムとは、プラヤがポッタンを祀っている祠のある場所を指す。そのうち現在テイヤム儀礼を行っているのは、カンヌール県タリパランバ市近くのカイヤートゥ・コーッタムとスリーカンダプラム市近郊のカーヴァンバーイコーッタムだけであり、そのうちポッタン・テイヤムを奉納しているのはカイヤートゥ・コーッタムのみである（写真 54）。

10 イッラムとは、プラヤの中にある 10 家族を指し、タッチャン、タッラリヤン、ポイラン、ポンガーダン、キニヤン、マニヤン、アーランバン、クランバン、ムーラバン、プッタリヤンである。だが実際これらの家族の所在はわからない。

プリンゴートゥ・マーダムとは、カリヴェルール村の東側にあるプリンゴーム村にあるマーダム（低位カーストの家）を指すが、現在は土が盛られて、住んでいる者はおらず、土地はキリスト教徒に所有されている。ポッタン・テイヤムの発祥の地は、このプリンゴーム村にあるという説がある。チャーリヨーダン[17]によると以下のような逸話がある。この村にあるシャンカラナーラーヤナ[18]寺院の西側と南東側にはプラヤの居住地があり、彼らは寺院の掃除などをしていた。アランガーランという名のプラヤの少年が、寺院の中でブラーマンらが話していた4つのヴェーダ聖典や6つのシャーストラ教典などを耳学問で学んだ。ある日、シャンカラーチャーリヤが最高知の境地に至ろうとしていた時、アランガーランとの間に議論が生じた。議論の中でアランガーランは、全ての人間は神の一部であり相違ないことを説いた。シャンカラーチャーリヤは、アランガーランがプラヤの格好をしたシヴァ神であることを悟り、師として崇め祝福を得た。しかしそのことをよく思わなかったブラーマンらは、アランガーランとその家族の家を全て焼き払ってしまった。そのため、プリンゴーム村のポッタン・テイヤム儀礼では、他のポッタン儀礼の場でみられる、ポッタンが火の上に寝る儀礼（*mēlēri*）がないという。燃える火の中から、アランガーランはポッタン神となり、祀られるようになった（Cāliyōṭan 2003: 51-5）。

現在、シャンカラナーラーヤナン寺院の付近にプラヤの居住区はないが、プラヤはブラーマンにとって奴隷であり、プラヤがブラーマンの怒りにふれて殺されたという逸話が元になった神話である。プラヤの歌うポッタン・テイヤムのトーッタムの最後には、以下のように書かれている。

そちらからいらっしゃい　子どもよ
ペリヤッーッテ・ブラーマンのキュウリを持ち主に気づかずにもぎ取った子よ
私の子どもを　どうか殺さないでください　ポッタンよ
私はあなたに飲み物と供物を捧げます
魚とカレー　そしてココナッツの殻に入れた椰子酒も
ポッタン　あなたに捧げます

子どもよ　手に鳥をもっている時
ジャックフルーツをとりに木に登ってはいけません
ジャックフルーツと棒と共に子どもは落ちた
私の子どもを　どうか殺さないでください　ポッタン
私はあなたに花と飲みものを捧げます
それでもあなたが満足されないのなら
ペリヤーッテ・ブラーマンの土地へ行って
あなたのためにメーレーリ[19]をつくりましょう
私の子どもを殺さないでください　ポッタンよ
（Viśńŭnambūtiri 1996: 72-3）

これは、ブラーマンの畑の野菜や果物を盗み取ったプラヤの少年が、ブラーマンに罰せられ殺されないようにと、ポッタンに祈る内容の歌詞である。ここには、ブラーマンとプラヤの論争については触れられておらず、またシャンカラーチャーリヤの名前も出てこない。ペリヤーッテ・ブラーマンがどこのブラーマンだかは不明である。カースト制度が厳しかった時代は、地主が奴隷を殺しても罪に問われなかった。ブラーマンが畑の作物を盗んだプラヤを殺しても問題にならなかったのである。ポッタン儀礼の発祥は、殺されたプラヤに対する鎮魂儀礼であったといえる。

2．シャンカラーチャーリヤの話

次に、マラヤンによって歌われるトーッタムをみていく。その中で語られる話は、最高知の境地に至ろうとしているが、まだカースト差別意識をもつシャンカラーチャーリヤに、プラヤに化けたシヴァ神が不二一元論[20]を説くというもので、ポッタンの話として一般的に広まっているものである。ヴィシュヌナンブーディリの集めたポッタン・テイヤムのトーッタム集『ポーッタナータム』に記載されているマラヤンの歌うトーッタムの一部の要約は、以下の通りである。

シャンカラーチャーリヤは、高慢な態度のまま、サルヴァヴァニャ・ピータム（最高の境地）の段階に入ろうとしていた。彼はまた偉大な学者を装っていた。シヴァ神は、彼の高慢な態度を改めさせるために、プラヤの格好をして、シャンカラーチャーリヤの通り道を待ち伏せしていた。妻のパールバティ女神も汚い格好をし、御供のナンディケーシャンは子どもの格好をし、シヴァと共にいた。プラヤは片手に壺を、もう一方の手には子どもを抱き、歌い踊り笑いながら椰子酒を飲んでいた。シャンカラーチャーリヤが向かい側からやってきて、彼らを罵り始めた。「不可触民（チャンダーラ）よ、道をあけよ。高位カーストが来たらどうすべきか知っているだろう？　お前らは清潔の大切さをしらない汚い奴らだ。お前らは神への信心がない奴らだ。道をどかないとはいかなるものか」。それに対しプラヤが返答した。「なぜ道をあけなければならないのか。あなたは、どちらが清くどちらが汚い、どちらが正しくどちらが間違っているなどという。しかし、５つの組織、６つのチャクラ[21]、９つの穴、５つの感覚、３つの感情、３つの病因、３つの体、３つの質、５つの空気と８つのラーガから成る二つの肉体に、いかなる相違があるというのか。人の体を切れば血が流れるのは、ブラーマンもプラヤも同じだ。この基本的事実を知っているならば、道をあけよなどといわないはずだ」。これを聞いたシャンカラーチャーリヤは、このプラヤがシヴァ神であることを悟った。そしてシヴァの足にひれ伏した。シャンカラーチャーリヤはシヴァから祝福を得て、旅を再開した。

（Viśňunambūtiri 1996: 51-54）

同様の話が、シャンカラーチャーリヤの自伝『シャンカラーチャーリヤの世界征服（*Sankara-Dig-Vijaya*）』に出ている[22]。その概略は以下の通りである。

シャンカラがワーナーラシーにおいて、昼の儀礼を行うために、弟子たちとガンジス河へ向かって歩いている時、不可触民である狩人が、４匹の犬を連れて近づいてくるのに出会った。シャンカラがそのチャンダーラに立ち去るようにいうと、そのチャンダーラはシャンカラに尋ねた。「ヴェーダ聖典は、不二のブラーマンが唯一の実在であり、普遍で汚されることがないと教えていると、あなたは説いています。もしもそうであれば、どうしてそのような差別観をもつのですか」。シャンカラはその質問に驚き、「あなたのいわれたことはすべて真実です。あなたは最も高貴なお方の一人です。あなたの知恵の言葉を聞いて、わたしはあなたが不可触民であるという考えを捨てました」と答えた。いい終わるとすぐにチャンダーラは消えて、4つのヴェーダ聖典を手にしたシヴァ神が現れた。シャンカラはいった。「私は、自身の肉体を意識するとき、汝の僕です。アートマ（自我）の意識が確立されたとき、私は汝と一体であることがわかります。最高の真実に敬礼します。」

（Vidyaranya 1978: 59-61）。

シュリーカーントゥによると、この話を引用して、カーニャンガート市ヴェッリコートに住んでいたクールッマルエルンタッチャン（Kūrmmalelutacchan）[23]という学者が、ポッタンのトーッタムを書いたという（Srīkāntŭ 1993: 7-8）。ポッタンのトーッタムには、ヴェーダーンタの知識がふんだんに歌いこまれているため、これらに精通したものによって書かれたといえる。ただ、一人の人が書いたものではなく、時代によって書き加えられ、書き換えられていったものと思われる。

ポッタンのトーッタムに描かれているようなブラーマンとアンタッチャブルの間の確執は北インドでも南インドでもあり、カーシーを舞台に書かれた詩がケーララの人の共感を呼び、トーッタムとして読み込まれたのであろう。

現在ポッタンの話といえば、シャンカラーチャーリヤとプラヤの問答を指す。トーッタムの中の、「人の体を切れば血が流れるのは、ブラーマンもプラヤも同じだ。この基本的事実を知っているならば、道をあけよなどといわないはずだ」という部分は、カースト差別に反対する思想を示し、共産党政治家や支持者が、最もよく好んで使うフレーズである。ある共産党支持者は、ポッタン・テイヤムは社会主義のテイヤムであるといい、ある共産党員は、プラヤは農業労働者でポッタンはフリーダムファイターであるという。彼らにとって、ポッタン・テイヤムは資本主義に対する抵抗のシンボルであるといえる。

また、ポッタン・テイヤムはより哲学的に解釈される傾向もある。マラヤンのテイヤッカーランでも哲学に精通しているものは、6川は6つのチャクラを指し、6川を渡るというのは解脱を意味すると解釈している。このように、哲学派にとっては、ポッタンのトーッタムはインド哲学の知の歌であり、テイヤムはその知を体現しているといえる。

一方で、ポッタンの起源譚と思われるプラヤのトーッタムに出てくるプラヤ少年が殺される話は、語り継がれなくなった。知る人ぞ知る話となり、カイヤートゥ・コーッタムのプラヤのテイヤッカーランは、殺されたのはプラヤ少年ではなく水牛であると話していた。プラヤにとっても、ブラーマンに無抵抗に殺されたという話は好ましくなく、より哲学的な話が好まれている。

このように、その時代を生きる人々にとって好ましい話が残り、本質化され歴史となり、好ましくない話は消されていく。フォークソングは、世相を反映しており、固定的ではなく、たえず変わっていくものであるといえる。

第５節　テイヤム神話におけるサンスクリット文化と民俗文化の接合

テイヤム神話を中心に構造分析をしたものに、インドの説話研究者であるハンドゥーの論文がある（Handoo 1979）。レヴィ＝ストロースの神話分析の影響を受けているハンドゥーは、テイヤム神話の主題は、カースト間のアイデンティティの衝突または矛盾であると主張する。例としてプディヤ・バガヴァティの話をあげ、その中でブラーマンと漁師カーストの対立がみられることを指摘する。また、神話には「父系」対「母系」の対立もみられ、母系である低位カーストはブラーマンなどの父系システムに脅かされているとする。ムッタッパンの話の別のバージョンでは、父系である王が母系のティーヤを殺すため、そこには二つの親族システムの衝突がみられるとする。しかし実際は、ケーララの王族は母系であり、ケーララ北部の大半のカーストは母系である。このように彼には民俗知識の誤解があるため、「父系」対「母系」の構造があるとはいい難い。だがカースト間の対立がテーマとなっていることは明らかである。

インドの歴史学者メノンは、テイヤム神話の内容は、カーストの規制または道徳の規範を犯した高位または低位カーストが不当に罰せられ、神格化するというものであり、テイヤムは「モラル・コミュニュティ」を創造すると指摘している（Menon 1993: 189-90）。メノンが指摘しているように、テイヤム神話の典型としてカーストまたはジェンダー規制の違反による死罰と神格化といったモチーフが見られるのは確かである。だが、これがカーストやジェンダーの規範を犯すことが誤りであるとするモラルなのか、それとも死罰が不当であるとする、厳しいカースト規範を批判するというモラルなのかは定かではない。これは後に論じるように、神話の読まれ方、利用の段階で変わってくるものであると考えられる。

アメリカの民俗学者ブラックバーンは、テイヤムを含むインドの複数地域でみられる説話には、化身のメカニズムがみられることを指摘している。図19の左半円で、人間が暴力的な死によって祖霊化または神格化し、カイラーサの神々（古典的ヒンドゥーの神々）となる。右半円では、それらの神々が化身となって、地上に人間の姿をして再生する。つまり、輪廻転生を通して、フォーク・カルトと、古典的ヒンドゥーイズムは補完関係にあるというのである（Blackburn 1985: 266, 267）。

ブラックバーンのモデルを、第1章第4節で述べたムッチローットゥ・バガヴァティ神話の主題を分析することによって検証してみよう。ムッチロー

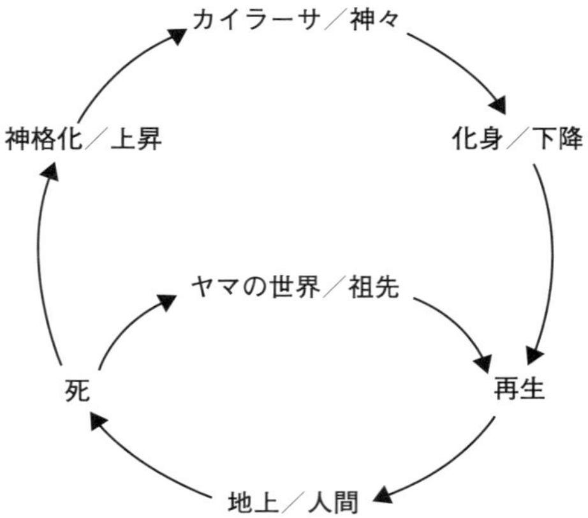

図19　ブラックバーンによる化身のメカニズム

トゥ・バガヴァティ神話をモチーフによってまとめると、以下のようになる。

〔プラーナ型〕

①カイラースにいるシヴァ神の汗がホーマの火に落ちて、ムッチローットゥ女神が生まれる。[誕生]

②赤い服を欲しがるが願いがかなわず怒る。[不適切な性格]

③シヴァの元を去り、地上のライラマンガラム女神のいるペリンジャルール村へ向かう。[追放]

④途中でワーニヤ・カーストの家の井戸に入り、そこで女神として祀られる。[低位カーストの守護神]

〔ローカル・ストーリー型〕

①子どものいないブラーマン夫婦がライラマンガラム女神に祈り、女子が生まれる。[誕生]

②少女は教養があり、他のブラーマンにねたまれ、少女は純潔でないとされる。[不適切な性格・ジェンダー規範違反]

③ブラーマンの家を追放される。[追放]

④シヴァ神の指示に従い、ワーニヤ男性のもってきた油を用いて火を焚き、自殺する。[死]

⑤シヴァ神の娘として再生し、ワーニヤ・カーストの守護神となる。[低位カーストの守護神]

プラーナ型では女神は神の子として、ローカル・ストーリー型においては人間の子として生まれるが、その後の展開は両方とも、神またはブラーマンの女子として望ましくない性格をもっていたため、社会から排除される。そして、低位カーストに救われ、彼らの守護神となる。ムッチローットゥ・バガヴァティの神話をブラックバーン流に図式化すると、図20のようになる。

ムッチローットゥ女神の神話も同様に、プラーナ神であるシヴァの娘が化身として地上でブラーマン女子の姿となるが、追放され死んだあと、シヴァの娘として再生するとも捉えられる。だがそれでは、プラーナ型にあるシヴァの娘

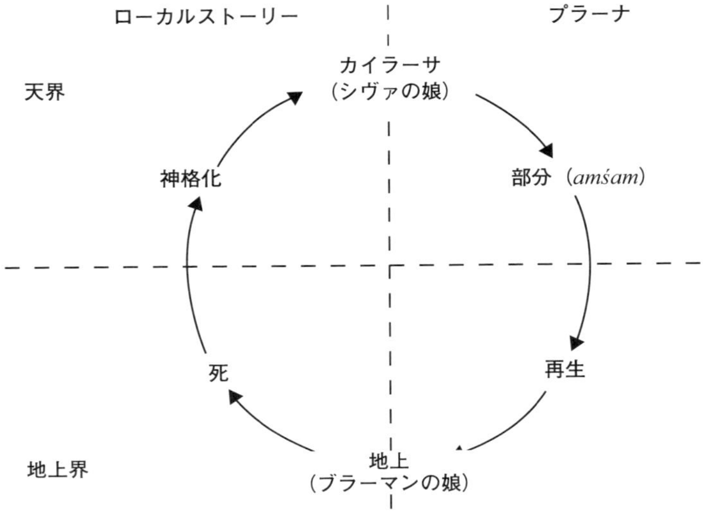

図 20　ムッチローットゥ・バガヴァティの構図

が地上へ旅立つというモチーフが消えてしまう。シヴァの娘は化身として地上に現れたというよりも、そのままの姿で地上に降りており、天界と地上は地続きであるといえる。ムッチローットゥ女神の二つの神話は、どちらも低位カーストに祀られるという結末で終わっていることを考えると、この神話のモチーフは、カースト起源神話と関係しているといえる。ワーニヤ・カーストの守護神の起源が、プラーナ神であることを示しているのである。

低位カーストが、自らのカーストまたは守護神を高位カーストの神に結びつけて考えるというのは、サンスクリット化といえるかもしれない。だが、そこには地位向上のためというよりも、ヒンドゥー教的思考が入ってきたためであり、むしろ古代のヒンドゥー化[24]に近いといえる。

ケーララにブラーマンが移住してきた時期は確定されていないが、マホーダヤプラのチェーラ王朝時代（AD 800 ～ 1124）にはブラーマンの居住地が存在した（Veluthat 1978: 14-15）。テイヤム信仰の原型となるものがそれ以前から存在したにせよ、ブラーマン文化の影響ははるか昔から受けているのである。テイヤム神話も一時に形成されたのではなく、徐々に祀られる神が増えていき、様々な神話が作られていったと考えられる。ある英雄が死後、神格化されて祀られるようになった時、人々はすでにプラーナ神話の知識をもっており、英雄がプラーナ神の化身となって捉えられるようになったと考えられる。プラーナ神は普遍的英雄であるため、自らの地域のヒーローを普遍的に英雄化することによって絶対的存在とした。

しかしここで、人々の間に地位の上昇意識があったとは必ずしもいえないと思われる。なぜなら、現代インド人でも地域の神とプラーナ神との間に優劣をつけているわけではないからである。むしろ、地域の英雄神をプラーナ神の化身とみることは、人々の知識のブリコラージュによって生じた見解であるといえる。また、プラーナ神の化身としたところで、地域の英雄であることには変わらず、サンスクリット文化の完全なる模倣ではないのである。そのため、シュリニヴァスの提示するような「サンスクリット化」ではなく、人々の思考回路によって形成された、民俗文化とサンスクリット文化の自然的融合である。

メノンが示しているような、「カースト・ジェンダーのモラル」はテイヤム神話の一つのモチーフであるといえる。またブラックバーンが示すような「化身と再生のメカニズム」は、神話構造の一部を説明しえよう。だが、それだけでなく、テイヤム神話には、「鎮魂」と「供犠・献身」という主題がみられる。3節と4節で述べたムッタッパンとポッタンの神話の筋書きを整理すると、以下のようになる。

〔ムッタッパン神話〕（ローカル型）

①ブラーマン夫婦に川辺で拾われる。［誕生］

②ブラーマンの慣習に反して肉・魚を食べる。［カースト規範違反］

③ブラーマンの家を出る。［追放］

④チャンダン[25]を石に変える。チャンダンの妻は、ムッタッパンに供物を捧げる。［供犠・献身・鎮魂］

⑤ムッタッパンはチャンダンを元の姿に戻し、カーストの守護神となる。［祝福・低位カーストの神］

〔ポッタンテイヤム神話〕（ローカル型）

①アランガーラン（不可触民プラヤ）がシャンカラーチャーリヤ（ブラーマ

ン）を諭す。［カースト規範違反］
②ブラーマンがアランガーランを殺す。［死］
③アランガーランを祀る。［供犠・献身・鎮魂］
④プラヤの守護神となる。［祝福・低位カーストの神］

この二つの神話に共通してみられるモチーフは、「カースト規範違反」「死または追放」「供犠・献身・鎮魂」「祝福・低位カースの神」である。これらの例に限らず、カースト規範やジャンダー規範を犯した低位カーストが、高位カーストに罰せられ死に、低位カーストによって祀られ（鎮魂され）、低位カーストの神となって神格化するといったものが多くみられる。つまり、複数のモチーフが各々独立して存在しているのではなく、それらの間に連続性がみられる。

供犠と献身の他にテイヤム神話の主題は、カースト起源神話であるといえる。神となる人物は、地上である特定のカーストに属しており、そのカーストもしくは密接な関係のあったカーストの守護神となる場合がある。そしてその神が古典的ヒンドゥーの神々（シヴァ神やヴィシュヌ神など）の化身とされることにより、そのカーストが、ブラーマン起源であることが正当化させることもある。

これらの主題は、現在一般的に流布しているテイヤム神話にみられるものである。ただし、テイヤム神話には、トーッタム（祭文）で語られるもの、一般に人々の間で語られるもの、特定の人々の間でのみ知られているものがある。そのため、どのタイプの話を対象とするかで解釈も異なってくる。また、一つの話は多様な解釈が可能であり、時と場合によって、権力や利権と関わって解釈されることがある。さらに儀礼の実践の場において新たな話が作られる場合があり、神話とその解釈はつねに生成されているといえる。

ムッタッパン神話とポッタン神話においても、テイヤム神話が多元的であり、時代の中で生成されていくことがわかった。ここではさらに、サンスクリット文化と民衆文化の接合過程をみていく。ムッタッパンの場合、元々は山に住む狩人であったトライブたちに祀られていた祖先神であった。それが、高位カーストであるナーヤナールが侵略して支配するようになり、サンスクリット神であるヴィシュヌ神とシヴァ神の化身という神格がそなわり、ブラーマン夫婦によって育てられたトライブ神という神話が生成する。これは、低位カーストのカースト起源譚のタイプを表している。例えば、漁師カースト、ムガヤのカースト起源譚は以下のようなものである。

> ブラーマンの親類が集まり食事をとっていると、菜食主義を守るブラーマンの中で、一人魚カレーを食べているものがいた。他のブラーマンは彼を破門し、それ以降彼の子孫はムガヤとなり、魚をとって暮らすようになった。[26]

低位カーストが低位カーストである由縁、それは元来ブラーマンであったのが、ブラーマンの掟を破り、破門されて低位カーストに脱落したというものである。ムッタッパンは、ブラーマン夫妻によって拾われて育てられるが、狩猟、肉食、飲酒というブラーマンの家法にそぐわない行動をみせたため、家から追放される。これは狩猟民であったトライブと、侵略者であるブラーマンを結びつけるストーリー展開であり、トライブの側からは、高位カースト出自であるという主張に結び付けられ、ブラーマンの側からは先住民の信仰する神をブラーマン起源と結び付けられ、祭祀を支配する戦略の道具となっている。こうして、高位カーストのナーヤナールが移住してきた時点で、トライブ神話はブラーマン神話との接点をもつ。ムッタッパンは、ブラーマンが信仰していたヴィシュヌ神の化身となり、さらには苦行するシヴァ神とも交流する。

反英運動期には、地元のパラッシ王によってムッタッパンの祠が数多く作られた。ムッタッパンは、「英国人を信用するな」というメッセージをマラヤーラム語でケーララ人に広めたという。このように、時の権力者の支配のために、ムッタッパン信仰は用いられてきた。1920年頃から、低位カーストであるティーヤが、海岸部のパラッシニカダヴでムッタッパンを祀り始め、その土地の元支配者であったナーヤナールとの間に土地の所有権をめぐって訴訟が起きた。裁判の結果、ティーヤが所有権を認められ、交通の便の良い寺院は多くの巡礼者を呼んだ。また第二次世界大戦中には、共産党員の隠れ家としても機能した。土地改革後には大地主であった高位カーストと、小作人であった低位カーストの経済的地位が逆転し、小作人であったティーヤは経済的に優位に立つようになった。パラッシニカダヴ川岸のムッタッパン寺院は巡礼宿としての施設を充実させ、ますます多くの人でにぎわうようになった。

現在、パラッシニカダヴは毎日テイヤムが奉納される場所であり、ムッタッパンの最も重要な寺院として寺院発行の小冊子などで紹介されている。パラッシニカダヴ寺院の前には、ムッタッパン神の人形や絵、ムッタッパンを讃える歌のカセットなどを販売する店が並び、ケーララを中心とした近隣の地域から連日巡礼者が泊まりがけで訪れる。州内外で、巡礼寺院、観光地として紹介され、ご利益を求める巡礼者から利益を得る商人など、利益生産の場となっている。

ムッタッパンは、全インドにつながるサンスクリット神との結びつきをもちながら、ケーララ北部にしかない神格というキャラクターをもち、より魅力的で普遍的な神として、地域社会を超えた人々の支持を得ているのである。この信仰の現象を説明する語り口として、「サンスクリット化」、または「ドラヴィダ化」だけでは不十分であり、むしろ両文化が歴史的侵略者と先住民、また新侵入者の拮抗の中で、より現代人によって魅力ある神話として接合され、生成されていったといえる。

ポッタン神話の場合も同様で、元の話はアンタッチャブルであるプラヤが、ブラーマンに不当に罰せられて神格化したポッタン神の話であった。それがブラーマンであるシャンカラーチャーリヤの自伝の一部と接合し、ポッタンはシヴァの化身とされ、全てのものに差異はなく平等であるという不二一元論を説く話として広まった。

シヴァの化身でありヴェーダーンタ哲学を説くポッタンは、プラヤや低位カーストのみならず、ブラーマンによっても積極的に祀られるようになる。またポッタン神話は、共産党支持者らには高位カースト批判、有産階級批判のメッセージが読み取られ、演説などで好んで引用されるようになる。

サンスクリット神と非サンスクリット神の神話は、自然発生的なものではなく、こうした世俗の権利と結びついて生成されていくのである。その中でシャクティという神の力と世俗の権力は、時に分離し時に一体化し、相互に依存しながら力の強度を高めているといえる。

ムッタッパン神話もポッタン神話も、歴史的過去がそのまま現在受容されているわけではない。時にサンスクリット神話が、時に民衆の神話が取捨選択され用いられている。出口は、神話の中で語られるのは歴史的な過去ではなく、現在の存在に根拠を与えるような非在の「過去」であるという（出口 1989: 53)。テイヤム神話で語られる過去は存在しなかったとはいえないが、現在の存在理由として修正されて用いられているといえる。

注

1 Cirakkal T. Bālakrṣṇan Nāyar, *Prabandangaḷum Smaraṇakḷum.* pp.110-111 より。

2 叙事詩『マハーバーラタ』に出てくる、クル族の王パーンドゥの5王子のうちの二番目の王子。勇敢な戦士。

3 中国チベット自治区にある海抜6566メートルの山。ヒンドゥー教徒、ジャイナ教徒、仏教徒およびボン教徒の聖地であり、ヒンドゥー教徒にとっては、シヴァ神が妃パールヴァティとともに住み苦行に励んでいるとされる（宮本 1995: 106, 108頁）。

4 シヴァ神。

5 ワーニヤ・カーストの男性も、王権時代は仕える王のために戦士（パダナーヤル）として戦場へ赴いた。ムッチローダン家は、ワーニヤ・カーストの9家（illam）のうちの一つである。

6 ムッチローットゥは、ペリンジャルール村（現在のタリッパランブ）で生まれたとされるが（Nayar 1993 [1979]: 111)、1998年6月にナーラヤナン・ナーヤルに確認したところ、ラヤラマンガラム・イッラムは、タリッパランブではなく、コダカッド村のピリコードにあるという。ラヤラマンガラム・イッラムは、ムッチローットゥの死後、男子が生まれず途絶えた。

7 「アイヤン」とは、父や主、尊敬する人の意味であるが（Mādhavanpiḷḷa 1995 [1976]: 65)、ここではムッタッパンを意味する（Viśṅŭnambūtiri 1981b: 104)。

8 1セールは約1.5キログラム。

9 パイヤーウール村付近一帯は14世紀頃から、ケーララ北部最大の王国コーラッティリ王国から分離した、チュラリ王によって治められていた。チュラリ王として君臨したのは、ナーヤナールと呼ばれるカーストに属する家のものであった。シャーストンによると、ナーヤナールはタミルナードゥ州の土地持ちカーストであったヴェッラーラの家系であるといわれる（Thurston 1993 [1909]: 413)。「ナーヤナール」とは、主人または寺院の所持者を意味し（Mādhavanpiḷḷa 1995 [1976]: 582)、支配者であったことを意味する。パイヤーウール付近のナーヤナールは、4つの分家に分かれていた。その中のカラッカートゥイダム・ナーヤナール家が、クンナットゥールパーディ山を支配していた。クンナットゥールパーディ山は、標高3000フィートあり1万3527エーカーの広さをもつ。1971年に国有地となり、政府は森林を伐採した翌年72年に森林保護条約を締結する。その後、1500エーカーが森林で45エーカーがクンナットゥールパーディ・デーヴァスワン（寺院の土地）となった（Priyadardarsṣanlāl 1988: 1-2)。

10 ヒンドゥー教徒の土地、またはヒンドゥー寺院のあった土地を異教徒が買い取ったため障りが生じたという話は、第4章第1節でもみられる。

11 ブラーマンが所有していた土地のうち4エーカーをアディヤンに与え、その土地のあがりで祭礼を行わせた。

12 元々はナンブードリが所有していたが、ティーヤのタラワードゥに譲り、1993年にティーヤのタラワードゥが地域の委員会に権利をゆだねる。

13 今は牛の代わりにお金を贈呈する。

14 最年長者が最高権威をもつマダヤン、2番目がマダヤンの助手、3番目が寺院監督、4番目が食事監督、5番目がお茶係、御下がり監督である。

15 2003年8月20日、フォークロアセンターにてパイヤナード教授による話。

16 1997〜99年はこの値段であったが、2017年には5000ルピー近くに上昇していた。

17 チャーリヨーダンはペンネームであり、本名はT. V. クンニカンナンといい、CPI（M）（共産党マルクス）の党員である。寺院発行の雑誌に掲載するために偽名を用いた。

18 右半分がシヴァ神で、左半分がヴィシュヌ神の姿をとる神。元々は、シヴァとヴィシュヌの子どもである、シャースターヴ神を祀っていたといわれる。

19 薪を燃やして燻したもの。ポッタン・テイヤムが祀られる際にはメーレーリが作られ、その上にポッタンは横たわる。

20「梵我一如」を説くウパニシャッドに立脚したヴェーダーンダ学派の一人、シャンカラによる思想。ブラーマン（最高原理）とアートマン（我）は同じであるが、無明のために別の者であると考え、輪廻を繰り返す（早島、高崎、原、前田 1995 [1982]: 151-156）。

21 宇宙の生命力は体内を循環し脈管中に流れているとされる。特に、会陰部から頭頂部にかけてある7つのチャクラに、生命力は集約されている（早島、高崎、原、前田 1995 [1982]: 173）。

22 ポッタン・テイヤムと類似したストーリーの出典に関しては、天理大学の澤井義次先生にご教示いただいた。

23 いつ頃実在したかは明らかでない。

24 古代に、儀礼のヒンドゥー化や言語のアーリヤ化が生じるが、ここでは低位カーストによる地位向上を目指した動きというよりも、文化や宗教の変容の動きであるといえる（古賀 2007）。

25 チャンダンは、アディヤン部族またはティーヤという両説ある（3節参照）。

26 カーサルゴーッドゥ県パドネカッド村在住のムガヤ・カーストの男性から聞いた話。

第4章　動態的テイヤム儀礼

第1節　儀礼の再生

1940年代はテイヤム儀礼が各地で中断されるケースが相次いだ。独立運動期のケーララ州北部の村では、共産党員らは警察の取り締まりから逃れるため、テイヤム祭祀に参加するのを避けたり、人目につきやすいテイヤム祭祀を中断した。また第二次世界大戦中の農作物の価格低下により、生活に苦しむ村人の中にはテイヤムを祀ることができないものもいた。さらに1960年代の土地改革により、テイヤム祭祀の祭主であったブラーマンやナーヤル・カーストなどの大土地所有者は土地を失い、祭祀を催すだけの経済力も失ったため、テイヤム儀礼の数は一時減少した。

ところが、1990年代になると、多くのタラワードゥやカースト寺院で、長年中断していたテイヤム儀礼を再開するようになった。カリヴェルール村では、13のテイヤム寺院でテイヤム儀礼を中断しているが、そのうち7つの寺院で再開した。

儀礼が再生している理由としてあげられるのが、①母系制崩壊後の相続の問題の解決策、②異教徒の土地買占めに対する反感の表れ、③海外出稼ぎ労働者の急増による文化的ルーツ獲得があげられる。

1．相続問題

事例１　Mタラワードゥ

カリヴェルール村にあるMタラワードゥ（ティーヤ・カースト）では約60年間テイヤム儀礼を中断していたが、1980年代半ばからタラワードゥ寺院の再建を始め、テイヤム儀礼を再開することにした。なぜテイヤム儀礼を再開するようになったか聞いたところ、最初に得られた回答は以下のようなものである。

> Mタラワードゥでは、15年前に、タラワードゥ成員の突然死や自殺、発狂などの異常死が相次いだ。タラワードゥ寺院には、多数のヘビが出没した。タラワードゥの成員は懸念して、占星術師に占ってもらったところ、タラワードゥの成員はグリカン（死神）によって殺されたといわれ、テイヤムを再開するように指示された。従って現在、タラワードゥ寺院を再建築して入魂式を行い、テイヤムを祀ることを計画している。

だが、テイヤム儀礼の再開を決意した理由の詳細を尋ねたところ、タラワードゥ内部の問題が背後にあることがわかった。Mタラワードゥは、3つのターワリ（A、B、C）に分かれていた。ターワリとは、タラワードゥから分岐した家系である。タラワードゥの財産は、母系（マルマッカターヤム）で継承され、タラワードゥの最年長男性（カーラナヴァン）が管理していた。50年前、財産を管理していたAターワリのAカーラナヴァンは、財産を自分の子どもに手渡した。つまり、これは父系による継承であるため、他の二つのターワリは反対し、3つのターワリが平等に権利をもつことを主張したが、Aカーラナヴァンは聞き入れなかった。よってB、Cタラワードゥはテイヤム儀礼に協力せず、テイヤム儀礼はそれ以降中断された。

15年前、Aカーラナヴァンの兄がタラワードゥ寺院の近くで突然死した。占星術師に尋ねたところ、彼はグリカンによって殺されたという。B、Cターワリは寺院を再建築してテイヤムを再開しようと思い、Aカーラナヴァンの子どもたちに土地を3ターワリ共有のものにすることを要求した。Aターワリはテイヤムを再開することには賛同したが財産は渡さなかった。

だが実際、タラワードゥの祖先の書いた遺言書によると、Aカーラナヴァンもその子どもたちも財産の継承者ではなかった。1986年、B、Cターワリは、タラワードゥの土地の25%を取り戻した。Aカーラナヴァンは税金も納めていなかったため、他の人を代表者にして税金を納め始めた。

2000年9月、占星術（*svarṅṅapraśnam*）[1]を行った。その結果、占星術師によるとタラワードゥでは長年儀礼を怠っており、15年前にあるタラワードゥ成員が寺院を再建しようとしたが、占星術師の助言をうけなかったため儀礼は滞った。占星術師はできるだけ早く各々のテイヤムの祠を再建し、正しく祀るように指示した。また不慮の死を遂げたタラワードゥ成員の霊（プレータ）がいるので、彼らが解脱できるような儀礼を行うように指示した。さらにカーラナヴァンの息子がもっている土地を取り戻し、タラワードゥ共通の財産にすべきであると指示した。

論争の結果、Aターワリは土地をタラワードゥ共有の財産にすることに同意した。タラワードゥの財産をめぐる争いは、占星術師を介することにより解決に至った。

以上の過程から、Mタラワードゥはタラワードゥの財産の相続をめぐる争いを抱えていることがわかった。タラワードゥの相続に関しては、以前は母系制が保たれていたが、1975年に法律上母系制は禁止され、タラワードゥの多くは分割された。だが実際の相続では、各タラワードゥの規則に基づき母系制をとるところもあるため、相続をめぐる争いが数多くのタラワードゥでみられる。Mタラワードゥでは、テイヤム儀礼が中断された原因は、タラワードゥの相続をめぐる不和と非協力であった。だが成員の奇怪な死と占星術の結果、相続問題は解決の方向へ向かっているといえる。相続といった現実の問題が、死霊やテイヤムと結びつき、タラワードゥの問題を把握した占星術師の助言によって様々な儀礼を行うことにより解決されているといえよう。

事例2　Pタラワードゥ

同村のPタラワードゥ（ティーヤ）においても、1961年にテイヤム儀礼が中断されたが1995年に再開された。寺院委員会の書記によると、そのいきさつは以下のようにあった。

Cカーラナヴァンが、タラワードゥを分割した際、財産を母系親族ではない実の子どもたちに譲り、タラワードゥには妻と子どもが住んだ。1961年、Cカーラナヴァンはテイヤム儀礼を行い、1965年に65歳で亡くなる。その後、タラワードゥ成員でない妻子はタラワードゥの神を祀ることを怠った。その後、Cカーラナヴァンの子どもに精神異常がみられるようになった。タラワードゥ成員が占星術師にみてもらったところ、主神を祀らないために家族に災い（ドーシャム、*dōṣam*）が降りかかったのであり、タラワードゥを新しくして祀るように指示された。1989年にタラワードゥ成員により委員会が結成され、タラワードゥの家屋を建て直した。1993年に委員会は、タラワードゥの所有する20セントの土地と家屋を50,000ルピーで買収し、タラワードゥは委員会名義のものとなる。1994年に占星術を行いテイヤム儀礼を再開するようにいわれ、1995年に再開した。

ドーシャムとは、悪行や罪（*pāpam*）の結果生じた不幸を指す。何か不幸が生じた場合、人々はその原因を求める。ドーシャムがいかに解釈されるかによって不幸が説明される。Pタラワードゥの場合も、事例1のMタラワードゥと同様、タラワードゥの土地と家屋をめぐる争いがみられる。財産が母系親族以外の手に渡ったことをよく思わないタラワードゥ成員らが財産を取り戻そうとし、その思いがタラワードゥの災いと占星術の結果に現れたといえる。これは、地域の信仰体系を利用した、タラワードゥの復権の戦術といえよう。

タラワードゥの成員全員の中にも、占星術の結果を冷静にみるものがいる。元軍人であるCカーラナヴァンの甥Nは次のようにいった。

> 無教育な女性たちは占星術の結果を完全に信じているが、他のタラワードゥ成員は、タラワードゥの土地を取り戻したいためにカーラナヴァンの子どもが精神病にかかったといっている。確かに子どもの知能は足りないが、それが精神病であるかは定かではない。

タラワードゥの権利をめぐる争いは、不幸の発生という占星術による発見と、祭祀再開という手段によって解決されているといえる。

2．土地所有問題

土地所有は最も多い紛争の原因の一つであるが、ケーララにおいても例外ではない。土地は人間に所有されているだけでなく、霊との結びつきが強い。内山田によると、ケーララ州南部では低カーストは土地との結びつきが強く、特に祖先の土地に執着する（Uchiyamada 1997）。土地は祖先だけでなく、その土地を支配していた神霊とも強く結びついていると考えられている。このような見解を踏まえ、所有をめぐる争いを背景として始まったテイヤム儀礼をとりあげ、村人の不幸を解決する手法をみていきたい。

事例　出現したカーラグリカン寺院

C村とK村の境は岩だらけで民家はなく、村人が牛などの家畜を放牧していた。ところが牛や山羊などが次々と死んでいったため、村人は占星術師に原因と解決法を尋ねた。その結果、K村のシヴァ寺院からシヴァの護衛であるカーラグリカン（*kāraguḷikan*、死の神）[2]が来て、祀られる場所を求めていることがわかった。そこで1979年に村人たちで地域の寺院管理委員会を結成して、カーラグリカン寺院を建てた。

以上が、カーラグリカン寺院が建てられたいきさつだが、この辺りの土地では、土地所有をめぐって様々な問題が生じていた。この辺りの土地は、英国支配以前から王とナーヤルが所有していた。英国政府も彼らに土地を治めさせ、税を徴収した。C村の大半は虎や象などが住む森であった。そこに1940年、J. T.というシリア派のクリスチャン[3]が南部コーッタヤムから来て、この辺りの土地一帯を王やナーヤルから購入し、開拓してゴムやカシューナッツ、アレカナッツを栽培した。J. T.は、1960年から1969年まで、国会議員（会議派）をつとめた。1969年の土地改革では、大土地所有者の土地は政府に没収され、小作人に渡すように定められた[4]。

1972年には、農民組織のリーダー、A. K.率いる一団と、彼の妻が率いる女性たちの集団がC村の土地を占拠し、仮設小屋を建てて生活を始めた。警察が来て彼らは逮捕されたが、同日に釈放された。A. K. らは別の場所に塀を作り、他のリーダーたちも同様にした。彼らの活動は1カ月続いた。彼らの目的は、州政府に余剰の土地全てを没収させ、村人に分配することであった（Joop de Wit 1982: 63）。

土地改革と農民運動の結果、J. T. の土地の多くは政府に没収された。その後その土地ではケーララ州政府による、ゴムやカシューナッツのプランテーションが始められた。だが人影の少ないプランテーションで女性労働者が襲われるなど、問題が絶えなかった。

これら二つの出来事を合わせて考えると、外部者の侵入、森の開発といった急激な環境の変化が、村人たちの中に不安や抵抗意識をもたらし、それがカーラグリカンの出現といった形になって現れたといえる（鈴木編 1999: 242）。ヒンドゥー教徒であり、共産党に属し、農民である村人に対して、侵入者のJ. T. は「クリスチャン」「会議派議員」「大地主」といった相反する敵であった。州政府によるプランテーション化は、女性労働者の問題を生み出した。こうしたことに対する反感が、霊の力による加護を必要としカーラグリカンを創出したのである。

写真 55　荒地をさまようカーラグリカン

タラワードゥの移住後も、祀られていた霊だけがその場に残り、移住者が祭祀を行うといったケースが、プラヤやティーヤなどの低位カーストによくみられる。彼らは高位カーストによって土地を追い出され移住したが、元の土地に未練があり、それが霊の存在として現れる。低位カーストだけでなく、ブラフマーラクシャスのように不慮の死を遂げたブラーマンも未練のある地にとどまる。元の土地にとどまる霊は、そこの地をやむをえず移った人々の未練の現れであり、それが霊の顕現として現れる。その土地で霊を祀ることにより、祖先の地、根源の場所を確認することができるといえる。土地と霊との強い結びつきが、テイヤム儀礼として現れる。アシュレイはカッフェラーを引用し、怒ったテイヤムは物理的、精神的、社会的無秩序の象徴的表現であるという（Ashley 1993: 129; Kapferer 1983: 87-88）。カーラグリカンのように突然に出現した霊は、急激な社会変化によるストレスや葛藤が表出したといえる。

これらの事例から、テイヤム儀礼の再開や新たな寺院の建築の背後には、タラワードゥ内の財産問題や土地所有の問題があることがわかった。テイヤムは、こうした現実問題の間接的解消法、または葛藤の現れとして祀られるといえよう。

3．地域文化の希求とつながり

次に儀礼の再生現象の原因としてあげられるのが、地域文化に対する希求である。19 世紀には 100 人以上の成員が住んでいたタラワードゥも、現在では年寄りと女子どもしかいないところが多い。中には誰も住んでおらず、近隣の成員により、夕方になると祠のランプに火が灯されるだけのタラワードゥもある。それはタラワードゥの分割による核家族化と、また男性の海外出稼ぎまたは大都市への単身赴任により男性の不在者が多いことによる。さらに教育水準の高いケーララ州では大学進学率も高く、よりレベルの高い遠方の大学へ子弟を進学させる親が多い。そのためタラワードゥだけでなく、各家庭をみても中流階級から上流階級になればなるほど、家の中は女性と幼い子どもだけが残されることになる。

特に、ケーララからの湾岸諸国への出稼ぎは 1980 年代の湾岸諸国での建設ブームをピークに多くみられる。男性が海外に職を求める背景には、ケーララ内での産業の未発達と、人口密度に対する職の少なさである。また大学卒業者が多く、ケーララ内ではホワイトカラー以外の職を望まないものが多い。だが湾岸諸国では、会計士や技術者、土木、建設、食品とあらゆる職業に就いている。

ドゥバイに住む国民のおよそ8割は外国人であり、インド人は人口の半分くらいを占める。インド人の中でもマラヤーリは多数派である。湾岸諸国はマラヤーリのヒンドゥー教徒にとって、決して居心地の良い場所ではない。ムスリム労働者に比べ、ヒンドゥー教徒は給料や待遇の面で冷遇される。また、ドゥバイは一定の収入以上ないと家族同伴で暮らすことは禁じられているため、多くの男性が単身労働者である。夫が出稼ぎに行っている間、妻子は夫の両親の家に泊まる場合もあるが、実家に戻っている場合が多い。そして、1、2年に一度夫が戻ってきた時のみ夫の家に帰るのである。

湾岸諸国で稼いだ男たちは家族へ送金して近代風の家屋敷を建てる他、タラワードゥ寺院またはカースト寺院へ寄付する者もいる。例えば、ティーヤ・カーストの4大カラガム（カースト大寺院）の一つ、パーラクンヌ・カラガムは、ドゥバイ支部から毎年1万ルピーの送金を受け取っている（Hollowman & Ashley 1983: 101）。故郷を離れた北ケーララ人にとって、自分の所属するタラワードゥ寺院、カースト寺院とそこでの祭礼は地元との接点であり、そこへの接触を通じて北ケーララ人であり続けているといえる。

また湾岸諸国だけでなく、国内の大都市に職をみつけ、移住する者も多い。カリヴェルール村のナーヤルのタラワードゥでテイヤム儀礼が行われた時、ムンバイで仕事をしていて儀礼を見に戻ってきた男性は、「タラワードゥのみんながテイヤム儀礼に関心があるわけではないんだ。中には反対している者もいる。だけど普段遠くに住んでいる成員が、年に一度ここに来れば会えるから、そのため集まるんだ」という。テイヤム儀礼に参加している人は、信仰の有無にかかわらず、親族や地元とのつながりを求めているといえる。

4．不幸の除去策としてのテイヤム儀礼

前述した事例から、テイヤム儀礼は単なる「慣習」として毎年繰り返されて

いるだけでなく、親族関係や土地問題、社会関係との結びつきの中で再生されていることがわかった。

ケーララ北部の村では、原因不明の病、事故などが生じた場合、人々は何かのドーシャム（障り）があると考える。そして占星術師を訪ね、不幸の原因とその解決法を聞く。個人の問題の場合は、当事者の星の位置を占い短時間ですむが、タラワードゥの問題を占う場合には、スワルナプラシャナムといって大規模な占いがなされることが多い。スワルナムは金、プラシャナムは占いを意味するが、占いでは金がグラハチャクラムに置かれた位置によって占い始める。グラハチャクラムとは、12宮（*rāsi*）と９惑星（*navagraham*）の位置が描かれたものである。

占星術師が指示する不幸の解決方法としてあげられる主なものは、①特定の寺院に奉納する、②プレータム（死霊）が解脱できるように祈る、③テイヤムを祀るの３点があり、最後の「祀られていないテイヤム神の儀礼を復興せよ」がタラワードゥの問題解決としては最も重要なものである。解決法を実行した後に、再び占星術師を訪れると、「ドーシャムはなくなった」といわれる。ドーシャムの有無は占星術師によってしか判断できないため、占星術の結果の正当性が問われることはない。

原因不明な不吉な出来事があったとされるが、実際には１の事例でみたように、タラワードゥ内の不和が原因である場合が多い。その場合、寺院を再建して儀礼を再開することにより財産権がタラワードゥに戻り、結果的には不和が解消されることになる。ケーララ北部の村人は、不幸の解決パターンをもっている。それに対して疑いの目を向ける人がいても、大多数の人が納得する手段であるからあえて反対はしない。むしろ現実問題を解決するために、テイヤム儀礼は説得力のある解決法として利用されている。霊的な儀礼を用いた解決法の特徴は、実際の問題を隠蔽化するということである。実際の原因は特定の個人にあるとしても、名指しで非難するのではなく、神の仕業ということにしてその神の怒りを静めることで鎮静化を図っている。テイヤム儀礼の再生の要因からみえてきたものは、テイヤム信仰が社会の関係修復のメカニズムの中で重要な働きがあるということだ。

第２節　不可触民の社会的地位の変化

１．不可触民研究

従来の不可触民研究の論点は、他の高位カーストとの関係や、彼らの社会的地位上昇運動、彼ら独自の文化の有無などであった。ロウは北インドの不可触民が高位カーストであるラージプートを名乗り、神事で動物供犠をとりやめ花と果物の供物にするなど、最高カーストであるブラーマンの儀礼を真似ることにより、社会的地位を上昇させることに成功したという（Rowe 1968）。それに対しハーパーは、南インドの不可触民は牛食の慣習を取りやめ、ブラーマンのために火葬の薪を用意する仕事などを拒絶し、彼ら自身は地位が上がったと捉えているが、高位カーストの目からは、カースト・ヒエラルキーの中での彼らの相対的な地位は変わらず、地位上昇運動は不成功であったという（Harper 1968）。

不可触民の文化に関しては、高位カーストとは別の独自の文化をもつとする見方（Cohn 1955; Gough 1973）と、高位カーストと同一のイデオロギーを共有するとする見方（Dumont 1980 [1970]; Marriot 1976 [1974]; Moffatt 1979）がある。デュモンは、人々は無批判に「浄・不浄」の社会的秩序に従うといい（Dumont 1980 [1970]）、モファットは不可触民は高位カーストの文化を模倣しているという（Moffatt 1979）。それらに対して関根は、「ケガレ」イデオロギーが全カーストに存在するが、不可触民個人が自己利益や自己拡張に向けて、戦略的に行動する傾向があることを指摘した（関根 1995）。

このように同じ不可触民というカテゴリーに対して、様々な見解がある。果たして不可触民は、社会的地位の上昇活動を意図的に行っているのだろうか。それとも無批判に現状を受容しているのであろうか。社会的地位は上昇したのだろうか、それとも変わらないのだろうか。社会的地位が変化したのならば、なぜ、どのように変化したのであろうか。フリーマンの、尊厳を求めて生活している不可触民のライフ・ヒストリー（Freeman 1979）以外は、不可触民といった集団に焦点を当てた研究が多いが、社会的地位の上昇の原因を探るのであれば、個人の経験からみていく方がより個人と社会との関係がみえてくると考えられる。本節では、テイヤムの演じ手であるテイヤッカーランの生活史を分析することにより、不可触民の社会的地位の変化について考察したい。ここで主に資料として用いるのは、テイヤッカーランであるカンナン・ペルワンナーン（Kaṅṅan Peruvaṅṅān, 1917-2004）の準自叙伝（quasi-biography）『チランブ[5]の思い出――テイヤッカーランとテイヤムの話』（*Cilambiṭṭa Ōrmmakal: Teyyakkārante Katha Teyyattindeyum*, Srīdharan 1997）である。ここで準自叙伝という理由は、この著書がカンナン・ペルワンナーン自身によって書かれたのものではなく、彼の語りをクッタマットゥ A. スリーダラン[6]が記録したものであるからである。本節では、準自叙伝に加え、筆者がカンナン・ペルワンナーンの家に約6カ月間滞在した際の参与観察からも考察する[7]。

ライフ・ヒストリーの主人公、カンナン・ペルワンナーンは、ワンナーン・カーストに属する。ワンナーンは指定カーストの中では、最上位に位置する。伝統的職業として、男性はテイヤッカーランやアーユルヴェーダ医師を代々継承している。女性はワンナーッティと呼ばれ、主にティーヤの服の洗濯と、高カーストの月経で穢れた服を洗濯するワンナーッティマーットゥ（*vaṅṅāttimāṟṟu*）[8]という慣習があった。

2．カンナン・ペルワンナーンの生い立ち

少年時代、教育

カンナンは1917年カンニ月（9～10月）に、母クンニャータと父クッティアンブ・マナッカーダンの長男として生まれる。父は有能なテイヤッカーランとアーユルヴェーダ医師（ヴァイディヤン、*vaidyan*）として有名であった。彼は不可触民であったが、テイヤッカーランにふさわしい頑丈な体と、医師としての技量をもっていたため、人々から尊敬を受けていた。当初は、父方のカリヴェルール村のプットゥールにある家に住んでいた。父はテイヤッカーランであったため、1年のうち8カ月間は各地を渡り歩き、ほとんど家にはいなかった。母は毎朝顧客からの洗濯物を洗い、午後になると顧客の家へ行って洗濯物の受け渡しをしていた（Srīdharan 1997: 9-10）。

父は貧しかったにもかかわらず、子どもの教育に熱心であった。当時、教育

施設は稀であり、裕福な家では家庭教師を雇っていた。当時、村には8学年までの学校が1校あるのみであった。プットゥールにも4学年までの学校があり、先生とその妻と妻の母が教えていた。カンナンはその学校に6歳で入学した（ibid. 10-12）。

2学年を終える前に、母の実家のチェルムラへ引っ越した。そのため学校もカリヴェルール・マーニヤグル小学校へ移った。そこへは、5、6マイル離れた家から通っている生徒もいた。ブラーマンの子どもは、学校から帰って家へ入る前に体を洗い清めた。なぜなら学校では、低カーストの子どもたちと接触があるからだ。マーニヤグル小学校の創設者は、マーニヤグルとして知られる学者であった。だが彼もカーストの穢れを信じていた。彼は低カーストの子どもたちを厳しく罰した。その時、直接叩いて穢れるのを防ぐために、棒を投げつけた（ibid. 12-13）。ペルワンナーンによると、ナーヤルやマニヤーニの子どもは先生の近くに座ることが許されたが、ティーヤやワンナーンの子どもは、ブラーマンの先生から16歩離れていなければならなかった。

4学年を学んでいる時、母が妹を出産し妹の面倒をみなければならず、やむを得ず学校をやめた。そこで、村で無料で教えてくれる博識なパリヤーラット・ケールナーヤルから、サンスクリットの基礎を学ぶことになる。14歳になると伝統的職業であるテイヤムの実践とアーユルヴェーダの基礎学習を、父の指導の下、始めるようになる（ibid. 13-14）。

カンナンは、サンスクリットの勉強に大変興味をもっていた。その後も父の紹介で、ブラーマンからサンスクリットを学ぶ。ブラーマンはカーストの感情なしにカンナンに教えたが、カースト制度を否定するようなことはなかった。彼は詩と文法、時にはテイヤムに関する話にも触れたため、カンナンのテイヤムに対する信仰は増した（ibid. 15）。

サンスクリットの基礎を習得した後、父と祖父はカンナンにアーユルヴェーダを本格的に教えることにした。ネッリッポイラでサンスクリットとアーユルヴェーダを教える学校が開かれた。そこでカンナンは両科目を学んだ（ibid. 16）。父はテイヤムのない日は、アーユルヴェーダの薬作りで忙しかったので、カンナンも小さい頃から、薬草を集めたり切ったり、生薬作りを手伝ったりしていた（ibid. 68）。

このようにカンナンは、テイヤムやアーユルヴェーダを父から学ぶだけでなく、サンスクリットをブラーマンから学ぶ機会をもった。ワンナーン・カーストの中ではこのような教育を受けるものは稀であったが、カンナンの父がテイヤッカーラン、アーユルヴェーダ医師として権威があり、教育熱心であったためである。

テイヤムの初舞台

初等教育を終える前に、カンナンはテイヤムの実践を始めた。雨期にはテイヤムを行わないため、通常、ワンナーンの収入源は洗濯だけとなり生活が困難であった。カンナンの家では父のアーユルヴェーダによる収入があったため、比較的豊かであった。雨期（6～9 月）には通常の家や寺院で行うテイヤムはないが、カルッカダガム月（7～8 月）にはアーディ（Āṭi）とヴェーダン（Vēṭan）という、子どもが扮するテイヤムが村の家々を回って穀物やお金をもらう。これらはテイヤッカーランの子どもが初めて演ずるテイヤムである。カンナンは、6 歳の時初めてアーディ・テイヤムに扮した（ibid. 29）。そして 9 歳の時より父から祭文（トーッタム）を学び始めた（ibid. 32-33）。

カンナンは、14 歳で初めてカトゥヴァヌール・ヴィーランを担う。カトゥヴァヌール・ヴィーランに扮する前夜、夢の中にカトゥヴァヌール・ヴィーランが現れ、カンナンを祝福した。これ以降の成功はこの祝福のおかげであるとカンナン・ペルワンナーンは述べている（ibid. 35, 55）。

カトゥヴァヌール・ヴィーランは、カンナンが最も得意とするテイヤムの一つである。カンナンの母のタラワードゥは遠方[9]なので、カンナンはこの地域で主なテイヤムをやる権利はない。よってカンナンは、カトゥヴァヌール・ヴィーランやムッタッパンのように、権利の必要のないテイヤムに特化するようになる。カトゥヴァヌール・ヴィーランは、カラリパヤットという武術を用いる躍動的なテイヤムであり、カンナンが扮するカトゥヴァヌール・ヴィーランに魅了された人は多く、彼の名声は高まった。

農民運動への参加、ペルワンナーンの称号

当時カリヴェルール村の大半の土地はチラッカル王が所有していた。カリヴェルール村にはチラッカル王家の家来が土地を管理するために滞在する家があったが、宮殿はチラッカルにあり、王が直接村人と接することはなかった。1938年、厳しい税の取り立てに苦しむ農民たちは王に陳情するため、チラッカル宮殿まで行進をし、カンナンもそれに参加した。農民たちは、王の法外な税の取り立てに対して異議を申し立てた（ibid. 73）。

カリヴェルール村に隣接するコダカッド村で開かれた会合は、この地域で最初の大規模な集会であった。コダカッド村は農民運動の誕生の地である。カンナンもその会合の準備に加わった。そこには女性や高カーストの人々も参加した。この会合では異なるカーストの人々が食事を共にした。共食は、ガンジーのカースト・宗教による差別をなくそうというポリシーが実現したといえよう。だが、ワンナーンにとって悲しい出来事が生じた。会合の後、二人のワンナーンが高カーストと共に食事をしたことが問題となったのだ。ワンナーンの家はコダカッド村で洗濯をする権利をもっていたが、それを剥奪された。ワンナーンの二人は罪を償うため、3日間朝水浴びをして牝牛の尿で炊いたご飯を食べさせられた[10]（ibid. 74-76）。現在では結婚式などの席でワンナーンも高位カーストと共に食事をするが、当時は稀なことであった。

コダカッドの会合は、カンナンのような若者にナショナリズムの感情を引き起こした。カンナンの考え方が進歩的になってくると人々は、「マナッカーダンのたった一人の息子がなぜこんな風になったのだ」と口にするようになった。カンナンは父が悲しんでいるのをみて、「自分を育てた父を悲しませることはしまい。テイヤムとアーユルヴェーダ医師は神が自分に授けだものだ」と自覚し、政治運動から身を引き、テイヤムの世界へ戻る決心をした（ibid. 77）。

カンナンは20歳で結婚するが、妻とは合わずに即離婚し再婚する。準自叙伝には離婚の原因に関して明記されていないが、妻が家の仕事を何もしなかったのが原因であったという。その後、カンナンは、「ペルワンナーン」の称号を獲得する。ワンナーンが与えられる称号には、他にマナッカーダンやヴァダックンバーダンなどがあり、地域によって異なる。称号は、村人が優れていると思うテイヤッカーランをチラッカル王またはタリッパランブにあるラージャラージェーシュワラ寺院のブラーマン司祭に推薦し、王またはブラーマン司祭によってテイヤッカーランに与える。カンナンは、数ある称号の中でも最も価値があるとされているブラーマンからの称号を与えられた（ibid. 80-81）。こうしてカンナンは、カンナン・ペルワンナーンとなり、それ以後彼の社会的地位はさらに上がった（ibid. 82）。

1946年、カリヴェルール村では、農民によるチラッカル王に対する反乱が起きた。翌年1947年、カンナンが30歳の時にインドは英国から独立する。

テイヤムの舞台公演

1968年、カンナンは、当時コダカッド村の村長（village officer）であったK. K. N. クルップからの依頼で、トリシュール（ケーララ州中部）で行われるケーララ音楽舞踊劇協会（Keraḷa Samgīta Ṇāṭaka Akkādami）のアート・フェスティバルに参加した。初めクルップから舞台公演の話を聞いた時には抵抗を感じたが、そのうち彼の話に納得するようになった（ibid. 108）。クルップは歴史学者であり、後にカリカット大学の教授になり学長となった。クルップはフォークロア、特にテイヤムに関心があり、A. N. コダカッドと共に「カラーニケータナム（Kalānikētanam）」という民俗芸能（主にテイヤム）を支援する組織を作った。準自叙伝の筆者、スリーダランもメンバーの一人である。彼らにとってテイヤムは、神事であると同時に芸能でもあった。A. N. コダカッドは、「私もテイヤムを信仰する一人だ。舞台の上でのテイヤムは神ではないよ」という。

1974年にはカルナータカ州で、カルナータカ大学主催のテイヤム公演が催された。その際カンナン・ペルワンナーンのカトゥヴァヌール・ヴィーランの演技をみていた外国人が、「踊る宝石（Dancing Jewel）」と賛美したことから、後に新聞などでペルワンナーンは踊る宝石を意味する「ヌルッタカラトナム（*nrttakaratnam*）」と称されるようになる（ibid. 119-120）。

1976年に、カンナン・ペルワンナーンは、ケーララ・サンギータナータカ・アカデミーから賞を受賞する。カンナン・ペルワンナーンを有名にしたのは、カラーニケータナムの働きである。カラーニケータナムはペルワンナーンに、インド各地で公演する機会を与えた（ibid. 121）。1982年にはデリーで開催されたアジアスポーツ大会に参加し、グラウンド上で100のテイヤムが一斉に踊られた。この頃から、テイヤッカーランは「カラーカーラン（*kalākāran*）」と称されるようになる。カラーカーランの翻訳語として「アーティスト」が定着するようになり、テイヤッカーランはアーティストとも称されるようになった。

舞台公演はペルワンナーンを有名にしたが、ケーララ北部の寺院以外のステージ、しかもグラウンド上でテイヤムを披露したことに関し、村人の中にはペルワンナーンらを非難する人もいた。それに対しペルワンナーンは、「テイヤムのない地域で、これをみたことのない人々にテイヤムを知らしめるのは間違いではない。だがテイヤムの信仰されているケーララ州北部ではステージ公演をしたくない」と述べている。

以上が、準自叙伝に沿ったペルワンナーンの生い立ちである。準自叙伝は、ペルワンナーンがテイヤッカーランとして有名になるサクセス・ストーリーである。特に後半は、カラーニケータナムによる舞台活動が中心である。ペルワンナーンの親族内での関係や、ペルワンナーン自身の差別意識、家での特殊な慣習などについては触れられていないため、以下では筆者の体験を基にしてそれらについて記述する。

3．晩年の生活

ペルワンナーンの家族・親族とテイヤムの継承

カンナン・ペルワンナーンには、二人の息子と二人の娘がいたが、長男は筆者がペルワンナーン家に入った半年前に亡くなっていた。次男は銀行勤めで、北インドのアグラに単身赴任をしている。ペルワンナーン家には、長男の嫁とその子どもたち3人が住んでおり、隣には次男の嫁とその娘二人が住んでいる。長男の子どもで当時23歳の娘は、大学を卒業して教職の免許をとり、ペルワンナーンの診療所を手伝いながら、教員になる機会を待っていた。彼女はテイヤムやワンナーンのしきたりに関する知識を多少はもっていて、筆者の研究にも協力と理解を示してくれた。20歳の息子はアーユルヴェーダ大学に通っていた。通常テイヤッカーランの家では、子どもたちは幼少の頃から父親やオジからテイヤムを習うが、ペルワンナーンの息子も孫もテイヤムを習う機会をもたなかった。17歳の娘は大学で化学を専攻しており、私のフィールドノートをみて、「ジャーティ（カースト）を調べているよ」と嫌悪感を示した。親族関係を聞いていても同様にいわれた。ワンナーンが差別されていたことと、また現在

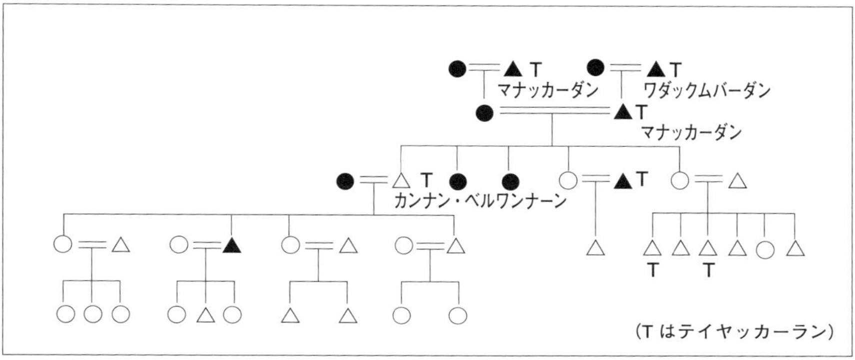

図21　カンナン・ペルワンナーン家の親族関係図

でも表だっていわないが、高位カーストの差別的発言は、平等であるべき時代に育った若い世代にとっては屈辱的なことであった。ペルワンナーン自身はテイヤム文化を学ぼうとする筆者に対して好意的であった。ある日、隣の家でお茶を飲んでいたため、家に帰ったのが7時を過ぎてしまった。ペルワンナーンは心配をして探しに出かけたらしく、筆者が帰ってくると大変怒られ、家を出て行けといわれたが、翌日には機嫌は直っていた。

図21からわかるように、カンナン・ペルワンナーン以上の世代は、男性はみなテイヤッカーランであった。ところがペルワンナーンの直系の子孫は誰一人テイヤッカーランではない。アーユルヴェーダだけは、長男、孫に受け継がれ、あとの人は銀行やコンピューター会社に勤務している。ペルワンナーンはワンナーンの中では経済的レベルは高く、子どもたちは全員が高等教育を受け、テイヤッカーラン以外の職に就くことが可能であった。これはペルワンナーンに限らず、テイヤッカーランとして有名になったり、副業で稼いで経済的に豊かになったりしたワンナーンにみられる傾向である。他の職業に就いているワンナーンの中には、テイヤムを恥であると考えている者もいる。また経済的に低いレベルのワンナーンは、テイヤムを職業として続けている。カンナンの遠縁の若いワンナーンのように、印刷の仕事に就いたが月収が1000ルピー[11]であり、テイヤムをやれば3000ルピーの収入が得られるため、テイヤッカーランに戻ったケースもある。教育水準は高いが失業率の高いケーララ州では、大学を出て

も職に就けない若者が大勢いる。テイヤムも現在は職業の選択肢の一つとして捉えられ、テイヤムを選択するか否かは、他の職との給料やステイタスとの比較によるようになった。

ペルワンナーンの一日と年中行事、慣習

ペルワンナーンは70歳になるまで、カトゥヴァヌール・ヴィーランを踊った。その後数年の間は、ムッタッパンなど激しい動きを必要としないテイヤムは担ったが、70歳を過ぎてからはテイヤムの活動をやめ、自宅に隣接した診療所でアーユルヴェーダ医師として患者を診ることに徹した。朝は6時半に起床し、沐浴をする。額、腕、胸に灰（*bhasmam*）[12]、白檀のペースト（*candanam*）を塗りつけ、礼拝室で女神への祈りの祭文（*bālāmantram*）を唱える。9時頃朝食をとり、診療所を開ける。診療所には、連日大勢の子どもを抱えた親がやって来る。午後2時頃昼食をとり、患者が途絶える5時頃まで診察を続ける。その後、再び礼拝室で祈る。ペルワンナーンが厚く信仰している神は、ムーガーンビカ（Mūkāmbika）女神[13]である。軽食をすませ2時間ほど寝た後、夕食をとる。夕食は、ペルワンナーンと息子の長男がまず先にとり、その後で筆者を含めた女たちがとる。テレビでインド神話系ドラマがある場合は欠かさず見る。ペルワンナーンはテイヤムだけでなく、汎ヒンドゥー神話にも強い関心をもっていた。

ペルワンナーン家では、年にいくつかの行事がある。1978年に、コダカッド村に新しい家を建てた時に作ったムッタッパン神の祠では、毎月シャンカラマムの日に礼拝儀礼を行う。その際には、緑の豆や干し魚、ココナッツと椰子酒がムッタッパン神に供えられる。儀礼を行うのは、ペルワンナーンの診療所で薬を作っている同じワンナーン・カーストのコーランという男性である。クンバム月（2～3月）には、年に一度、ムッタッパン神のテイヤムを行う。この時テイヤムに扮するのもやはりコーランである。また、妻の命日には親族を呼びご馳走を振る舞う。

ペルワンナーン家では、穢れに対するタブーが強く守られている。生理中の女性は、初めの2日間は祈祷室のある居間とベランダには立ち入ってはならず、ムッタッパン祠の前を通ってはいけない（図22）。椅子にもベッドにも横になってはならず、床の上に敷物を敷いて寝る。普段台所に立っている主婦も食事を

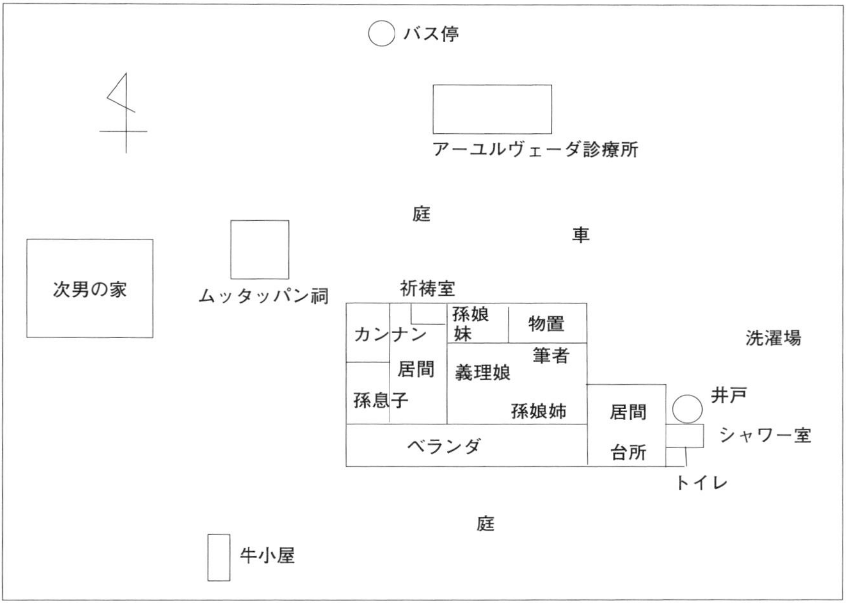

図22　カンナン・ペルワンナーン家の見取り図（略図）

作ったり人に給仕したりしてはならず、他の人が作ったものを床の上に座って食べる。月経中は基本的に他の人に接触してはならない。3日目に沐浴した後、通常の生活に戻れる。だが7日間は寺院に立ち入ってはならない。このような月経中の女性のタブーは、50年前は高位カーストの家で守られていたが、現在ではブラーマンの家でもこのような規則は消滅している。孫たちは、このような古いしきたりがあって、友人らが来た時に恥ずかしいというが、ペルワンナーンは、この家ではムッタッパン神を祀っているため清くなければならないという。

長男が亡くなった後、その妻は1年間家の庭先を除いては外へ一歩も出なかった。実家の儀礼の時でさえも実家に帰らなかった。以前は夫が死んだ後、寡婦は悲しみを表して1年間、外に出ないといった慣習が高カーストには見られたが、今では見られなくなっている。

ではこうした慣習が、地位向上のための高位カースト文化の模倣であり、「サンスクリット化」であるといえるであろうか。通常サンスクリット化といわれる場合は、肉食も禁止する。だがペルワンナーン家では魚・肉も常食し、ペルワンナーン自身はウイスキーを愛飲していた。ムッタッパン神には、魚と椰子酒が供えられる。ペルワンナーンが重視しているのは女性のケガレと喪であり、それが地位向上の戦略であるとはいいがたい。このように年中行事にしても慣習にしても、取り仕切っているのはペルワンナーンであり、ペルワンナーンの指示には家族全員が従わなければならなかった。

村人との関係

ペルワンナーンはテイヤムを引退したが、コダカッド村やカリヴェルール村の近辺でペルワンナーンのテイヤムをみたことのある村人たちは、「ペルワンナーンのテイヤムは素晴らしかった。ペルワンナーンはテイヤム神話やトーッタムを全て知っていて、博識であった。それに比べ今の若いテイヤッカーランは何も知らず、ただ踊っているだけだ」という。

アーユルヴェーダ診療所には、連日多くの患者が訪れた。患者にはブラーマンやナーヤルなどの高位カーストもいる。診察の際には患者に接するので、アンタッチャブルの穢れは近年ではあまり気にされなくなった。周辺にムスリムが多く住んでいることから、ムスリムの患者も多い。患者で多いのは、０歳から３歳の乳幼児である。アーユルヴェーダは副作用がないため、幼児に適していると考えられている。村には今では西洋医学の医者もいるが、アーユルヴェーダを信奉している人も多い。毎週金曜日は診療所を休みにしているが、それでも患者は何人か訪れた。たとえ夜中であっても急患がドアを叩くことがあった。

ペルワンナーンは州政府から年金をもらっていた上、テイヤムと診療所の収入があったため、かなり豊かであった。家には車一台とオートバイが二台、他の家には当時では珍しかった自家発電機まである。そのためなにかと寄付金を集めに来る村人がいる。その他、テイヤムに関する情報を得ようとする学者や郷土史家、ペルワンナーンに関する記事を書こうとする新聞・雑誌記者などが、ペルワンナーンを訪ねてやって来た。この村では、共産党の勢力が絶大で、選挙の際に他の政党の支持者が実際に投票することが難しい。票を略奪されるか、事前に本人の名前で投票が済まされている。ペルワンナーンは会議派の支持者であるが、誰にも妨害されずに投票できる数少ない村人の一人であった。テイヤムを引退した後も、アーユルヴェーダ医師として、元名テイヤッカーランとして村人たちから求められ、尊敬されていた（写真56）。

写真56　カンナン・ペルワンナーン

ペルワンナーンには、ブラーマンやナーヤルといった高位カーストにも親しい友人がおり、ティーヤや同じテイヤッカーランであるマラヤンとも交流が深い。だが、ヒエラルキーの最下層に置かれるプラヤやチャックリヤには差別的な態度をとる。ある日筆者がプラヤのテイヤムを見に行こうすると、「あいつらは野蛮だから早く帰って来い」といわれた。また、筆者がチャックリヤの寺院の祭りに行こうとしたら、ペルワンナーンの義理の娘が、「彼らは毎日沐浴していないから臭いよ」といわれたのである。村でハリジャン（不可触民）といわれるのは、プラヤとチャックリヤである。ワンナーンは指定カーストの中では最上位に位置しており、プラヤやチャックリヤに対する差別意識を強くもっている。

ワンナーン・カーストは、一つ上に位置するティーヤ・カーストと関係が深い。ティーヤ・カーストの洗濯を職業とするワンナーンは、一説によるとティーヤから分岐したともいわれる（Payyanāṭū 1979: 78）。以前は両カースト間で婚姻関係も結ばれていた。だが、ティーヤのカースト上昇運動や、ワンナーンが指定カーストとされることにより、両者の格差は明確になった。ワンナーンとティーヤが結婚したために、そのワンナーンがティーヤの寺院でテイヤムを行う権利を剥奪されるなど、ティーヤによるワンナーンの差別もみられる。

最上位のブラーマンを除いては、どのカーストにも上のカーストに対するコンプレックスがみられ、またすぐ下のカーストとの差別化を図る動きがみられる。だが、いずれのカーストの者も、自らの帰属するカーストに対する愛着と誇りをもっており、カーストの習慣を容易に破ろうとはしない。

4．社会的地位の変化

ワンナーンの中でもカンナン・ペルワンナーンは経済的に豊かで、人々から敬意を払われ、社会的地位はかなり高いといえる。カンナン・ペルワンナーンの地位向上の原因には、次の３つがあげられる。

第一に、カンナンのテイヤッカーランとしての技量である。カンナンの父親も有名なテイヤッカーランであったため、カンナンは幼少の頃から良質の訓練を受ける機会に恵まれた。地域の寺院で主神を踊る権利がないにもかかわらず、他のグループに呼ばれてテイヤムを踊ることがあった。また、カトゥヴァヌール・ヴィーランなど権利を必要としないテイヤムを踊り絶賛された。カンナンは踊りだけでなく、祭文や儀礼、神話も熟知しており、全てのテイヤッカーランに備わっていない知識をもち合わせていることも尊敬の対象となった。

第二に、カンナン・ペルワンナーンのアーユルヴェーダ医師としての能力である。父親も名医師であったため、幼少の頃から父親からアーユルヴェーダを学び、薬草つくりを手伝い、治療を間近で見る機会に恵まれた。カンナン・ペルワンナーンの診療所には、村に病院がなかった時代から大勢の患者が訪れた。現在は西洋医学の医者も薬もあるが、副作用があるため、子どもの治療にはアーユルヴェーダが人気である。子どもの専門医としてカンナン・ペルワンナーンは、村人から絶大な信頼を得ていた。

第三に、テイヤムの「アート」としての価値の台頭と、K. K. N. クルップやカラーニケータナムとの関わりである。テイヤムは、伝統的には寺院や家のみで行われていた宗教儀礼であったが、1960 年以降、舞台公演も行われるようになり、民俗芸能（ナーダン・カラ、*nāṭankala*）といわれるようになる。カラ（*kala, skt.<kalā*）[14]とは、元々「技能」を指す言葉であったが、技能の中の芸能として用いられるようになり、それが英語の「アート」に訳された。よってナー

ダン・カラはfolk artの訳語となり、テイヤムはカラ、およびアートとして認識されるようになる。若者の中には、テイヤムを神として崇拝するのではなく、アートまたはパフォーミング・アートとして楽しむ者も増えてきた。それに伴い、テイヤッカーランは、カラーカーランもしくはアーティストと呼ばれるようになった。

クルップをはじめとするカラーニケータナムの成員らは、フォークロア、特にテイヤムに関心をもち、テイヤムが宗教儀礼としてだけではなく、アートとしての要素をもつことから、テイヤムのないマラバール以外の地域の人々にも知らしめて賞賛を得ようとした。そこで彼らは、テイヤムに関する知識と技能が卓越したカンナン・ペルワンナーンを、マラバール以外の舞台公演へと連れ出した。カンナン・ペルワンナーンはブラーマンから伝統的称号を与えられただけでなく、世俗のサンギータ・ナータカ・アカデミーからもアーティストとして賞を与えられた。こうして、カンナン・ペルワンナーンは、宗教職能者テイヤッカーランとしても、アーティストとしても「スター」となったのである。そして、彼らの活動によって、テイヤムが儀礼かつアートであるといった認識が、徐々に受け入れられていった。

カンナン・ペルワンナーンの地位は飛躍的に向上したといえるが、他のワンナーンに関してはどうであろうか。カンナンの少年時代、学校ではブラーマンの子は家に戻ると、不可触民の子どもと接した穢れを落とすため、沐浴をした。先生は低カーストや不可触民の子どもを罰する時は、直接触らず棒を投げつけた。当時、低カーストやワンナーンなどは、触ると穢れる存在、まさしく不可触民であった。農民運動の会合では、ガンジーの精神にのっとり、カースト間の共食を試みたが、高カーストと共食をしたワンナーンは、洗濯の仕事を禁じられた。50～60年前は、テイヤッカーランはオーナム祭やタラワードゥのテイヤム儀礼の時に家に来ても、家の中に上がることはなかった。ところが今は、ブラーマンを除いては、テイヤッカーランを儀礼の合間に家の中に入れて、食事を出す家がほとんどである。カースト差別は悪習であるといった意識が人々に浸透しつつあるので、表だって差別することは少なくなった。よって全体的に、ワンナーンの社会的地位は改善したといえる。

だが、ワンナーンがティーヤの下であり、マラヤンの上であるといった位置関係は変わらない。ティーヤとの境界は、以前よりも明確化されたといえる。つまり、カースト・ヒエラルキーの相対的な地位は変わらないのである。ベテイユは、カーストシステムの社会的移動は、階級（class）の移動に比べ、かなり遅いという（Béteille 1996 [1965]: 190）。それは、現在でもカースト内婚が固く守られているため、カースト自体は変わらないのである。

カンナン・ペルワンナーンの業績が及ぼした他への影響を考えると、ペルワンナーンのテイヤム・パフォーマンスは、テイヤムに宗教儀礼だけではなく、アートとしての価値を付与した。若いテイヤッカーランの中には、アーティストとしての誇りもみられる。しかし、ペルワンナーン自身の家系をみると、テイヤムの後継者は誰一人いない。ペルワンナーンのテイヤッカーランとしての成功は、経済的な貧しさからのテイクオフを可能にし、後継者の不在といった皮肉な結果をもたらした。

不可触民の地位向上に対する意識であるが、ペルワンナーンをみる限りは積極的な地位向上意識があるとは思えない。カースト差別に対するカンナン・ペルワンナーンの態度は、怒り・抵抗というより悲しみである。農民運動の会合での共食に関する処罰を、「悲しい出来事」といっている。ペルワンナーンは、差別に対して戦いを挑み、自らのカーストの地位を上昇させようと努めた訳ではない。それよりもテイヤムやアーユルヴェーダを自らの天職と認識し、それらに専念した結果として得た富と名声である。社会的地位の上昇は、必ずしも意図的にばかり起こされるのではなく、他の行為、またカラーニケータナムの活動といった外部的要因の結果として生じる場合がある。特に、テイヤムという宗教儀礼がアートとして評価されたことが、「貧しいテイヤッカーラン」から「アーティスト」、「踊る宝石」への変身につながったといえる。

他のワンナーンに地位向上意識がみられるかどうかであるが、経済的な向上は誰もが望んでいるが、何をステイタスとするのかは人によって、また状況によって異なる。テイヤムに誇りを感じている人、またはそれ以外に選ぶ職がない人は、テイヤムの技量をより洗練させ、称号をもらうことがステイタスにつながると考える。テイヤムを恥であると感じる人、または能力的に他の職業に就くことが可能な人は、州政府の仕事や銀行員など他の職業に就くことがステイタスであると考える。ワンナーンの中に積極的な地位向上活動はみられないが、それぞれが自ら価値あると思う選択を行っている。

ペルワンナーン家の穢れや死の禁忌は、女性に課せられるものであり、ペルワンナーン自身の行動はサンスクリット化とはいい難い。またペルワンナーンのブラフマー信仰であるが、ペルワンナーンによって、シヴァもテイヤムも優劣がある訳ではなく、同等な信仰の対象である。高カースト文化を取り入れてはいるが、全面的に模倣しているのではない。いわゆるサンスクリット化の中にあるが、それを選び取る主体である。

5．個人と社会によるテイヤム認識

不可触民の社会的地位は、全体的なレベルは1940年代と比べれば、かなり上昇したといえる。だがそれは低位カースト全体の地位が上昇したため、相対的地位に変化はみられない。また、同じワンナーン・カーストであっても、カンナン・ペルワンナーンのように、テイヤッカーランとして、アーユルヴェーダ医師として村人から尊敬される人と、テイヤッカーランとしての技量もなく、酒癖が悪くて軽蔑される人がいる。

地位向上意識に関しては、ワンナーン全体の中で活発な活動や強い意識はみられない。何をステイタスとするかは、ワンナーンの経済的状況にもよる。だが下のカーストを差別することにより自らの地位を保とうとする傾向はある。

従来の研究では、特定の不可触民といった集団を対象とした分析が主流であったが、個人の生活史という内側の視点からみることにより、不可触民にも多様性がみられ、社会的地位も周囲の影響を受けながら変化しているのである。

ペルワンナーンの行動の変化をみていくと、そこには個人が周囲の人々との相互関係の中で認識を形成しているのが窺われる。初めは舞台出演に抵抗感のあったペルワンナーンも、村長の説得によってそれを許諾し舞台に出演する。それに対し周囲の村人たちは、ペルワンナーンを一時非難したものの、神事としてのテイヤムと舞台の上でのテイヤムという使い分けを認めるようになる。テイヤムがアートとして評価され、儀礼としても知名度が上がるにしたがって、テイヤッカーランだけでなく、周囲の人々も名声を得るようになる。そして地域全体の名声にもつながるのである。

ゲイトウッドは、個人の認知的構成は、集団表象と自身のルーティンとの相互作用によって決まるという（Gatewood 1985; Humphrey and Laidlaw 1994: 140）。テイヤムに対する認識は、テイヤッカーランとテイヤムを支援する人々、一般の人々の間で相互作用を受けながら、形成されていっているといえる。

第3節　儀礼の政治性

1．儀礼からアートへ

第1章で述べたように、村のタラワードゥ寺院やカースト寺院で行われてきたテイヤム儀礼は、王から認められた地域の中で権利をもつテイヤッカーランにより、決められた日時に行われており、地域の王が最高権威者であるなど、様々な権利と義務が伴っていた。よって、権利圏以外の場所でテイヤムを演じるまたは催すといったことはなかった。

ところが1960年頃から、ケーララ州北部以外の都市や海外の都市で公演される機会が増加してきた。こうした舞台上では、神霊を呼び降ろすトーッタムの儀式や司祭によるプージャは省略され、数時間にわたる踊りは数分の踊りに簡略化されるといった姿をみせるだけのショーである。だがケーララ北部以外の人はテイヤムの神話や信仰体系を理解しているわけではないので、見栄えのする踊りであれば賞賛する。テイヤムの派手な衣装、化粧、踊りが彼らの眼には「美しいもの」と映り、テイヤムはアートして、テイヤッカーランはアーティストとして評価されるようになっていった。

このような舞台化現象の背景には、ケーララの州政府による文化活動や政治的戦略がある。だが舞台化は受容されていくだけでなく、近年では舞台化に対する対抗運動もみられ、その中でテイヤムが何であるのか、儀礼とアートをめぐって議論が巻き起こった。ここでは議論から儀礼の政治性について考察する。

2．ケーララ州の文化活動

ケーララは元々演劇や舞踊などが豊富であるが、ケーララ州政府はそうした芸能活動を奨励する施設を数多く設立し、文化活動に力を入れてきた。

1930年、今やケーララの芸能を象徴するカタカリを教える「ケーララ・カラーマンダラム（Kēraḷa Kalāmaṇḍharam）」が、詩人ヴェッラットゥールによって中部のトリシュールに設立され、1957年には州政府の管轄下に入った。1956年には文学活動を支援する「ケーララ文学協会（Kēraḷa Sāhitya Akkādami）」が州都トリヴァンドラムに設立され、1958年には、中部のトリシュールに移される。同年に、音楽、ダンス、ドラマ、フォークロアなどを支援する「ケーララ音楽舞踊劇協会」がトリシュールに設立された。1962年には、絵画、彫刻、建築などを支援する「ケーララ美術協会（Kēraḷa Laḷitakalā Akkādami）」が同じくトリシュールに設立された（*Sāmskārika Diary* 1999）。

そして1995年には、「フォークロア・アカデミー」が初めて北部のカンヌールに設立された。左派統一戦線が1996年に再び政権をとった時、政府はフォークロア・アカデミーの機能を強化した。1998年には、テイヤッカーランであり大学教授でもあるM. V.カンナンを会長に任命した。アカデミーの活動目的は、ケーララの伝統的フォーク・アートの促進、少年少女への伝統芸能の訓練、ケーララ・アートの調査・研究、フォークロア事典の出版、博物館の設立、芸能祭の開催、アーティストへの賞、奨学金の授与などである（Puthussery 1998: 28）。ここで、フォークロア・アカデミーの意味するフォークロアはフォーク・アートであり、それを資源として保存・保護することが意図されていることがわかる。アカデミーの目的は、フォーク・アートとアーティストの促進・育成であるといえる。

芸能祭は、ここ10年の間に盛んに行われるようになった。村落のパンチャーヤト大会から始まって、最後は州大会に至る芸能・スポーツ競技大会、「ケーララ・ウトゥサヴァン」（Kēraḷa Utsavam）、トリヴァンドラムで行われる「オーナム祭・観光週間[15]」には、カタカリ、モーヒニアーッタムをはじめとする、ケーララ中の芸能が披露される。こうしたステージ公演やパレードに、テイヤムも北部のフォーク・アートとして参加した。

1998年12月には、フォークフェスティバル「ケーラリーヤム」(Kēraḷīyam)がトリシュールの近くのバラタプラで行われた。このフェスティバルの目的は、文学、音楽、芸能、農業、衣食などの舞台発表を通して、ケーララ人のアイデンティティ、生活、文化、遺産などを明らかにすることである(Mohanty 1998: 2)。

文化大臣のT. K. ラーマクリシュナンは以下のように述べている。「民主主義体制では、伝統文化・ポピュラー文化は、社会の文化的アイデンティティの形成において重要な役割を担う。文化的多様性は、社会の目的を達成する重要な媒介体である。我々の伝統文化は、その存続をかけて戦ってきた。ケーララの伝統文化や芸能は、インドの精神的統合に大きく貢献するであろう」(Ramakrishnan 1998: 3)。

文化部出版の小冊子、「文化的アプローチ」によると、その目的は、①文化団体は商業的文化や宗教的文化に対して戦うべきである、②団体は民主主義、世俗主義の姿勢をとる、③儀礼に関しては、現在の生活に必要なものだけを残すべきである、とある(Sāmskārika Nayam 1999: 9)。この①でいう商業的文化とは、フォークロアを広告や商業目的で用いる資本主義文化を指し、宗教的文化とは、BJP(Bharatiya Janata Party)の全インドをヒンドゥー化しようという政策、「ヒンドゥットゥワ」[16]を指していると考えられる。②と③の目的に従えば、カースト制度や封建制度を表象し、民間信仰の色合いが濃いテイヤムの諸儀礼は、民主主義・世俗主義に反するので不必要であるということになる。

3．テイヤムの舞台公演をめぐる論争

1998年10月10日から19日にかけて、青年福祉部主催、ケーララ・フォークロア・アカデミー共催により、カンヌール県タリパランブ市近くの公開訓練所において、「テイヤム・アート訓練」(Teyyam Kalā Pariśīanam)が行われた。ケーララ州北部から若手テイヤム演者を募集し、熟練テイヤム演者を講師に迎えて、トーッタム、メークアップ、踊り、衣装作りの指導が行われた(写真57)。テイヤムの技法が宗教儀礼というコンテキストを離れて披露されるのは、ケーララ北部では初めてのことである。

写真57　講習会での衣装作り

テイヤムの技法は、父や叔父（母の父）から、家や祭りの実践の場で教えられていた。しかし州政府企画の訓練プログラムでは、特定の場所で他人から集団で技を学ぶというものであった。こうした企画は1997年にフォークロア・アカデミーの催した「テイヤム・メークアップ教室」（Teyyam Mukhatteḷuttu Śilppaśāla）が最初で、今回は2度目であった。ここでの演者たちは、アーティストと呼ばれていたため、テイヤムをアートとして捉えようとする州政府の姿勢が窺える。

最終日にはカンヌール市のグラウンド上で、10人のテイヤムを一斉に披露した。この内アート訓練に参加した生徒は3人で、残り7人は部外者であった。マラヤンを中心とした生徒が舞台公演に反対したのと、技術的に生徒がテイヤムを担うことができなかったためである。テイヤムの舞台公演に反対して、マラヤン・カースト・ソサイエティーはデモ行進を行った。グラウンド上でのテイヤムは儀礼を伴わないので、テイヤムではないというのである。

グラウンド公演前のセミナーにおいて、公演をめぐって賛否が問われた。フォークロア・アカデミー会長のM. V. カンナンは、「テイヤム・アーティストは様々な問題を抱えている。テイヤムでは生活の需要を満たすような十分な収入が得られない。若者たちの教育水準は上がってきているため、テイヤムを仕事として選ぶものが少なくなってきた。テイヤムは今、消滅の危機にさらされている」といって、テイヤムをアートとして賛美、奨励することは、アーティストとしての自尊心を高めるとして、舞台公演を正当化する説明をした。

また、カリカット大学演劇科の A. K. ナンビヤール教授は、「テイヤムをどこで行うかを決める権利は、テイヤッカーランにある」といって、舞台公演を支持した。さらに両者とも、人々にとって必要なくなったフォークロアはなくなることを認める。例えば、天然痘を治すと信じられていたテイヤム、ヴァスーリ・マーラ（Vasūri Māla）は、天然痘が撲滅した現在では信仰されていない。

そうした舞台演出擁護論に対し、セミナーに集まった人たちの中から「テイヤムは宗教的慣習だ。ステージ・プログラムには儀礼も信仰もない」と反対の声があがった。また若いマラヤンのテイヤム演者からは、「カンヌールの人々は本物のテイヤムを知っている。もしステージの上でパフォーマンスしたら、私は地元の権威者から罰せられるかもしれない」と懸念する声も上がった。

テイヤム研究に長年従事しているフォークロリスト、C. M. S. チャンデーラはこのセミナーに呼ばれなかったが、カンヌールのグラウンド上でのテイヤムに強く反対した。チャンデーラは「テイヤムはカーヴ・アート（*kāvilekala*）である」という（Mātrubhūmi 1998 Nov. 4th）。彼は、テイヤムの魂は信仰であり、儀礼（アヌシュターナム、*anuṣṭhānam*）を伴わないテイヤムはその魂を滅ぼすと警告する。また彼は、政府はテイヤムは儀礼を伴えばどこででもできるというが、テイヤムのできる場所は、権利によって定められているので、政府はテイヤムを公の場で披露することよりも、テイヤム祭が長年途絶えているカーヴを援助し復興すべきだと主張している（Malayāḷa Manōrama 1998 Oct. 19th）。テイヤムをカーヴやタラワードゥで行うには、地主や祠の権威者の許可が必要であり、権利のあるものだけがテイヤムの諸儀礼に携わることができる。寺院以外の場においては、権威者の許可がないので行えないというのである。そしてチャンデーラは、11 月 4 日、カンヌールの商工ホールで「北ケーララ儀礼芸能保護協会（Uttarakēraḷa Anuṣṭhāna Kalā Samrakṣana Kēndram）」を結成した。この協会の目的は、テイヤッカーランとカーヴを伝統的な形で守ることにある。そこにはいわゆる「真正さ」（authenticity）にこだわってテイヤムを保護するという方向性が見られる。

それに対して舞台支持派の A. K. ナンビヤールは、テイヤムは儀礼アート

（*anuṣṭhānam kala*）であり、崇拝（*ārādhana*）儀礼、アートの混合であるという。彼は、フォークロアにとって儀礼は大切であるが、人々が必要としなくなったらなくなるものであるという（Malayāḷa Manōrama 1998 Oct. 20th）。

舞台公演に賛成する側も反対する側も、テイヤムの儀礼としての要素とアート（*kala*）としての要素を認めている。儀礼アートとは、両方の要素を含んだ、新しい概念であるが、州政府側はアートとしての側面を重視し、チャンデーラ側は儀礼としての側面を重視しているといえる。アートに傾けば「創られた伝統」、儀礼に傾けば「持続された伝統」となるといえる。

儀礼芸能保護協会は、テイヤムは伝統儀礼であり、昔からの権利、慣習、形式、信仰を守らなくてはならないとする。それに対し州政府側は、祠や社でのテイヤムを否定しないが、権利、慣習、儀礼、信仰心が伴わないアートとしてのテイヤムも認め、舞台公演を推奨している。両者ともテイヤムの「伝統」の存続を意図しているのだが、テイヤムの保存の仕方に相違がみられる。

4．儀礼と政治的イデオロギー

テイヤムの舞台公演をめぐる論争から様々な言説を取り出し、論争の中で錯綜する政治的イデオロギーのあり方を考察してみたい。

儀礼芸能保護協会は、テイヤムの舞台公演がある度にことごとく反対する。この動きを懸念して、左派の「進歩的芸能文学組織」（Purōgamana Kalāsāhitiya Samgham）と「マラバール・エリア・テイヤム・アーティスト協会」（Malabar Area Teyyam Artist Association）が、「ファシストのテイヤム・アートへの進入に反対する会合」を、1999年1月24日にパイヤヌール市男子高等学校で開いた。そこでは「ファシストはカーヴを高カーストのヒンドゥー寺院に変えようとしている。これは高カーストによる低カーストを抑圧する動きである。彼らはテイヤム・アーティストの自由を奪い、文化の多様性を否定している。これは、BJPの戦略であり、国家政策の一環である。我々はこうした動きに強く反対する」といった意見が出された。従来、テイヤムが行われる祠は、「カーヴ」と呼ばれていた。ところが最近になって、ブラーマンが祭司をつとめる寺院と同じ、「クシェートラ」（*kṣētram*）という名称に代えるカーヴが増えてきた。彼らはそれを、BJP に代表される汎ヒンドゥーイズムが地域宗教を統合しようとする動きであるとして批判している。

1月28日にはカリカット大学で、インド・フォークロア学会が開催され、全国から集まったフォークロリストらが、原理主義者の脅威について話し合った。カリカット大学学長の K. K. N. クルップは、「テイヤムはアートと儀礼の稀な組み合わせだ。だが今、ヒンドゥー原理主義者らは儀礼を伴わないパフォーマンスに反対している」といって、チャンデーラらの活動を暗に批判した（Indian Express 1999 Jan. 29th）。

ラーマンダリ・ラヴィは、「テイヤムをどこで行うか決める権利は長い間、支配階級の手に握られていた。デモクラシーに関して語っている時でさえも、実際はファシズムを強調している」と述べている（Ravi 1999: 109）。

このようにフォークロリストらは、カーヴをヒンドゥー化し統制しようとしている「ファシスト」に対して、脅威を感じており、そうした動きに反対して、低カーストの自由と文化を守らなければならないとしている。チャンデーラ自身は、カーヴのヒンドゥー化を推奨しているのではなく、テイヤムの「持続された伝統」を保存しようとしているのである。だがチャンデーラの活動は、コミュニストらに政治的イデオロギーを主張する場を与えた。

第二次世界大戦前後、コミュニストにとっての「ファシスト」は日本やナチスであったが、現在ではインド国内、特にケーララ州内の BJP を指す名称に代わったのである。これは、新たなイデオロギー闘争の観点の導入である。

2月27日から3月1日にかけて、右派の文化団体タパシヤ（Tapasya）による「フォークロア・セミナー」（Nāṭṭarivŭ Śilppaśāla）が、マーダーイ・シュリ・ヴァドゥクンダシヴァ寺院の近くで開催された。州政府開催のセミナーなどでは、フォークロアは「ナーダンカラ」（nāṭankala）といわれたが、ナーダンカラの直訳は folk art であり、タパシアの用いたナーッタリヴの直訳が folk knowledge となるので、用語としてはこちらの方が folklore に近い。このように、フォークロアの呼び名にも右派と左派の意図的な相違がみられる。

コミュニストの批判の対象は、ファシストだけでなく、資本主義に対しても向けられた。ラーガヴァン・パイヤナードは、現代資本主義社会はフォークロアの思想の媒介体としての機能を認識しており、フォークロアを用いて消費者に働きかけようとしている政府や資本主義家の活動も、応用フォークロア（Applied Folklore）であると指摘している（Payyanad 1999: 39-40）。応用フォークロアとは、フォークロアを芸能や文化的政治、特に商業目的で用いることをいう（Bendix: 1988: 6）。同様の考えは、K. M. アニルやラーマンダリ・ラヴィにもみられる。K. M. アニルは、テイヤムが女性の民族衣装であるサリーの広告に取り上げられていることなどを例にあげ、これはフォークロアの搾取であり、世界を一つの市場にしようとするグローバルな資本主義の戦略であると非難した。また彼は、ローカル・アイデンティティは植民地時代に英語教育をうけたエリートのインド人によって崩されたので、ポスト植民地時代にローカル・アイデンティティを取り戻すことが急務であるという（Anil 1999: 69, 71）。ラーマンダリ・ラヴィも、広告など商業的目的で用いられているフォークロアと、フォークロアを輸出することによって利益を得ている人たちを非難した（Ravi 1999: 112）。

これらの批判は、エリートインド人や資本主義者がフォークロアを彼らの目的のために利用していることであり、その結果地域の文化が搾取されているということである。彼らは地域文化の存続を求めており、それを妨げるような動きを非難している。このような、グローバリズムに対抗するローカリズム、また植民地主義に反対する現地主義は、非西洋社会、特に長年植民地支配を受けてきた国に一般的にみられる。

ケーララのフォークロリストらは、フォークロアの資源化、客体化に反発し、資本主義者はテイヤムを商業目的などで利用し、ローカル・アイデンティティはグローバル資本主義に破壊されようとしていると主張するのである。だが、フォークロリストも、州政府主催のフォークロアやテイヤムの行事に参加して、実際はステージ・プログラムを認めている以上、フォークロアを資源と考え操作していることは明らかで、資本主義批判には矛盾がみられる。

このような言動の不一致、論理的矛盾は、ケーララのコミュニストに共通してみられる特徴である。コミュニストは無神論を理念としてかかげ、世俗主義をモットーとする。だがケーララにおいては、コミュニストも積極的に宗教活動に参加している。州政府の寺院管理局であるトラヴァンコール・コーチン・デーヴァスワム・ボードのメンバーになるには、「神を信じる」といった誓いをたてなければならなかったのが、1999年２月に制定されたトラヴァンコール・

コーチン・ヒンドゥー教施設（改正）法により、無神論者であっても寺院管理局のメンバーになることが認められるようになった（New Indian Express, 1999 Feb. 22nd）。これは明らかに、コミュニストの宗教活動を意識した法改正である。

村のテイヤムの祭りに関しても、党の幹部は積極的に参加しないが、一般のコミュニストらは寺院の管理委員や祭の実行委員となり、寺院の運営や祭りに積極的に関わっている。祭りとなれば、多くのコミュニストらが集まり神に祈願をする姿もみられる。反コミュニストからは「コミュニストは寺院の管理委員となり、内側から信仰を変えていこうとしているのだ」という懸念の声が聞かれる。あるコミュニストが、「我々はテイヤムなしには生きていけない」といったが、これは二通りの意味でいえることであると考えられる。一つは、コミュニストも信仰心なくしては生きていけないということと、もう一つは、テイヤムを否定したら、テイヤム信者の支持を得られないという意味においてである。その点では、ここでいうコミュニストを西欧風の共産主義者と同一視することはできないといえる。

テイヤムの演者の中にも著しい矛盾がみられる。彼らは、神となり人々に神の存在を知らしめなくてはならないため、神の存在を否定できない。ところが、彼らの大半は、カースト差別や経済的不平等をなくし、貧しい人を救うことをスローガンとしている共産党の支持者である。彼らの多くは、寺院以外の場所でテイヤムを行うことに反対するというが、実際に海外公演を頼まれれば承諾する場合が多い。その場合には経済的な要因も大きく、それによって社会的に容認されることにもなる。宗教観念と政治のイデオロギーは必ずしも一致するものではなく、社会的・経済的要因によって矛盾をはらんだ構図を示す。

コミュニストは、カースト制度や封建制度を象徴するテイヤムの儀礼には反対するが、一方でテイヤムの神々の由来を語る起源神話は、反地主制度、反カーストを示すものであると解釈する。K. K. N. クルップによると、ムッタッパン・テイヤムの神話では、ムッタッパンはブラーマン女性に育てられるが、ブラーマンの慣習に反する行動をとったため破門され、ティーヤなどの低カーストによって祀られるようになる。このカーストに反する神話は、社会・政治的変化の中で重要な意味をもった。ムッタパン寺院の中でも特に有名なパラッシニッカダヴ寺院は、1837 年にその地域の地主であるナーヤルが、寺院の収入を得るため寺院の支配権を主張しマドラス高裁で争ったが、寺院の管理人であるティーヤに支配権が認められた。地主の行動に反対したティーヤと農民は結束を固め、徐々に彼らは独立運動に参加するナショナリストとコミュニストへと転身していった。ムッタッパンの祭りは反英のナショナリストの精神を広め、農民運動を間接的に促したという（Kurup 1999: 121）。

このような伝統を受け継ぎ、パラッシニッカダヴ寺院の管理委員は現在もコミュニストが多数を占める。1999年2月、パラッシニッカダヴ寺院に権利をもつテイヤムの演者が、CPI（M）（Communist Party of India〈Marxist〉）県委員会によって権利を剥奪された。これは、県委員会の書記をつとめていた彼の父親が党を脱会した腹いせに、県委員会が彼の息子を罰したという（Malayāḷa Manōrama 1999 Feb. 9th, 11th）。

以上の例からみてもわかるように、ケーララにおいて、コミュニストは寺院管理、祭りといった宗教活動と密接に結びついている。これがヒンドゥー至上主義を掲げるBJPが主導権を握っているインド中央政府ともやや性質を異にする、ケーララの世俗主義であるといえよう。ケーララという地域で作り上げられた新しいイデオロギーとして、コミュニズムは根づいているのである。

5．商業主義と観光化

フォークロア、地域文化、伝統文化と呼ばれるものの商品化や観光利用は、各地でみられる現象であるが、テイヤムも舞台化だけでなく、商業活動や選挙運動などにも用いられるようになった。テイヤムのポストカードや人形、カセットテープなどが販売され、また選挙活動の行進の先頭を、テイヤムの格好をした活動家が歩くといった光景もみられる。ケーララの芸術関係や観光案内の本の表紙を、テイヤムが飾ることもある。映画やドラマの題材にも用いられ、1997年にはペルワンナーンの悲恋を描いた映画、『カリヤーッタム』が話題をよび、1999年にはペルワンナーン一家を描いたドラマが放映された。

テイヤムは観光業界でも注目されており、南部ケーララに比べ名所も観光客数も少ない北部ケーララの、新たな観光目的地としようとする動きがある。1999年の3月にカーサルゴーッドゥ県トリカリプール市にある、ティーヤ・

カーストの4大寺院の一つ、ラーマヴィッリャム寺院でのテイヤム大祭には、ケーララ観光省も参加した。その際に観光省と地元のフォークロア団体が発行した小冊子には、以下のように書かれている。

> テイヤム祭祀は毎年、12月から3月にかけて、マラバール各地で行われているが、このアートと祭礼は、観光客が完全に見ることはできなかった。我々の村祭りの壮大さに注目させるため、ケーララ観光はあなたを、ペルンカリヤーッタムに歓迎する。この壮大なスペクタクルは、眼の肥やしとなり、見るものはマラバールの田舎の荘厳な力と謎に魅了されるであろう。
> （Perunkaliyattam 1999）

通常のテイヤム儀礼をみに来る観光客は皆無に等しいが、この大祭には多くの外国人観光客が参加していた。しかしテイヤムの神話や儀礼の意味を理解しない彼らにとって、テイヤムは崇拝の対象ではなくスペクタクルであった。

さらに2000年には、カンヌール観光促進会が、カンヌール県のテイヤム寺院での日程表を含む『テイヤムガイド』という本を出版した。その本の序文には以下のように書かれている。

> カンヌール県の文化遺産であるテイヤムは、神話と芸術としての前代未聞の優美さであふれている。未開な崇拝形態から現在に至る発展をみることができる。
> （Teyyam Guide 2000 Foreword）

このように、観光業界は、テイヤムの神秘さと審美性を売りもとのとし、観光を促進しようとしている。

こうした動きを必ずしも好ましくないと考える人々もいる。ワヤナード県のマラヤン・テイヤッカーランたちは、テイヤムの写真を撮り、はがきを作って売って稼いでいるものがいるが、そうしたことにより災い（ドーシャム）が本当に起こっているのだという。彼らは、テイヤムは演劇ではなくスピリチュアルな信仰であるとし、外国人がテイヤムを部族ダンスとして紹介したことを批判した。彼らの言動には、テイヤムの商業化、観光化に反対し、信仰としての秘儀性を守ろうとする態度がみられる。

テイヤムは、州政府と地域の文化団体の手により観光化と商業化に巻き込まれていっているが、一方ではこうした傾向が、地域文化や伝統を破壊するのではないかという恐れと疑いを招き、儀礼として保存しようとする意識が高まった。儀礼かアートかを問う問題は、伝統と近代の衝突の中で生じており、価値観の複雑化を示している。

6．イデオロギーとテイヤム認識

テイヤムの舞台公演をめぐる論争では、州政府を主体とする左派共産党中心の団体は、テイヤムのアートとしての価値を重視し、テイヤムの伝統やその存続維持のため舞台公演を推奨した。一方右派団体は、テイヤムは信仰を伴った伝統儀礼であるとし、権利と義務に従って慣行どおり寺院や祠の中だけで行うべきであると主張する。この論争は一見、儀礼の保存のあり方をめぐる対立のようにみえる。だが実際には、原理主義、資本主義に反対し、世俗主義、社会主義を主張するコミュニストと、それに対抗するケーララでは少数派の原理主義（BJP）といった、政治上のイデオロギーの対立構造がみられる。その対立は一様ではなく、コミュニズム対ファンダメンタリズム、コミュニズム対資本主義、グローバリズム対ローカル・アイデンティティ、ヒンドゥットゥワ対ローカル・アイデンティティといった、複数のイデオロギーやアイデンティティが錯綜している。それは単なる政治上のイデオロギーの問題だけではない。

また、コミュニストの言動には数多くの矛盾がみられる。フォークロアを商業的目的で用いる資本主義を批判するが、コミュニストのフォークロリストや州政府は、テイヤムの海外公演を推奨している。また、1999年3月にトリカリプールにあるラーマヴィッリャム寺院で行われたテイヤムの大祭では、州政府の観光局も参加し、寺院の外側では、TVモニターを設置して祭りの様子を放映していた（写真58）。ビデオやVCDなどのメディアを通してのテイヤムの間接的体験は、今では当たり前となっている。

コミュニストは、資本主義の武器を自らの武器にしているのである。今日、多くの社会は「モダニティ」（近代性）を地方生産する手段をもち合わせているという（Appadurai and Brechenridge 1995: 1）。ケーララでは、独自の近代性と世俗主義を創造し、コミュニズム、いわゆる共産主義もイデオロギーから文化運動へと揺れ動いている。ポリティックスと文化が絡み合いながら、「新たな伝統の創出」（小西 2003: 209）である、「新たなテイヤムの創出」が生じているところにケーララ北部の特徴があるといえる。

彼らは、儀礼やフォークロアが、政治上のイデオロギーを民衆に浸透させるのに効果的であることを認識している。ゆえに様々な矛盾を踏まえながらも、儀礼を論じ、実践しているのである。しかし、イデオロギーは伝統と出会うことでより複雑化し、矛盾を自らのうちに抱え込むことになった。ダークスは、儀礼は、言説と事象の闘争の場であるという（Dirks 1991: 229）。現代ケーララでも、伝統儀礼の保存をめぐって、こうした様々なイデオロギーの葛藤が繰り広げられているのである。

第4節　テイヤム祭の拡大と観方の変化

2003年までのテイヤム祭の様子と、2017年のテイヤム祭とでは変化がみられる。テイヤムの儀式自体は変わらないが、観る人の数が増加している。その背景としては、①メディアの普及、②タラワードゥ意識の向上、③テイヤム祭の劇場化があげられる。だが、「観る人が増加している＝テイヤムに対する信仰が厚くなっている」という訳ではない。テイヤムの観方から、テイヤムに対する意識の変化を考える。

1．メディアとテイヤム

テイヤムがいつどこで行われるかは、地域で有名なテイヤムであれば、知られているが、タラワードゥのテイヤムは関係者以外にはあまり知られていない。2000年代前半までは、新聞に予定の詳細が載っていたが、近年は新聞に代わり、インターネットにテイヤムの情報がふんだんに載るようになった。また、テレ

写真58　モニターを通して大祭を見る人々

ビのローカルチャンネルの下に、いつどこでテイヤムがあるかが流れるようになった。寺院によってはウェブサイトを開設して、寺院の歴史、テイヤムや大祭の詳細な情報を、写真や動画と共に発信するようになる[17]。その他、フェイスブックやワッツアップを通じて情報を遠方の人とも共有するようになり、急速に情報が流出するようになった 。

2017年、カリヴェルールのムッチローットゥ・バガヴァティ寺院で行われた14年ぶりの大祭では、およそ40万人の人が集まった。中には、エルナックラムやトリヴァンドラム、州外から観に来た人もいた。フェイスブックやウェブサイトを見て来た人が多くいるという。

祭礼の記録を編集した4巻のDVDが後に作成されたが、その中には、ドローンを利用した空中撮影の映像が載せられている。普段は広場である境内も、大勢の人で埋め尽くされている様子が撮影されていた。

また、スマートフォンが若者を中心に普及が進み、若者の多くは動画や写真撮影を楽しむようになった。テイヤム寺院においても、1990年代はカメラをもって撮影するものはわずかであったが、近年ではスマートフォンで誰しもがテイヤムを撮影するようになった。プドゥクラットゥ・イッラムのように、ブラーマンもテイヤムが正面に来ると、以前は立ち上がって敬意を表していたが、

写真 59　テイヤムの写真をとる人々

今では液晶画面を通してテイヤムを捉えるようになった（写真59）。テイヤムの模様はYou tubeにも気軽に投稿され、誰でも簡単にメディアを通してテイヤムを観ることが可能となった。

テイヤムの神話、儀式に詳しいクンニラーマン・ワイディヤは、テイヤムの出現に関して、以下のように述べている。

> 信仰、尊敬心、ホーマ、煙、炎、装飾、打楽器演奏、供物、マントラ、タントラ、これら全てが揃ってこそ、テイヤムがある。*devam*（神）が省略化され、テイヤムとなった。こすり合わせた石から火花が散るように、寺院という場で、テイヤムになる人の神霊に対する信仰、また観る人のテイヤムに対する信仰があってこそ、お互いの感情が触れ、神が現れる。家の中で子どもがテイヤムの真似をしても、それはただの遊びである[18]。

テイヤムは、場と演者と観る人の心が合わさってこそ出現する。しかし、インターネットでみられるテイヤムは、空間と時間がリアルではなく、スクリーンを通したテイヤムである。ヒンドゥー教徒にとって、寺院ではダルシャン（神像と目を合わせること）が重要であるが、スクリーンのテイヤムでは、観ることは可能であっても、直接寺院で行うダルシャンとは異なる経験である。

ケーララ北部において、インターネットは、1990年代半ばまではインターネットカフェで利用されることがほとんどであった。1990年後半からは、家庭でPCが徐々に普及し始めた。携帯電話の普及は早く、2000年代には労働者を含む多くの人が携帯電話を所持するようになった。また若者を中心としてスマートフォンが流行り、日本と同様、動画やゲーム、写真撮影に興じるようになった。

2．タラワードゥに集う人々

タラワードゥは、母系合同家族制が廃止され、成員は婚姻後タラワードゥを離れ、新しく家を建て、新たな家族と生活をするようになった。子どものうち一人だけが両親と住む三世代家族の同居か、両親と子どもだけの核家族が一般的となった。古いタラワードゥに住むのは老夫婦または老人一人といったケースや、空き家のタラワードゥも少なくない。それでも、タラワードゥを壊してなくすといった発想は生まれない。なぜなら、タラワードゥの礼拝室には家の守護神が祀られており、定期的にテイヤムという形で祀らないと神が祟り、タラワードゥ成員に困難が生じるからである。

タラワードゥ成員がタラワードゥに住んでいる場合は、彼らが中心となってテイヤム祭を主催する。だが、空き家になったりテイヤム祭を主催することが困難になったりした場合は、移住した成員らが委員会を結成し、資金を各成員から徴収して祭りを組織する。第2章第3節で述べたクルンディル・タラワードゥのように、タラワードゥが寺院を管理・運営するのが困難になり、委員会が結成された場合も少なくない。

一つ一つの家をみても、大家族どころか、二世代家族も多くない。その一つの理由は、子どもの教育である。大学（University）の下位に属する地元のカレッジ（college）や私立のカレッジであれば家から通えるが、州立大学や医科大学、工科大学であると、バンガロール（カルナータカ州）やトリヴァンドラム（ケーララ州）、コインバトール（タミル・ナードゥ州）などに、寄宿しながら通う。こうした大学に通うためには、12学年が修了した際に受ける全国試験で、高得点を獲得しなければならず、そのために初等教育から英語で授業を行う私立の学校へ通わせる家が多い。

別の理由は、職に就く場所である。ケーララ州内には大学卒が就職できる企業が少なく、安定した公務員や銀行員、医者になれない場合は、州外に職を求める。バンガロール、ムンバイといった国内の都市から、ドゥバイ、オマーン、サウジアラビアといった湾岸諸国で働く者が多い。湾岸諸国で就く職種は、専門職から土木まで様々であるが、家庭を持ち家族を支えるためには、外で仕事を得なくてはならない。そのため、夫が単身で湾岸諸国で働き、妻子は家で生活しているパターンが少なくない[19]。国内やオーストラリアや、シンガポールなどであると、家族揃って移住する。

いずれにしても、タラワードゥから離れて暮らす成員が増加しており、彼らにとってテイヤム祭祀を取り仕切るのは難しい。代わりに仕事を引退し[20]、地元に住む人々が中心となって委員会が結成され、海外居住者は寄付をし、寺院や祭礼が大規模化する傾向にある。

遠方で暮らしていても、タラワードゥのテイヤム祭となれば、休暇をとって集まってくる。クルンディィル・タラワードゥの成員で、バンガロールに移住した女性（30歳）は、以下のように述べている。

> バンガロールには伝統文化がない。テイヤムを見たいと思う感情が子どもの頃よりも高まっている。自分たちの世代はみな同じ気持ちを持っている。だが、若い世代はテイヤムの写真を撮り、ネットに載せるために見ていて、テイヤムはドラマのようになっている。自分のタラワードゥのテイヤムは一度しか見たことがないが、（父方の）クルンディィル・タラワードゥは小さいころから見ていたから、今でも見たいと思う。

このようなケースはよくみられ、幼少の頃はそれほどインド文化に関心がなくても、成人し、特に国外や大都会で暮らすと、インドの伝統文化またはふるさとの民俗文化に対する感情が高まる傾向にある。また、自分のタラワードゥである母方のタラワードゥよりも、実際に家の近くにある父方のタラワードゥのテイヤムに愛着があるのも、タラワードゥ・テイヤムとの接し方による。認

写真60　タラワードゥを案内する看板

知人類学による宗教の捉え方の通り、小さい頃からの経験が、特定の対象に対する信仰と愛着につながっているのである。

毎年盛大なテイヤム儀礼を行っているブラーマンの家に関係する青年は、バンガロールに移住してからも、毎年、テイヤム祭祀の折には帰省する。彼も、以前より村の文化に関心を抱くようになったという。非伝統文化に囲まれた生活の中で、伝統文化を求める気持ちが、生まれ育った村に、祭祀の際に向かわせる。

村の中の若者の多くは、都市や湾岸諸国へと移住しており、タラワードゥには住んでいないが、タラワードゥに対する帰属意識と誇りが年々高まっている。2014年頃から、道端にタラワードゥを示す看板が立ち始めている（写真60）。また、テイヤム祭祀の際に発行する冊子にも、寺院にゆかりのあるタラワードゥの写真を掲載している。家は、実際の居住空間であるだけでなく、家の歴史と文化の貯蔵庫として意識されている。

3．劇場化するテイヤム

テイヤムは元々カーヴで祀られており、タラワードゥの祭祀であった。近年、テイヤム祭祀の規模は、予算、集客数ともに増加傾向にある。第2章で述べた

写真 61　椅子に座ってテイヤムを鑑賞する人々

ように、タラワードゥに代わり委員会が仕切るようになり、祭礼は組織化され集金力も高まった。

以前は、テイヤムを観るときは、寺院の塀の中または外で立ったままか、地面に座って観ていることが多かった。それが4、5年前から、タラワードゥのテイヤムでもカースト寺院のテイヤムでも、椅子を並べて観るようになった（写真61）。

お金を出している成員から、椅子を出すようにいわれて始まった習慣だというが、今ではイッラムでもタラワードゥでも寺院の塀の内側には成員のための、外側には成員以外の村人のための椅子が用意されるようになった。これにより、以前は早々に家に引き上げた女性や老人も、遅くまでテイヤムの場に残るようになった。

また、祭礼の際に食事がふるまわれるが、以前は3日間の大祭であれば最終日だけであり、7日間の大祭であれば昼食だけであったのが、全日、昼食と夕食が出るようになったのも、ここ4、5年の傾向である。50代の女性は、主婦が家で食事を作るのが億劫なので、テイヤム祭に家族で来るのだという。

カンヌール県クンニマンガラム村のカティヴァヌール・ヴィーラン寺院では、朝の7時頃テイヤムが終わりかけると、人々は引き上げていった。だが、昼食

写真62　寺院の前の出店

の準備がなされており、昼食の時間になるとまた集まるのだという。寺院の周辺には、子ども用のおもちゃやアクセサリーの屋台が立ち並び、見世物小屋や展示会もある（写真62）。大祭の場合は、テイヤムの儀礼の間に行われる、人気歌手のライブや女優の舞踊などが大勢の人々を引きつけている。

劇場の中でドラマを観るように、テイヤムを観るスタイルが定着化しつつある。だが、テイヤムがドラマと化した訳ではない。テイヤムが近くに寄れば、観衆は立ち上がり、テイヤムに敬意を表す。スマホを通したテイヤム、文化プログラムの合間に観るテイヤム、椅子に座って観るテイヤムは、寺院の中で汗をかきながら観るのに比べ、快適であり、あらゆる世代の人を以前にも増して引きつけている。モダンなスタイルでのテイヤム鑑賞は、現代の人々のライフスタイルに合った形となっている。

4．テイヤムに取り込まれる人々

1990年代と比べても、テイヤムを祀らなければならないとする人々の要求は高まっている。成員が少なく、祭主となることが難しいイッラムやタラワードゥがある一方で、成員が増えて委員会が結成され、カリヤーッタムに投資する金額が増えたタラワードゥもある。カースト寺院で主催されるカリヤーッタムの場合は祭礼の規模は拡大し、文化プログラムも充実し地域のイベントと化している。

テイヤッカーランの報酬も急増している。1990年代後半では、ムッタッパンを奉納するのに500ルピーですんだのが、現在では5000ルピーが必要とされる。コダカッド村のカナーディパラでは、1988年にムッタッパン寺院が地域のメンバーによって創設されたが、ムッタッパン奉納料が、毎年500ルピーずつ増加している。供物や食事に用いる米、野菜、ヤシ酒、油の価格が急騰しているからである。ムッタッパンは祭礼期間を除きほぼ毎日奉納されているが、1年以上先まで予約で埋まっている。奉納するのは祈願をかけた個人であり、集まるのは祭主の親族が数十人程度である。祈願成就の内容は、虚弱であった子どもまたは孫が健康体になった、子どもを授かったなどである。ケーララ北部の人々にとってムッタッパンは、一番身近な神であり、何かあるとムッタッパンに祈る。また、ムッタッパンは悩みや問いかけに直接答えてくれるので、相談者はそこで解放感を得られるという（写真63)。

奉納祈願のテイヤムは他の寺院でも増加傾向にあり、クルンディル・タラワードゥやワーニ・イッラムにおいても、委員会主催よりも奉納祈願のテイヤ

写真63　ムッタッパンの託宣を聴く奉納者

ムの方が多い。人々の生活は、物質的には豊かになってきているが、子授けや求職といった悩みは依然としてあり、それを解決する手段としてテイヤムに祈願するというパターンは多くの人に受容されている。

ディネーシャンは、ムッタッパンはタラワードゥやカーストといった地域文化と無関係であるため、個人の祈願または希望により、タラワードゥや家、州外の都市や海外においても場所を問わず奉納できることを指摘している(Dinesan 2010: 141)。だが筆者の調査地においては、ムッタッパンも、ワンナーンであれば誰でもできるわけではなく、決まった家系のワンナーンしかできないことになっている。現在では、権利のないワンナーンも、ムッタッパンをやるようになっていると、権利保持者から批判の声も聞かれる[21]。また、母系のラインで継承されている祭祀権も、母系が途絶えると、父系に譲られる場合もある[22]。

また竹村によると2000年代に入ってから、湾岸諸国への出稼ぎ移民による送金がムッタッパン祭儀の奉納数を増やしているという（竹村 2015: 271)。ムッタッパンが隆盛するその他の理由としては、①他のテイヤムほど祭祀権に縛られないこと、②衣装や頭飾りが小さいため移動がしやすいこと、③人数が少なくて済むこと[23]、④奉納料が安いこと[24]があげられる。祭主にとってもテイヤッカーランにとっても奉納しやすいムッタッパンは、庶民的な神といえる。

カナーディパラのムッタッパン寺院の専属であるタンバン・ペルワンナーンは、ムッタッパンに似た体格と優雅なしぐさから、地域で最も人気のあるムッタッパンの担い手の一人である。国内だけでなく、ムンバイやチェンナイ在住のマラヤーリからもムッタッパン祭祀の担い手として呼ばれている。また彼の息子も、私立学校の英語教員になったものの、今ではムッタッパンに専念し、オマーンに定期的にムッタッパンを奉納している。ペルワンナーンは、カーサルゴーッドゥ県付近では祭祀権を持たないので、カリヤーッタムで主神となるはできないが、急増するムッタッパンの依頼のため、生計は安定しつつある。

だが、ワンナーンまたはマラヤンの家に生まれたからといって、誰しもがテイヤッカーランとして成功する訳ではない。テイヤムには、歌、踊り、メイク、楽器といった技術が必要であり、それらが身につかなければ、祭礼の場で踊ることはできない。中には、踊ることはできないので、打楽器演奏やメイクに特化する人もいる。また、祭祀圏以外でテイヤムを踊り手伝うことは、相互扶助として行われている。祭祀権はタラワードゥごとに異なり、タラワ―ドゥが外婚単位となっているため、親子ではタラワ―ドゥが異なる。また、婚姻後、妻方のタラワ―ドゥ付近に移住することもあるので、祭祀圏以外に住むテイヤッカーランは少なくない。そうした中でも、ネットワークを駆使しながら、お互い仕事を分かち合っている。

テイヤム祭祀には、テイヤッカーランのみならず、複数の人々が関わっている。主催者のタラワードゥ成員、司祭、長老をはじめ、供物を作る人、剣を磨く人、服を洗う人などは、代々家系が定められている。あるカラシャッカーランは、コーチンで仕事をしているが、テイヤム祭祀の時期のみ村に帰ってくるという。また、あるマダヤン（ムッタッパン寺院の司祭）は、軍隊を退役してからマダヤンの仕事を始めたという。テイヤム祭祀に参与することは、その地域社会で人や神霊とつながりながらより良く生きることであるといえる。ケーララ北部で育ったものにとって、テイヤム祭祀という神との交流は文化パターンとして認知されている。そのため、テイヤム祭祀が途絶えるということは、彼らの文化パターンから外れることになり、それを修正するために占星術が決定機関として判断を下す。

経済的に豊かになり、マルチメディアを通して資本や文化がグローバル化し、あらゆる世界の情報に溢れている中で、テイヤムは文化資本としてケーララ社会そして移民社会にも根付いている。

注

1　金を用いた特別な占星術で、占星術師は、依頼者を前にした場で生じた前兆から、過去や未来をいい当てたり、解決策を指示したりする。

2　グリカンは一般的なテイヤムで、シヴァ神の分身の死神（ヤマ）とされる。カーラとは「刺」を指し、このテイヤムが刺のある木の中に倒れこむことから、カーラグリカンと呼ばれる。

3　シリアン・クリスチャンとは、古くからケーララにいるキリスト教徒で、使徒トマスによって布教されたと信奉されている。商業・貿易でも勢力を伸ばし、社会的地位が高かった（Menon 1996 [1967]: 106-107）。ケーララ州南部に数多く住むが、1940 年以降、土地を求めて北部に移住した者もいる。

4　これらの情報は、J. T. の元秘書により提供された。

5 チランブとは、テイヤムの足につける鈴のついた足輪。

6 元小学校教師。母の父は有名な詩人マハーカヴィ・クッタマットゥである。

7 1997年11月から12月と、1998年2月から6月に滞在した。

8 ティーヤ以下のカーストでも、アーシャーリ、ムーシャーリ、コッラン、チェッティ、カニシャン、他の指定カーストの服は洗わず、それらの家では食事をとらない。

9 カンヌール県のパラヤンガーディに、彼の帰属するタリイル・ペルワンナーンのタラワードゥがある。

10 牛は聖なる動物であるため、牛の尿は身体を浄化すると考えられている。

11 1997年当時1ルピーが約3.6円であった。テイヤムを一つ演じることにより、テイヤッカーランはテイヤムにより250から1000ルピーを得る。だが、季節労働であるため、年間に安定した収入は得られない。ちなみに高校の教師の月給が6000ルピーである。

12 牛の糞を燃やして灰にしたもの。

13 カルナータカ州南部のコッルールに寺院がある。ケーララから多くの参拝者が訪れる。ちなみに、カンナン・ペルワンナーンの診療所の名前は、「ムーガーム ビカ・ワイディヤシャーラ」である。

14 『カーマ・スートラ』に記されている64のカラーには、音楽、舞踊、絵画といった芸術的センスから、料理、会話、記憶力などの技術的側面も含まれる（Danielou 1994: 51-55）。

15 観光促進とケーララ人の精神的統合を図り、初めて州政府主催のオーナム祭が催されたのは1961年である（Census of India 1961）。

16 共通の民族意識、共通の人種、共通の文化（文明）の認識は、「ヒンドゥットゥワ」、すなわち「ヒンドゥーであること」のイデオロギーを構成する（Madan 1998: 219）。

17 テイヤムのインターネットでの普及に関しては、ディネーシャンと竹村が詳しく述べている（Dinesan 2010; 竹村 2015）。

18 2017年3月7日のインタビューによる。

19 ドゥバイでは妻子を連れて住むには、一定の所得以上ないと許可がおりない。

20 インドの退職年齢は若く、55歳または60歳である。軍人の場合は将校でないと、25年しか勤務できない。

21 コダカッドム村付近では、タリイル・ペルワンナーン家のみがムッタッパンを担う権利があるが、マダッカーダンもムッタッパンを担うようになっているという。

22 2017年3月7日、コダカッド村のムッタッパン寺院でムッタッパンを担当するワンナーンから聞いた話。

23 テイヤッカーランと打楽器奏者二人、ティーヤの祭司（マダヤン）が必要とされる。

24 2017年では家でムッタッパンを奉納するのに5000ルピー近く必要であるが、カリヤーッタムを主催したり、カティヴァヌール・ヴィーランを奉納する場合には、20万ルピー近くかかる。

終　章

第1節 「サンスクリット化」とヒンドゥー二元論再考

これまで、ケーララ社会で祀られているテイヤムの神話と儀礼をとりまく現状から、サンスクリット化とヒンドゥー二元論を再考してきた。現代ケーララ社会では、シュリニヴァスの指摘するような社会的地位の上昇を意図としたサンスクリット化ではなく、異なる形でのサンスクリット化がみられることがわかった。しかし、シュリニヴァスがクールグ族を調査したのは1940年代初めであり、当初の社会状況と現代のケーララ社会においては、かなり状況が異なってきている。

1930年代にケーララ北部のイーラワー・カーストの文化変化に関して先駆的なモノグラフを書いたアイヤッパンによれば、この時代も高位カーストが道を通るときは、脇によけて道をゆずる低位カーストがいたという。しかし、交通手段の発達と近代教育の影響で、こうしたカースト観に疑問をもち、改めようとする動きも出てきた（Ayyappan 1944）。

1960年代以降は土地改革の影響で、それまで大土地所有者であったブラーマンやナーヤルらの土地の多くは没収された。代わりに小作人であったティーヤなどの低位カーストが、土地を所有する機会を得るようになった。さらに1980年代以降は、海外移民の増加や経済自由化により、ますます伝統的カーストと経済的地位とは連動しなくなってきた。かつては社会的、経済的地位の高かったブラーマンという身分も、以前ほどは魅力的なものではなくなったといえる。現代ケーララ社会において、サンスクリット化が社会的地位上昇に有効的でなくなったのは、こうした社会環境の変化も関係していると考えられる。

テイヤム神話のサンスクリット化に関していえば、それはカーストといった社会関係と関係しているというよりも、長い歴史の中でブラーマン文化の影響を徐々に受け入れていったケーララ人によって、二つの形態の神話、プラーナ神話と地域神話が結びついていったものである。マリオットやヴィッツェルが、何千年も前からサンスクリット化が生じていることを指摘しているように[1]、サンスクリット化現象そのものは近年のカースト関係によってのみ生じたものではない（Marriott 1969 [1955]; Witzel 1977）。

次に儀礼に関してみたところ、神霊を呼び降ろす際に用いるトーッタムには、現代マラヤーラム語と異なり地域特有のマラヤーラム語が用いられている一方、ブラーマン司祭による礼拝儀礼はサンスクリット語で行われている。両者は同時進行しているが、完全に結合しているわけでない。テイヤム儀礼はあくまでも不可触民が神と人間の媒介となっており、ブラーマン儀礼は部分的にとりいれているにすぎない。

さらにテイヤッカーランの意識に着目すると、カンナン・ペルワンナーンはサンスクリット語を学び毎朝の礼拝を欠かさない一方で、飲酒、肉食の習慣はやめなかった。サンスクリット文化に関心は示すものの自らの慣習を変えたわけではないので、彼の行動はサンスクリット化とはいいがたい。

シュリニヴァスはサンスクリット化の理由として社会的地位の向上をあげているが、不可触民であるテイヤッカーランのライフヒストリー（第4章第2節）からわかるように、サンスクリット化とみえる行動でも必ずしも本人が地位上昇を意識してとっているわけではなく、自らの経験によって培われた宗教観により、ブラーマンと類似した行動をとることがあるといえる。

シュリニヴァスの「サンスクリット化」概念は、ブラーマンをカースト・ヒエラルキーの頂点とした序列的文化を前提とした視点に基づいている。だが実際には両文化はそのようなヒエラルキーに基づいてのみ関係しているわけではなく、歴史的、文化的要因によって選び取られているといえる。特に現代においてはカースト・ヒエラルキーと社会的地位の関係に変動がみられるため、ブラーマン文化の模倣が社会的地位上昇の有効的手段とはいえない。その代わりに、経済的、社会的パフォーマンスが地位上昇のために行われるのである。インド社会の分析概念として用いられる「サンスクリット化」は、ある時代または地域では当てはまるとしても、社会変化とともに絶えず妥当性を検討し、新たな概念を提示するべきであろう。

次にヒンドゥー文化二元論に関してであるが、テイヤムの神話と儀礼に関する事例をみていったところ、サンスクリット文化的要素と民俗文化的要素の両方の特徴が入り組んでみられることがわかった。まず神話に関していえば、第3章第3節で述べたように本来トライブの神であったムッタッパンが、高位カーストの侵略によりヴィシュヌ神の化身とされ、ブラーマン夫妻に育てられる話が生成される。ここでは民俗文化の戦略的サンスクリット文化接合がなされている。ブラーマン出自であるというトライブの神、それはサンスクリット文化と民俗文化が連動し、両カーストにとって納得のいく論理であるため受容されていった。これは高位カーストが先住民族を侵略する上での戦略であり、支配権力によって創られていった神話である。

ムッタッパンはやがて低地の低位カースト、ティーヤによって祀られ、その寺院は巡礼地となるまで発展する。その背景には、独立運動で共産主義が勢力化した際、寺院が共産主義者の温床となったこと、土地改革により小作人であったティーヤが土地持ちとなり、有産階級であった高位カーストに対して力をもつようになったことなどがある。

さらに、ムッタッパンは地域を越え、州外、国外の移民にも支持されるようになり、カースト、民族を超えたナショナルな神となる。そこでは、サンスクリット文化や民俗文化といった枠組みを超えた、ユニバーサルな文化に適合するものであり、ヒンドゥー文化の現代的諸相を表している。

次に、儀礼の形態の違いについてみていく。第2章で述べたように、最も小規模なテイヤム儀礼は個人の祈願によるものである。祈願テイヤムは明確な目的のために奉納されるテイヤムであって、マンデルバウムのいうように最も実用的（pragmatic）である（Mandelbaum 1966）。次に規模の大きいものには、タラワードゥで行われるテイヤム儀礼がある。ナーヤルのタラワードゥが先か、ティーヤのタラワードゥが先かは定かではないが、タラワードゥのテイヤム儀礼の目的がタラワードゥの繁栄を祈るものであり、テイヤッカーランへの報酬が必要なことから豊かなナーヤルのタラワードゥで盛んに行われていたと考えられる。周期的に定められた日程で行われることから、目的がタラワードゥの繁栄であるといっても習慣的に行っている要素が強い。そこでは、儀礼の最高権威者としてのナーヤルの権威が誇示される。

中規模な儀礼としては、ティーヤやマニヤーニのタラワードゥが複数合同で祀る、カースト寺院での儀礼がある。そこではタラワードゥのみならず、地域のカースト・コミュニティというより広範囲の集団の繁栄が祈られる。これも、3年に一度などの一定の周期で行われるため、慣習化した儀礼といえる。

最も大規模な儀礼が地域の同一カーストによって祝われる、カースト大寺院における儀礼である。そこでは、現実には存在するカースト間や宗派間の対立を隠蔽するように、地域の統合が強調された。またテイヤム儀礼と平行して、催されたコンサートや演劇などの文化プログラムは商業主義と結びつき、大祭はエンターテイメントの側面をもつようになった。開会式、閉会式などでは地元政治家が挨拶をし、祭は支持者層拡大の場ともなる。さらに、観光局の参入により外国人や州外の観光客を呼びよせるなど、アートやスペクタクルとしての要素ももつようになった。

テイヤム祭礼の場においても、民俗文化とサンスクリット文化は随所で接合している。ムッチローットゥ女神大祭では、地域で生まれた少女の話がプラーナと結び付けられて放送されるなど、サンスクリット文化との意図的融合がなされた。またそこでは寺院の歴史性や権威が強調される。だが、強調されるのはサンスクリット文化だけではない。観光局の小冊子では、マラバールでみられるスペクタクルとしてテイヤムが紹介されている。マラバール（ケーララ北部）のみでみられるという民俗文化性は、そこでしかみられないという希少価値を生み、観光には不可欠な要素である。サンスクリット文化と民俗文化、両者ともテイヤム儀礼にとってなくてはならないものであり、どちらを強調するかは、誰にアピールするかという場と、主催者側が得ようとする力に依存する。

サンスクリット神と非サンスクリット神、普遍的なヒンドゥー神を祀る神の祠と、祟り神を祀る死霊の祠との区別は、暗になされてはいるものの、優劣に関しては、人によって解釈が異なる。「テイヤム」という神霊を不可触民が媒介して人々に祝福を与えるという祭祀形式は、ケーララ北部で長年継承されてきたものであり、あらゆる神格を吸収してきた。

サンスクリット文化と民俗文化は、カーストの向上思考によって揺れ動くだけでなく、商業主義や観光化、伝統性や権力誇示といった戦略的状況の中で、意図的に選び取られているといえよう。その時代の社会に生きる人々の習慣がヒンドゥーイムズであり、普遍的なものを定義するのは困難である。また同時代に生きている人であっても、カーストを問わず神に対する考え方が異なる。それぞれの神がそれぞれの姿で崇拝されており、同じ時間・同じ場所で繰り広げられる儀礼によって生み出されるリアリティは、観ている人によって異なるといえる。

第２節　儀礼から生成的パフォーマンスへ

地域社会では、神として崇められている「テイヤム」であるが、いつの時代もどこでも信仰の対象であったわけではなく、観る人によってその解釈は異なっていた。植民地時代の西洋人の眼から観たテイヤムと地域社会のインド人から観たテイヤムは異なり、また同じインド人でも信仰の対象として観る人がいる一方で、審美的価値観をもってアートとして観る人がいる。各々のテイヤムはいかにして生じるのか、テイヤムのリアリティの生成についてみていく。

1．悪魔祓いとしてのテイヤム

テイヤムは、時代によって、様々な視点から記述されてきた。まずは植民地時代の旅行者、民族誌家や行政官は、キリスト教的観念でテイヤムを「悪魔払い」（exorcism）と呼んだ。植民地時代に行政官であったローガンは、マラバールの歴史的研究書『マラバール・マニュアル』の中で、テイヤムに関して以下のように記述している。

> 洗濯屋（ワンナーン）は悪魔払祓いの司祭である。（省略）テイヤーッタム——デーヴァとアーッタム合成語——と呼ばれる儀礼が妊娠５カ月目に行われる。東屋の前にチャームンディ女神の絵が米や花などで描かれる。（省

略）夜を徹して行われ、喧しい音と叫び声のせいで西洋人は眠ることができない。
（Logan 1995 [1887]）

また、マドラス政府鉄道局長でありイギリス人類学協会の駐在員であったファウセットは、ナーヤルの風俗について以下のように記述している。

マラーヤーリーたちになじみの数ある「悪魔」の中で、最も身近なものがカーリー女神の手下とされるクッティチャーッタンとグリカンである。（省略）私は、出番の5、6時間前から化粧して準備している可哀想なグリカンをみた。私は彼が誰であるか尋ね、「悪魔」であるといわれた。
（Fawcett 1990 [1901]）

また民族誌家のサーストンは、「（省略）マラヤンは適切な格好をして、数々の悪魔を呼ぶ」と述べている（Thurston 1993 [1909]）。サーストンは、ヴィシュヌムルティの恰好をしたマラヤンの写真を、「鶏を口にくわえるマラヤンの悪魔ダンサー」として紹介している。彼らの目には、おどろおどろしい化粧と頭飾りをつけ鶏を食いちぎる姿は、崇拝の対象としての神ではなく悪魔（evil）と映ったのである。ファウセットが現地の人にグリカンが悪魔であると説明を受け、彼は西洋的悪魔として解釈するが、インドでは悪魔（evil）と神は対極的な別のものではなく、一つの身体に同時に存在することがある。グリカンは死神ヤマの化身であり、同時にシヴァ神の部分（*amśam*）でもあるため、現地の人々にとっては恐ろしい力をもつ神として崇拝されていた。このように、西洋人キリスト教徒からみるテイヤム儀礼は、邪教、悪魔祓いであり、賞賛できる慣習ではなかった。

西洋人によって「悪魔祓い（exorcism）」と呼ばれたテイヤムであるが、一方で神という意味で「テイヤム」が用いられている記述が、19世紀になると登場する。スイスのバーゼル宣教師団の宣教師であったドイツ人のグンデルトは、世界初のマラヤーラム語英語辞書の中で、「テイヤム」を *devam*（神）と訳している（Gundert 1999 [1872]）。また、『ケーララ起源譚』（Kēraḷōlŭpatti）の中では、「（パラシュラーマ神は）、（省略）カーヴにおいて、（省略）カリヤーッタム、テイヤーッタム（省略）を行うため、6カ月間乾期が必要であると命じた」と記しており、「テイヤーッタム」という語が用いられている。グンデルトは長年のケーララ滞在の中で、言葉だけでなく文化風習にも精通していた数少ない外国人であった。

2．信仰の対象としてのテイヤム

西洋人にいかに記述されようと、テイヤムはマラバールの人々にとっては信仰の対象であり、地域社会でテイヤム儀礼は実践されていた。だが、それについての調査や記録は1930年代までみられなかった。

ケーララ人によるテイヤムの先駆的研究は、序章第2節で述べたように、チラッカルT.バーラクリシュナン・ナーヤルによってなされた。彼の注釈付きのケーララ歌集（Nāyar 1993 [1979]）や、彼が1930年代に新聞などに掲載した記事をまとめた本（Nāyar 1994）は現在でも多くの人々に読まれ、新聞記事や祭礼の記念文集などで引用される。中でもムッチローットゥ・バガヴァティという女神のテイヤムとそれを守護神とするワーニヤ・カーストの起源譚に関する記述は、ワーニヤ・カーストの間で好んで引用されている。

チラッカルT.バーラクリシュナンに続いてテイヤム研究を行ったチャンデーラは、初のテイヤムに関するモノグラフである『カリヤーッタム』中で、テイヤムとは「女神、シヴァ神、ヴィシュヌ神などをイメージした格好であり、のちに人間や動物も、テイヤムと呼ばれるようになった」と述べている。また、「カーリ女神の踊り（アーッタム）がカリヤーッタムとなった（省略）後、カーリヤーッタムがテイヤーッタム、ティラヤーッタム（省略）と呼ばれるようになった」と、カリヤーッタムの由来を説明しているが、これらはシヴァ神やカーリー女神といったヒンドゥー教の神々がテイヤムの元の形であるという、ヒンドゥー教中心主義的発想であり、土着の信仰に先行してヒンドゥー教を位置づけており、融合的宗教文化であるテイヤムを的確に捉えているとはいい難い。だが、彼の本は村の図書館に所蔵されており、村人のテイヤム理解に影響を与えている。

このように地元のケーララ人によるテイヤムについての見解は、書かれ出版されることにより一般化され、実践者ではあるが、意味や起源について問わなかった大衆に対して、テイヤムやカーストの起源についての知識形成を促した。

テイヤムに関する本が、英語によっても書かれるようになり、テイヤムはケーララ以外の人々にも知れ渡るようになる。1973、77、86年には、ケーララ州カリカット大学の歴史学者クルップが、初の英語によるテイヤムに関する本を出版し、海外の研究者がテイヤムというフィールドに参入するきっかけをつくった。クルップは「テイヤムまたはテイヤッータムは、村の民俗宗教に不可欠の、マラバール地方において人気のある儀式（cult）である。……ブラフマニカルな宗教がテイヤム儀式を支配した」と述べている（Kurup 1977）。クルップの見解には、アーリヤ文化が南のドラヴィダ文化を侵略したという、反バラモン思想が反映されている。さらに彼は、政府出版局の本の中で、広範囲に技や芸を示す「カラ」（*kala*）という言葉を、アートと翻訳しており、より芸術的ニュアンスの強いイメージをテイヤムに与えた。

植民地時代に記述された「悪魔祓い」のイメージは、現地研究者や外国人研究者らによって払拭され、テイヤムはヒンドゥー教と関連の深い儀礼、またはアートであるというような見解が、内部・外部において共有されるようになる。

3．アートとしてのテイヤム

テイヤムを実践している人、またテイヤムの活動を身近でみてきた人々にとってテイヤムとは何であろうか。地域の寺院で数多くのテイヤムを踊り人々から絶賛され、また舞台の上でも踊り数々の賞を受賞した、コダカッド村のカンナン・ペルワンナーンは、「良いテイヤム（*nalla teyyam*）」とは、踊りを形通りにきちんと行っているものであり、美（*bamgi*）などの観念は、この「良いテイヤム」の中に含まれるという[2]。コダカッド村の文化団体、カラーニケータナムの発足人の一人であるA. N. コダカッドは、「サイババをみた時には至上の幸福（*anubhūti*）を感じるが、テイヤムからは得られない。テイヤムはアヌシュターナム（宗教儀礼）である。」という[3]。テイヤムは儀礼行為であり、感情が伴うものではないのである。民俗学者のクッタマットゥ・スリーダランは、様式、衣装、化粧など全ての面が完璧な時、「光り輝く美しさ」（*nalla alanguṣōbha*）または「すばらしい美（ラサム）」（*nalla rasam*）があるという[4]。ラサムとは、サンスクリット語で情緒を表すラサ[5]のことであるが、ケーララ社会では一般に「美しい」を指す言葉として用いられる。これらの表現から、テイヤム儀礼の中でも最も大切なのは、踊りやトーッタムなどの型であり、これらを型通りに行うテイヤムが良いテイヤムであり、その上で「美」という概念がでてくる。

ただ、彼らは「アート」という言葉では表現しておらず、技術、芸術を表す「カラ」を用いている。カンナン・ペルワンナーンは、テイヤムを演じる人は「テイヤッカーラン」というが、アーティストを意味する「カラーカーラン」とはいわないという。またスリーダランは、30 ～ 40 年前ではテイヤムは崇拝の方法または儀礼であり、アートではなかったという。テイヤムが分析され始めてから、「カラ（アート）」と呼ばれるようになったのである。前節で報告した舞台化をめぐる論争では、C. M. S. チャンデーラによって、「テイヤムはアヌシュターナム・カラ（儀礼アート）」であるといわれた。儀礼とアートの関係は、儀礼の中にアートがあるともアートによって儀礼を表現するともとれるが、どちらにとっても不可欠なものであり一体化しているといえる。その重要性の比重が、以前は儀礼が主であったものが、最近ではアートが比重を増してきているといえる。

4．イメージのフレーミング

「フレーミング（framing）」とは、ベイトソンの提唱した概念である。明確であろうと暗黙的であろうといかなるメッセージも、事実それ自体によって受け手に、フレームに含まれたメッセージを理解する知識や助言を与える（Bateson 1978 [1972]）。ゴフマンはこの考えを受け、フレーミング理論を展開した。彼によると、与えられた活動による慣習は、ある初期の枠組みでは意味をもち、この活動に規定されたものに変容するが、参加者にはまるっきり異なったものとしてみられる。彼はこの複写の過程を「キーイング（kying）」と呼んだ（Goffmen 1986 [1974]: 43-33）。

テイヤム祭礼においても、「フレーミング」または「キーイング」といった動きがみられる。テイヤムが神であるのか、アートであるのか、それを決めるのは観察者であるが、判断基準となる枠組みが、祭礼主催側の演出によって与えられることがある。2003年1月に行われたカリヴェルール・ムッチローットゥ寺院での大祭でみられた演出効果について考えてみたい。

祭礼に際して、カリヴェルール村に住む作詞家と作曲家により、ムッチローットゥ女神を敬愛する献身歌が作られ、ケーララの歌手によって歌われたものがカセット・テープとなった。そのテープが、祭りの間中、寺院の境内で流された。各曲の始めには、女神の神話が紹介された。例えば、「カイラーサ山のシヴァ神のホーマの火から生まれた娘」など、その話の内容はプラーナ型の神話であった。トーッタムにない話として伝わる、ムッチローットゥが純潔を疑われたため破門され、結婚式があげられなかったという話は、「司祭が出産の穢れ（*vālāyma*）のためにターリー儀礼[6]を行えなかった」という話に書き換えられた。

またテープの中では、「聖なる頭飾りの拝見（ティルムディ・ダルシャン）」というフレーズが用いられた。ダルシャンとは、ヒンドゥー寺院の神像を拝むときに用いられる言葉であるが、ケーララではテイヤッカーランまたはヴェリッチャパードゥが憑依する時に用いられる。また、テイヤムを見るという行為は「ダルシャン」とはいわず、「拝みに行く（*tolal pōkunnu*）」、または「クリ（ターメリックの粉など、額につけるヒンドゥー教徒としての印）をもらいに行く（*kuri vānguka*）」という。「ダルシャン」という言葉は、極めてサンスクリット的であり北インド的表現である。ここでは、テイヤムをヒンドゥー教の神として位置付けたいという意図が窺える。

サンスクリット学者で民俗学者であるヴィシュヌ・ナンヴーディリは、『お顔拝見（ムガム・ダルシャン）』という本を出版しており、その中で、テイヤムは村の芸能（*grāmīna kala*）であり、神崇拝と芸術（*kala*）が合わさったものであると述べている（Viśňunambūtiri 1975: 95,113）。彼のような学者の活動も、テイヤムのサンスクリット的理解に影響を与えていると考えられる。

これらは、地域の人々に伝わってきた世俗的な少女の話を、プラーナと結合させ、あたかも汎ヒンドゥー教の神であるかのようにみせる効果がある。しかし、実際に観に来ている人々の中には、そうした「信者」に対するメッセージとは別の目的をもって参加している。第2章第6節で述べたように、夜になると、ステージの上で、カタカリやコンサートなどの文化プログラムが連日催されたが、それらを観に来る人々や、また祝辞を述べるケーララの大臣を観るため集まる人々も大勢いた。その一方で、女神の御下がり（プラサーダ）であるといわれる食事を食べるために何時間も並ぶ人々、また最終日にムッチローットゥ女神か御下がり（プラサーダム）をもらうために、1時間以上も列に並ぶ人たちもいた。このようにテイヤムに対するまなざしは様々であり、同空間、同時間内で、多元的価値観が混在した。

シュッツは、現実は事物の存在論的構造ではなく経験の意味領域であり、個々によって意味領域が異なるため、多元的な現実（リアリティ）が存在することを指摘している（シュッツ 1989 [1980]: 258-281）。テイヤム祭礼の場においても、そこに参加する人々の認識は様々であり、各々のリアリティが存在する。それらは影響を与えることもあれば、与えないこともあり、複数のリアリティが交差する。こうして捉えられるテイヤムは多面的な要素をもち、場によって、また視点によって異なった意味づけをされることになる。

以上をまとめると、テイヤムはイギリス行政官や民族誌家、民俗学者など様々な意図をもった人々によって意味づけられ、それは人々のテイヤムのイメージを形成していった。「カラ」という概念はアートと訳された。アヌシュターナムまたはアヌシュターナム・カラという名で名付けられたテイヤムが、土地の人々に選択されながら受け入れられ、経験と共に再解釈され、新たなテイヤム観が形成されている。テイヤムのように象徴性の高いパフォーマンスでは、多様な解釈が可能であり、解釈は絶えず生成されているといえる。

インドのホーマ儀礼を分析したスタールは、儀礼システムは言語のように規則に支配されているが、言語のように意味を表すものではなく行為であるといい、儀礼シンボルの意味作用としての役割を否定したが（Stall 1990: 452）、テイヤムのような演劇性の強いパフォーマンスでは、踊ることによって神話を物語るため、意味がない行為であるとはいい難い。パフォーマンスをすること、演出することにより、観ている人に何らかのメッセージを伝える。その意味は固定的、普遍的ではなく、個人と社会の相互作用によって生成されるため、絶えず変化している。テイヤム文化は、宗教と芸能、聖域と世俗、伝統と近代といった両極の概念のはざまで、大きく揺れ動いているといえる。

5．演出家－パフォーマー－観衆関係

シェッフリンは、パフォーマンスにおけるリアリティと象徴の意味は、首尾一貫した儀礼構造から引き出されるものではなく、霊媒と参加者の間の言葉のやりとりの過程によって生まれるものであると主張した（Schiefflin 1985）。テイヤム儀礼では、パフォーマーと観衆の間で交わされる会話は時に形式的であり、長いものではないが、観るものと観られるものの間には、相互作用が生じる。またそれだけでなく、儀礼を組織する祭礼委員らによる演出が、パフォーマーや観衆に与える影響があり、これら三者の相互作用により、多元的なテイヤムのリアリティが形成されているといえる。

テイヤム儀礼に関与する人々は、３つのカテゴリーに分類されうる。それは、①演出家、②パフォーマー、③観衆である。①の演出家とは、儀礼および祭礼を組織、企画する人々で祭礼実行委員や観光局員らがあたる。タラワードゥにおける小規模な儀礼においては、タラワードゥの長老らが組織するが、そこでは大祭のように文化プログラムなど大規模な演出はなされない。②のパフォーマーとは、テイヤッカーランを主とした、コーマラン、司祭といった儀礼職能者である。③の観衆は、儀礼を観に来る、地域の人々と観光客を指す。

大祭においてはこれら三者間の間に、テイヤムをどう捉えるかといったイメージの交換があり、相互作用を通してテイヤム像が生成されていく。まず演出家は、儀礼および文化プログラムの手順を考え、その演出により観衆に対してテイヤムのイメージをフレーミングする。それは時には厳粛な宗教儀礼であり、時にはアートとしてのスペクタクルである。儀礼職能者であるパフォーマーは、タラワードゥでは宗教儀礼としてのテイヤムを行っており、写真や録音を拒むパフォーマーもいた。だが大祭で、演出家や主催者らによって、大祭のビデオ作成が企画されると、そうしたことに異議を唱えることはない。

アートとしての演出に観衆が同意した場合、それはパフォーマーにも影響する。パフォーマーはアーティストとしての自覚をもつようになり、テイヤムはアートとして認識されるようになる。一方、宗教儀礼として演出される場合には、前述したように、サンスクリット系神話化することがあり、慣習の知識、

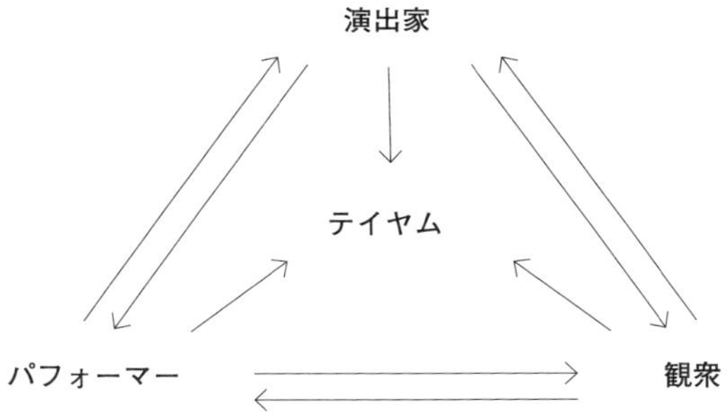

図 23　演出家 - パフォーマー - 観衆関係

認識に影響を与える。

映像人類学者のマクドガルは民族映画を分析し、テキストとしての映画は、一つの意味を伝えるものではなく、対象と製作者、そして観客との三者間によって読まれていくことを指摘した（MacDougall 1978: 422）。テイヤム儀礼の場合、テイヤムというテキストに対して、演出家、パフォーマー、観衆は各々作用し、演出家はテイヤムを通してパフォーマーと観衆にみせ、パフォーマーと観衆の間には相互作用が存在する（図 23）。これらの作用を通してテイヤムのイメージは形成されてゆくが、そのイメージは一つでなく、同時期に多元的なイメージが存在するのである。

6．儀礼およびアートとしてのパフォーマンス

テイヤムは時に、儀礼として、時にアートとして解釈されるが、それぞれの場合でいかなる特徴がみられるだろうか。儀礼またアートにおける要素の自由度よって、参加者や構成の仕方に表 27 のような違いが生じる。①のタラワードゥやカースト寺院で行われるテイヤム儀礼は、宗教儀礼（アヌシュターナム）としての要素が濃いが、②のペルンカリヤーッタムになると、音楽コンサートやドラマなどの文化プログラムといった娯楽性が入る。そして③の舞台パフォーマンスの場合には、観光化や商業化と結びついた娯楽となり宗教性はなくなる。形式に関しては、①の場合は儀礼として伝えられている決まった行為（アヌシュターナム）を行う

	①	②	③
タイプ	儀礼	儀礼＋イベント	アート
例	タラワードゥ、カースト寺院	ペルンカリヤーッタム	舞台公演
性質	宗教性	宗教性＋娯楽	娯楽、観光化、商業化
形式	固定	固定＋自由	自由
参加者	単一カースト	マルチカースト・宗派	脱カースト、宗教、民族
統合の仕方	地域の垂直的統合	地域の水平的統合	脱地域社会

表 27　儀礼とアートの比較

ことが期待されるが、②の場合はアヌシュターナムの他に、自由なパフォーマンスも別の空間で繰り広げられる。③の場合はアヌシュターナムを行う必要はなく、形式にとらわれず自由な演技、演出を行える。参加者は、①の場合は単一カーストのみによって組織されるが、②の場合は多カースト・多宗派によって組織され、③の場合はカーストや宗教、民族を超えて参加される。統合のあり方をみると、①では、シュリニヴァスのいうカーストを軸とした垂直的統合が地域社会の中でみられ、②になると、カーストの枠を超えた水平的統合となり、③では地域社会の統合というより、一時的に居合わせた人たちの共有空間となる。

テイヤムが州外へ紹介されていく中で、マラヤーラム語が英語に翻訳され、言葉のニュアンスも変化していった。例えば、儀礼などでの踊りを意味する *āttam* は dance となり、技術・芸能を意味する *kala* は art となり、神々の遊戯に使われた *kali* は play と訳された。英語化されることにより、テイヤムのイメージはより西洋的パフォーマンスに近づく。

王やブラーマンの権威が強力であった時代はカースト制度も強固であり、テイヤムは不可触民の担う宗教的義務とみなされていた。儀礼はタラワードゥ主催により、カーヴもしくはタラワードゥで行われていた。それが近代化に伴い、テイヤムの主催者がタラワードゥから地域社会に変わっていく。複合タラワードゥまたはカーストの人々が祭礼に参入し、集められた資金により参拝者にご馳走が振る舞われ、様々なイベントが催され祭礼は大規模化する。

さらに、地域社会というコンテクストを離れ、都市部や外国の舞台でテイヤムが披露されるようになると、テイヤッカーランはアーティストと呼ばれ、テイヤムはアートと化す。

テイヤムが、全体的に儀礼からアートへと移行しているというのではない。まだ多くのテイヤムは、タラワードゥや村落社会と結びついており、儀礼としての要素が強い。しかし、タラワードゥの祭礼がリネージの祭礼となったり、地域の祭礼となる傾向はある。また、ペルンカリヤーッタムでは、他の娯楽やイベントと合わさり、複合的ショー・パフォーマンスと化している。

7．象徴の解釈と環境

テイヤムというパフォーマンスを、儀礼と捉えるか、あるいは芸能として観るかは、テイヤムの組織やみせ方といった社会的環境のみならず、観る側が、いかなる環境で育ったかにも依存する。同じ象徴をいかに認識するかは、個人の心理的環境により異なってくる。

テイヤムには様々な象徴的な要素が散りばめられている。幾何学模様の化粧、異様な大きさと形の頭飾り、司祭からテイヤッカーランに手渡される５本の灯芯、テイヤッカーランが刀をもって踊るしぐさなど、それぞれが何らかの神の属性や神話を物語っている。だが、それらの象徴の意味を理解している人といない人がおり、それは個人の幼少期からの経験や周囲の環境に影響される。つまり、スペルベルのいう喚起力としての象徴装置の果たす力が大きい（スペルベル 1981 [1979]: 183-229）。

一方テイヤッカーランの家族はもちろん儀礼を熟知し、シンボルの意味解説を行うことが可能である。またテイヤム儀礼を周期的に主催している家の者（特に司祭をつとめる者）も儀式に通じていることが望まれる。その他、主催家族に属する成員の中では、幼少期から成人に至るまで生まれた土地で過ごしている者は、シンボルのもつ意義を認めているが、途中で地元を離れて生活した場合には、同様のシンボル解釈（またはシンボルによる喚起）が難しくなる。

スペルベルは、人間は様々な概念を発達させる性向をもち、そうした概念は他人へ伝染するという（スペルベル 2001: 116）。個人の中でつくる心的表象は、周囲の公共的心象との相互作用の中で、文化的表象が生み出される（ibid. 107）。

彼は信念を二つの種類に分けている。第一は「直感的信念」(intuitive beliefs) であり、それは自然発生的で無意識的な知覚過程の産物である。第二は「反射的信念」(reflective beliefs) であり、直感的信念に妥当性を与える文脈に埋め込まれた表象の解釈である (ibid. 150-151)。スペルベルは、子どもが何かを信じるといった信念をもつようになるメカニズムを以下のように説明している。子どもは母親のいうことは正しいと思う。よって母親が「神様はどこにでもいる」といえば、神がどこにでもいるといった信念（反射的信念）をもつようになる (ibid. 153)。直感的信念は、人々に共通する知覚経験とコミュニケーションの両方によって広まるが、反射的信念はもっぱらコミュニケーションによって広まるという (ibid. 161)。

このことを考慮すると、テイヤム儀礼のシンボル解釈や神概念、神話は、幼少期に信頼している親や周囲の人から教えられることによって、形成されるのである。そしてその感覚は慣習化される。豊富な知識と経験をもっていれば、成人したときにテイヤムを見て神性を感じるであろう。だが、そのような知識も経験もなければ、テイヤムを見ても信念の対象とはならず、美的判断を下すかもしれない。

ケーララの村落で育ち、自らの所属する家で祀るテイヤムをみて育ったものは、成人して都会に出ても、祭礼の日には戻って来る。彼らは、小さい頃にも増して、テイヤムにと村落文化に関心を抱くようになっている。オフィスビルの立ち並ぶ都会にない、何百年と続くタラワードゥと寺院、カーストによる儀礼的役割、村人たちの惜しみない労力とテイヤムに対する熱意は、共同体の共有するテイヤムのイメージを伝え続けている。

第3節　結論

サンスクリット文化と非サンスクリット文化の関係性を解明するために、非サンスクリット的要素が強いケーララ州の「テイヤム儀礼」の儀礼形態や様式、パフォーマーや観衆の意識、それをとりまく社会の対応をみることによって、二要素以外にも様々な要素が絡み合い、また複数の人間と社会との相互関係の中で、儀礼が構成されていることが判明した。

テイヤム儀礼を形成する主な要素は、一つは「型としての儀礼」であり、もう一つは「芸術的要素」である。前者は、現地語でアヌシュターナムと呼ばれるものであり、決められた通りに実行することに意義があるとされ、儀礼の真髄であるとされる。後者は、カラと呼ばれる特定の儀礼に付随するものであり、テイヤム儀礼においては特に重要な要素を占める。両者は明確に二分されるものではなく、儀礼を型通りに行うことが「美（ラサム）」にもつながり、「美しい」衣装、化粧をほどこすことも型の一環であるため、相互依存関係にあるといえる。ここでの「型」とは、第1章第2節で述べたように、特定のテイヤムに定められたステップやリズムであり、決まった場面で「鏡を見る」「震える」などの所作のシークエンスである。また「美」とは、土地の人々が神をイメージするものであり、「このテイヤムはこういう姿をしている」といった規範に基づく。

それらの型と美をもって実行することが、神々の世界の具現化であり、現代社会とのコンタクトである。以下テイヤムに関わる主体と、彼らの力関係の変化、そして彼らがいかにテイヤムの要素（またはシンボル）を用いて彼らのテイヤムたるものを作り出しているかについてまとめてみたい。

テイヤムに働きかける伝統的主体には、王権、カースト（テイヤッカーラン）、家族（タラワードゥ）があった。テイヤムの伝承から、テイヤム儀礼が王権と深い関わりがあったことがわかる。ケーララ北部を治めていたコーラッティリ王の守護神である女神は、地域で支配カースト（ナーヤル）により別名で祀られており、王権の支配領域が同一神によって守られていることを示している。王は神の力、シャクティを用い、自らも政治権力を握っていた。寺院の最高権威者は王を意味するコーイマと呼ばれ、ナーヤルなどの土地所有者が担っており、主権と祭祀権の一致がみられる。王権や寺院、祭主、パフォーマーの間で、パフォーマンスの義務・権利が領域によって定められており、相互の力関係を示しているといえる。儀礼には全てのカーストが役割を担っており、ホカートが論じたような、王を中心とした供犠組織の形態をみせている（Hocart 1950）。ただし、歴史的にみると、王国の中において王の位置は必ずしも頂点ではなく、ブラーマンが祭祀の上では最高権威をもち、王とブラーマンの間は絶えず対立・緊張関係にあった。両者は、地域の領主ザモリンや、ポルトガルなどの外国勢力と結びつき、お互いを牽制していた。

英国支配後は王の政治力は弱まり、独立後は州政府が政権を司り、王は実際の政治力を失った。土地改革後、王家は広大な土地を没収されたことから、経済力も失い、自らの寺院でテイヤム祭祀を行う余裕がなくなった。王と同様、地域の大土地所有者らも土地と祭祀執行能力を失い、祭祀権を地域の多カーストから構成される委員に譲り渡したりしている。テイヤム祭祀の場におけるコーイマの席に座るべき高位カーストの元大土地所有者は不在で、祭礼委員長の方が実質上の権威者となりつつあるといったように、政治権力は王から民衆へ、高位カーストから低位カーストへと移行した。テイヤムにアクセスできる主体が広がることにより、テイヤムのシンボル解釈にも多様性が生じるようになる。

テイヤムを祀る主体の規模には、個人からタラワードゥ、カースト寺院から、多カーストで組織される村落寺院および大カースト寺院がある。規模が大きくなるにつれ、祭りの性質は個から公へとシフトしてき、また祭りに対する観る側の意識も、信仰の場である「神の祭り」からアートを楽しむ「スペクタクル」へと変化している。

神話に関してみると、あるテイヤムの発祥の場である寺院やその周辺では、積極的に神話を生成させていく例がみられる。ムッタッパンは、元々山岳部に住むトライブの祖先神であったのが、トライブの土地を支配した高位カーストのナーヤナールにより儀礼も支配され、神話もヒンドゥー化される。ムッタッパンが平地に住む低位カーストのティーヤにより祀られ、ティーヤの政治経済力の拡大と共に、ティーヤの神となっていく。そして近年では、ティーヤの州外進出により、神も土地を越えて崇拝されるようになっている。神に対する意味付け、およびシャクティという神の力と世俗の権力の関係は、場所と時代によって変化しているといえる。

テイヤム儀礼の伝統的主体であり、今でも多くの場合の組織母体であるタラワードゥであるが、1945年の母系制廃止制度と1969年の土地改革によりタラワードゥは崩壊した。経済的破綻から儀礼を開催する人力と経済力を失い、テイヤム祭祀を中断したタラワードゥが出てきた。それが1990年代になると、州外に働きに出たタラワードゥ成員らの援助により、持ち直して再生していく傾向にある。

村落社会を超えた範囲で新たにテイヤムに働きかけるようになったのは、州政府観光局や芸術評論家、研究者らである。タラワードゥで儀礼としてのテイヤムが再生される一方で、1960年代からテイヤムが舞台芸能として評価されるようになる。地域の人々に称賛されたテイヤッカーラン、カンナンは、「貧しいテイヤッカーラン」から、「美しいアーティスト」へと社会的地位を上昇させていく。カンナンの習慣、行動には、サンスクリット文化と非サンスクリット文化が混在しているが、彼は社会的地位上昇のためにサンスクリット的生活習慣を模倣しているわけではなく、またサンスクリット神とテイヤムに優劣をつけているわけではない。彼の地位上昇意識が働いたからというよりも、中央政府の国民国家統合、ケーララ政府の地域文化奨励、地域の文化団体の名声といった、外部の思惑による舞台化と彼のアーティストとしての評価の結果であり、サンスクリット化と社会的地位が必ずしも関係しないことがわかった。

村落社会で儀礼としてのテイヤムが祀られる一方で、州外の舞台でアヌシュターナム抜きのテイヤムが披露されるようになる。主催する側としては、テイヤムのアートとしての美しさを州外の人にも知ってもらいたいという意図をもつため、テイヤムの芸能（カラ）を強調したパフォーマンスであるといえる。観る側はテイヤムに対する信仰をもたないため、テイヤムを神として観るのではなく、「スペクタクル」としてその衣装や踊りを観賞する。

ところが1990年代後半になり、舞台化に反対する運動が生じ、「テイヤムとは何か」が問われるようになる。テイヤッカーランにより、代々受け継がれてきたテイヤム儀礼の祭祀圏を無視して舞台で行っていいのか、またアヌシュターナムのないテイヤムを行うのはいかなるものかといった疑問の声が、伝統を重んじる側からはあがった。テイヤムには二つの重要な要素、アヌシュターナムとカラがあり、それのどちらを強調するかにより、儀礼か芸能かに傾くことが明らかになった。だがこの論争の背後には、1980年代以降ケーララにおいても徐々に勢力を伸ばし始めているBJPの影響、それを懸念する共産党勢力の対立関係がみられる。また、グローバリズム、資本主義に反対する左派の地域主義も加わり、議論は錯綜した（第4章第3節）。テイヤムは議論のアリーナであり、テイヤムを保存させようとする動きが、新たな意味をテイヤムに付加し価値付けすることによって、テイヤムはその意味合いを時と場によって変えていっているといえる。

テイヤムは、シャクティ（神の力）やヴィシュワーサム（信心）、そしてラサ（美的感覚）やカラ（芸術）といった観念が交差する場であり、各々の観念をもった人々がテイヤムとは何であるかを判断していく。そして、それらの観念は、生まれた土地の周囲の人々の関係によって築かれるものである。

テイヤムの芸術的側面を考えると、「サンスクリット文化」と「非サンスクリット文化」といった二文化論では捉えられない別の要素が散在している。同じ儀礼の一部分を見ても、それを「サンスクリット文化」と捉える人がいる一方で、「民俗宗教」や「アート」として見る人がいるのは、それぞれの人の経験によりシンボルの解釈が異なるからである。また、テイヤムを儀礼としてのみ考えると、パフォーマンスとしての要素を見失ってしまい、また芸能と捉えると宗教性や伝統が希薄化してしまう。テイヤムは儀礼であり芸能であり、パフォーマンスでもあるのだが、多元的な価値観が存在しているというところに、個人と社会との関わり方が重要な意味をもってくる。

ヒンドゥー文化二元論は、ある特定のシンボルをサンスクリット文化または非サンスクリット文化と解釈することによって成り立つが、実際は、シンボルは人によって異なる解釈を生み出す。土地に住む人の社会環境と文化的背景により、同時に多元的な解釈が生成されるのである。

テイヤムは元々、カーストや母系制、王や支配カーストとの従属関係といった伝統と慣習に縛られて営まれてきた。カーストや母系制、土地制度は、制度的には廃止されたが、宗教的儀礼は現代までカーストや母系、土地の権利といった慣習と密接な関係をもち続けており、それが切り離されようとしたところで問題が生じた。伝統と近代は地続きであり、無理に切り離そうとするから反発が生じるのである。人々の暮らしは外部の影響を受けながら変わりつつあり、時代の中でテイヤムの意義も再定義を余儀なくされている。

テイヤムは、歴史学者、文化人類学者、行政官、政治家らから、研究対象とされ、議論されてきた。また研究分野以外でも、写真家や画家からも題材として注目され、近年では一般の人々もインターネットに投稿するようになった。

人々は、テイヤムを通して自らの関心を深め、作品を作り上げていく。それぞれの立場の人に、それぞれのテイヤムのリアリティがある。

テイヤムはまさに、議論が生じる「アリーナ」であり、儀礼として、芸能・芸術として、ケーララ文化やイデオロギーの象徴として、インド村落社会および海外で生き続けるであろう。

注

1　ヴィッツェルは、社会体制のサンスクリット化によって、文化変容が生じたことを示している。例えば、宗教的側面においてクル王国は、儀礼、言語、儀礼書において、伝統的アーリヤ人の文化を編成した。また社会面においては、アーリヤ人と非アーリヤ人とを分別し、カースト制度を導入した。さらには、狩猟や農業が中心の生活の中に、半儀礼的な交換システムを導入し、複雑なシュラウタ儀礼の土台を作ったことを指摘している（Witzel 1997: 36-40, 51）。

2　2003年1月2日、カンナン・ペルワンナーンに、「良いテイヤム」とは何かを問うた時に得た回答。

3　2002年12月31日に、A. N. コダカッド宅で聞いた話。

4　2003年1月2日に、クッタマットゥ・スリーダラン宅で行ったインタビューより得た話。

5　インド芸術論では、ナヴァラサといい、恋愛、哀れみ、怒り、驚き、可笑しさ、嫌気、恐怖、勇ましさ、静けさの9つのラサがあるとされる。現代ケーララでは、「美しい」の他に、美味しさを表すとき、「ラサがある」ともいう。

6　結婚式の際、花嫁の首にターリー（首飾り）が掛けられる。

資　料

1. ムッタッパンのトーッタム[1]

アイヤン[2]・トーッタム

ヴィシュヌ神よ　師よ
大きな森はとても暑い
その中で蜂蜜を見つけた
蜂蜜が胸に流れている美しさなのか
鹿の美しさか　それとも滴の美しさか
クンナットゥールの大きな森で
鹿の群れが遊んでいる
35 匹と 5 匹
そのうち 5 匹は雄である
群れて遊んでいる
毎日遊んでいる
私は一匹の鹿を弓で射ますと　一人の狩人は誓った
王の宮殿へ行った
鹿狩りについて　王に話した
狩りのニュースは森に住む人々に広がって　彼らは狩人を助けた
狩人の犬を全て用意した
ウサギを獲る犬　豚を獲る犬に
首輪をつけた
犬　網　狩人　お供のもの
彼らは大声をあげながら山を登った
ダーリカン山の東に縄を縛った
川の近くに隠れ家を作った

（豚を誘き出すため）[3] 石を投げた
棒で森の木を叩いた
大きな豚が森から網へ入ってきた
狩人は豚の右の胸を射った
豚は走り出した
バナナの木々の間を走り抜けた
クヴァの木の間を走り抜けた
アーナーッチ家に着いた
マンゴの木へ行き、マンゴを食べた
豚は左手をついて倒れた
岩の上に上ろうとしたとき
狩人たちは豚の血の跡を追ってきた
アイヤン王が来て豚を切り殺した
豚の肝臓を切りとった
後ろ足を切りとった
4本の足を切った
両脇の肉を切って王にさしあげた
骨と頭は犬に与えた
全ての部分を別々においた
残りの肉は狩人で分けた
弓を射った人に分け前はなかった
私の分け前はどこだと狩人は聞いた
狩をする場所に時間通りに私がつかなかったか
私が豚を射なかったか
他の人の分け前をかき集め狩人にあげた
狩人はそれを食べた
王は良い部分をとって　王宮に帰った
王は狩人たちと猟に出て
豚を射って　イノブタ　リス　を射った
毎日顔を洗い　清め　楽しく王は暮らした

我々のムッタッパン　アイヤン・トーッタムよ

カリカッパーットゥ

ティーヤの子どもたちが手を叩きながら遊んでいる
マダラム（太鼓）を叩きながら
ティーヤの子どもたちよ　みんな一緒に遊びに行こう
子どもたちは遊んでいた
ある家へ行き　少年を遊びにさそった
だがその家には子どもがいない
どうやって少年が遊びに来られるのか
畑で飛び交う鳥のように、私たちは遊びたい
少年よ　みんな来い
僕たちは少人数しかいない
少年たちは遊びに行った
象が歩くように　パーディクッティはティルワン川へ歩いていった
洗髪剤の入った皿を片手にもって、粉の入った皿を片手に
ターメリックの入った皿を手に持って川に水浴しにきた
膝まで川に浸かった
髪を洗った
首まで浸かった
頭までもぐった時
子どもの泣き声を聞いた
足輪の音を聞いた
四方を見渡しても　誰も見えない
パーディクッティはもう一度もぐった
ティルネッティ石の近くに　美しい子どもをみた
子どもをかかえて
アイヤンガラ家へつれて帰った
アイヤンガラ（夫）は言った

このような美しい子どもをどこで手に入れたのか　パーディクッティよ
川で水浴している時に　子どもを拾った
何のミルクをあげようか
象のミルクをあげたら　顔が象のようになり　体が大きくなる
馬のミルクをあげたら　馬のような顔になり　体が大きくなる
子どもは楽しげに育った
ある日　子どもが言った
弓矢がほしい
弓矢を作り　山へ狩りに行った
リスと豚を射った
鳥を射った
アイヤンガラ家へもって帰った
獲物を火で焼き　臭いが広がった
そのときアイヤンガラは言った
私はこの子に耐えられないので　家を出る
バナナの葉をもってきても　家から消えてしまう
バナナも　鶏も　川魚も欲しくない
子どもは怒った
東西を見ると　岩山が崩れてなくなってしまった
南北を見ると　木々が燃え始めた
パーディクッティはアイヤンガラの前へ行った
子どもの目からは火が出ている
その時パーディクッティは言った
こんな子どもはほしくない
彼を山へ行かせよう
彼の目から火が出ている
彼の目にグラスをはめさせよう
布をまとって　王冠をかぶり　弓矢を持って
服を着て　犬を連れて行った
ティルワンカダヴ川へ行って　水浴をした

ティルネッティ石の上に　花を添えた
パームの木の近くに矢を置いた
別のパームの木に犬を縛った
また別のパームの木に登った
木の上にある壺と　下にある壺をとって
神は椰子酒を飲んだ
沢山飲んで座っていた時
カッラーイコディ・チャンダンが来た
パームの木の下に来た
パームの木を見た
パームの木に一人の男を見た
誰だ　私のパームの木の上に座っているのは
誰だ　私の椰子酒を飲んだのは
言わないと射るぞ
チャンダンは怒った
弓矢をかまえて矢を射ろうとした
弓を放とうとしたその時
神は怒ってチャンダンを見た
するとチャンダンは石に変わってしまった
その日の夜が過ぎた
カッライコーディ家のチャキヤンマ（チャンダンの妻）
椰子酒をとりに行ったチャンダン
昼過ぎに出かけていったチャンダン
夕方になっても家に帰ってこない
なんでチャンダンは帰ってこないのでしょう　神よ
カッライコーディ家の妻は
パームの木の下へ行った
チャンダンが石に変わっているのを見た
木の上の見ると
木の上に誰か人がいるのが見えた

偉大なるムッタッパンよ
チャンダンは知らずに過ちを犯しました
私が罪をあがないます
チャンダンを元の姿に戻してくれたら
中で礼拝儀礼をします
外ではヴェッラーッタム　ティルワッパナ　マラユートゥ　カラシャム（酒）を捧げます
食事をおきます
パインクッティをします
ムッタッパンはその言葉を聞いて喜んだ
プラリマラムッタッパンは
マーヤの力で　チャンダンを元の姿に戻した
パームの木の上に上り
上の壺と下の壺をとり
クンナットゥール山へ登った
毎日パインクッティを奉納する
中では礼拝儀礼を　外ではヴェッラーッタムとティルワッパナを奉納する
そこからゆっくり各地へ行った
マーニッパランベーッタムを見た神
オーナッパランベッタムを見た神
プンナーッティダム　パーディシャーラを見た神
ムリンゴーティ　マラバーラタムを見た神
ベッラットゥーラーク　ポディッカラ
アーンビラーッターックンナ　などを見た
パダンノートゥ　マーダを見た神
ムラックンナット　ペルンタリを見た神
マイラーットゥムパーラを見た神
コッタナーティエーッタを見た神
クーヴァッカラで水浴をした
アーイラッコンバンにのぼり　見た神

エールマラ　プラリマラ　を見た神
プラリマラチットラピータムを見た
プラリマラチットラピータムの上で
赤い鉢巻きを巻いた神
頭飾りをつけた神
土地の支配者となった神

2．ポッタンのトーッタム[4]

ワラヴィリ

毎日来てください
コーナッタリーッカラからきて下さい
プラポッタン　プラチャームンディよ
カイヤーットゥコーッタム　ムイヤットゥコーッタム　カーヴンバーイコーッタム　パッターニコーッタム　パランギコーッタム　ムランガットゥコーッタム　マナッタナカーヴ　ニーリヤールコーッタムから
別の場所から
10イッラムのプラヤから　供物を受け取り
プリンコーットゥマーダムへ毎日来てください
このケーララを見に来てください
私の供物を受け取ってください
あなたの姿を創ります
功徳と災いについて　おっしゃってください
そのあと我々を解放してください
あなたに従わないものは滅ぼしてください
私の悩みを全て解決するのは　あなただけです
私の神に祈ります
私のおろかさを取り去ってください

神に祈ります

トーッタム

神に栄光あれ　この地に栄光あれ
この世に栄光あれ
祠のランプに火を灯し　ガナパティ神に栄光あれ
祠の右手に　ランプをおいて　栄光あれ
ランプの左手に　サラスヴァティー女神よ　栄光あれ
土地にある美しい　小屋よ　栄光あれ
小屋になるヴェーダに栄光あれ
左手にポンナン　右手にポリヤン
左手にマニヤニ　右手にマニックンダン
左手に師　右手にガナパティ神
ヴェーダを一緒においで
それらをワヤナーダンの畑におきましょう
ガナパティ神とサラスヴァティー神を　鋤のようにおきましょう
鞭を手にして指導しましょう
東西を耕しましょう
74 箇所を耕し
それらをワヤナーダンの田におきましょう
ワヤナーダン田は水の必要がありません
自然に育つ　ワヤナーダン田
ワヤナーダン田の守り神は　ポッタン神です
前から来るのはブラーマンです
ブラーマンと一緒にいるのはナーヤルです
ナーヤルと一緒にマニヤーニがいます
マニヤーニと一緒にティーヤがいます
ティーヤと一緒にワンナーッタンがいます
5 人が一緒に行く途中

ブラーマンが言った
道をどけ　道をどけ　プラヤよ
どうして私はどくことができましょう
脇には赤ん坊を　頭には椰子酒の壺をのせています
どうして道をどくことができましょう
脇を向けば　とげがあります
どうして動くことができましょう
そのときブラーマンは言った
だまれ　プラヤよ
どけどけ　プラヤ
そのときプラヤは言った
それは間違っています　ブラーマンよ
あなたが言うような順序がどこにありますか
そのときブラーマンは言った
だまれ　プラヤよ
そしてプラヤは言った
どうして喧嘩する必要がありましょう
私たちにいかなる相違がありましょう
再びブラーマンは言った
だまれ　プラヤよ
そしてプラヤは言った
あなたが寺院の池で水浴をする時
あなたは絹の布を使う
私たちが水路で水浴をする時
私たちは普通の布を使う
それが唯一の違いです
どうして我々は喧嘩する必要がありましょう
あなたは額に白檀のペーストをぬります
私たちは額に泥をぬります
それに何も相違はありません

我々の土地にトゥルシ草は生えている
あなたはそれを神に捧げるのに必要としている
我々がバナナの木を植えて実がなると
あなたはそれを神に供えるのに必要とする
聞いてください
私もあなたも　違いはありません
あなたが寺院で神像を頭にのせて踊る時
マーラーが太鼓を叩きます
我々が釣りに行く時
同じような幸福な気分になります
どうしてあなたは私を責めるのですか
私たちの間に違いはありません
料理に使う水と米は同じです
あなたは良質のレンガでかまどを作り
銅製の壺で料理をする
あなたたちの薪は白檀とティークの木
私たちは古いレンガでかまどを作る
我々の壺は安物です
我々はパリヤーラムのマニヤーニの土地へ行き
竹と小さな薪を集めます
それが我々の唯一の違いです
もしあなたに傷があれば　血が流れます
もし我々に傷があれば　血が流れます
それに何の違いもありません
そのときブラーマンは言った
私はあなたが誰だかわからない
そのときポッタンは答えた
それは私の精神の一つです
それをこの地に　テイヤムとして現すべきです
ポッタンは　コッキラマーマと呼ばれている男を呼んで言った

私には４人のアーチャーリヤがいる
私が供物を受け取るとき
私は全ての献身者を救う
全ての悪人を罰する
人々は私を飾られた精神としてみるだろう
４人をマーマと呼んではいけない
私には４人のアーチャーリヤがいる
彼らをコッキラマーマと呼んではいけない
私が彼らを呼ぶ
パリパーイ・ブラーマン
マーダーイ・ナーヤル
パリヤーラム・マニヤーニ
マートゥンマ・ティーヤ
彼らと一緒に来た　ワンナーッタン
彼らを私は呼ぶ
テイヤムとなるためにここに来た
カーニラックンダン　ポッカン　ヴィルンダン　ヴェッレーン　カルヴェレンナ
彼ら４人がトゥディとチェンダ[5]を携えて来た
彼らがポッタン神を崇めると
テイヤムを踊る時
ポッタンは４人を呼ぶ
みんなポッタンに近づき祈る
そのときプラポッタン神は言う
今わかっただろう　アーチャーリヤたちよ
どこだ　と呼んだとき
あなたは私の近くに来ている
このあと彼らはみな立ち去った

神に栄光あれ

アーチャーリヤ（大工の親方）は場所をつくることにした
4本の柱を建て
その上に屋根を乗せるための骨組みを作り
屋根をのせた
床には土を入れた
9チャーン[6]四方の柱
ココナッツの葉をとって屋根を作った
90のココナッツの木の枝で結んだ
家はガタガタしない
51の釘をうった
9つの扉を作った
行くため　来るため　別々に作った
真ん中には麦が置かれている
もし強風がふけば
それは倒れるかもしれない
我々は川の向こう岸に行くべきだ
もしあちらに行きたいのなら
舟の櫓をこぐべきだ
もし櫓をこげば　舟は前へ進む
もし我々がこいでも　舟は前に進む
我々はそこに幸福そうな人々を見る
彼らはなぜ舟が反対岸からきたのかと驚きたちすくむ
そしてアーチャーリヤは彼らに尋ねる
あなた方の家には何人いますか
2万1600人がこの家に生活しています

そこからいらっしゃい　子どもよ
私の子どもは　きゅうりの持ち主のペリヤーッテ・ナンブーディリに気づかないでキュウリをもいでいる
私の子どもを殺さないでください　ポッタンよ

私はあなたに飲み物と供物を捧げます
魚をもってきます
ココナッツの実に入った酒をもってきます
ジャックフルーツが地面に落ちているとき
木の上に上ってジャックフルーツをとろうとする
ジャックフルーツと棒と一緒に　子どもは下に落ちた
私の子どもを殺さないでください　ポッタンよ[7]
私はあなたに花と飲み物を捧げます
もしそれでも満足されないのなら
ペリヤーッテ・ブラーマンのところへ行って
薬草の木々でメーレーリを作ります
私の子どもを殺さないでください　ポッタンよ

注

1 Viśňūnambūtiri 1981b *Uttarakēraḷattile Torrampāṭṭukal* より。
2 アイヤンとは、父、王、尊敬する人を意味する（Mādhavanpiḷḷa 1995 [1976]: 65）。ここでは、狩人の神であるムッタッパンを指す（Viśňūnambūtiri 1981b: 104）。
3 (　) は筆者による。
4 Viśňūnambūtiri 1996 *Poṭṭanāttam* より。ポッタンのトーッタムには、主にマラヤンによって歌われるものと、プラヤによるものがあるが、これはポッタンの由来についてより詳しいプラヤによるもの。
5 二種類の打楽器。
6 手を広げた時の親指の先から小指の先までの長さ。
7 ポッタンは畑の作物が盗まれないか見張っており、子どもはポッタンの障りにより落ちたと考えられる。ブラーマンは畑の作物が盗まれると、ポッタンテイヤムを奉納した。

あとがき

本書は、2003年に慶應義塾大学大学院社会学研究科に博士学位請求論文として提出し、2004年7月に博士（社会学）を授与された『南インドにおける儀礼と社会の変化――ケーララ州テイヤムを事例として』に加筆、修正を施したものである。本書の各章で、初出のあるものは次の通りである。ただしいずれも、初出を書き改めている。

第4章　第1節
「南インドにおける不幸の除去――ケーララ州の呪術・儀礼・占星術をめぐって」（『宗教と社会』第7号、91-110頁、2001年）
第4章　第2節
「南インドにおける不可触民の社会的地位の変化――テイヤッカーランのライフヒストリーを通して」（『生活学論叢』5号、47-59頁、2001年）
第4章　第3節
「伝統の保存とイデオロギー――南インド・ケーララ州の儀礼と政治」（『三田社会学』第5号、29-40頁、2000年）

はじめてケーララ州北部を訪れてから、気が付いてみると20年の歳月が経っていた。当初は「クッティ（子ども）」といわれていたのが、やがて「チェーッチ（姉さん）」になり、今では「アンティ」的存在となった。ステイしていた家の子供たちは、今では親となり社会でも活躍している。大都市に移住している人もいるが、テイヤム祭祀の時には再会することができた。助手をしてくれていた人たちは、希望の職に就いて忙しくしている。テイヤッカーランの子どもたちは会った当初は、父親の脇で太鼓を叩いていただけだったのが、今では親の代わりにテイヤムを担い、立派なテイヤッカーランに成長している。彼らの成長に比べてスローではあるが、私も親となり社会人となった。久しぶりに行っても温かく迎え入れてくれるケーララは、私にとって第二の故郷である。

とはいえ、テイヤムのフィールドワークが最初から順調に始められた訳ではない。村で私の世話をしてくれた文化団体カラニケータナンの人々には、夜の調査は危ないので、昼だけにしなさいといわれた。テイヤム儀礼は夜がメインであるのに、昼間しか見られないのでは調査にならないので困った。確かに、ケーララでは夜暗くなってから一人歩きしている女性はいない。昼間は付き添ってくれる人がいたが、徹夜でテイヤムを見るのに付き合ってくれる人は誰もいなかった。ステイ先のペルワンナーンの家で、どうしても夜見たいのなら行ってもいいが、その代わり途中で家には戻ってこないで朝まで寺院にいなさいといわれた。テイヤムは夜通し行われると言っても、複数のテイヤムの登場の間にインターバルがあり、近所の人は家に帰るし、夜中から明け方にかけては観ている人が少ない。日中は30度を超す気温でも夜は寒くなり、一晩中野外の観客席に座って過ごすのは心細く辛かった。

だが次第に村の中で私が何者かが知られるようになると、祭主の家に泊めてもらったり、食事を出してもらえたりするようになった。テイヤッカーランの家族の女性たちと、外でヤシの葉のマットの上で寝たこともあった。初めていく場所では、あらかじめ祭礼が行われる近くの家に、泊まらせてくださいと頼んだ。今考えてみると、なんとも図々しいお願いをしたものである。マラヤーラム語を教えてくれたラーガヴァン先生には、「両親と師と客は神と同じだから、ケーララでは客をもてなすのだよ」といわれた。数え切れない人に食事と宿を提供してもらった。特にお世話になったのが、長期滞在させてもらった家々である。息子が亡くなって半年しか経っていないのに受け入れてくれた故ペルワンナーンの家、夫婦共働きで子どもが受験期であったのに居候させてくれた故アラヴィンダン氏の家、バンガロールで勉強中の娘の部屋を与えてくれた大学講師のギリシャ先生には、感謝しきれないほどお世話になった。ケーララで学んだことは、テイヤム祭祀に関することだけでなく、人をもてなす心である。

長期調査の間は、非常に多くの人々にお世話になった。受け入れてくださったデリー大学のヴィーナ・ダース先生と、アンドレ・ベテイル先生には調査を行うにあたり適切な助言をいただいた。カリカット大学のM.G.S. ナーラヤナン先生には、調査地に近いカーニャンガタード・ネルー芸術科学大学のC. ギリジャ先生を紹介していただいた。また、カリカット大学のK.K.N. クルップ先生からは名テイヤッカーランであった故カンナン・ペルワンナーンを紹介していただいた。さらに、文化団体カラニケータンを率いていた故 A.N. コダカッド氏には様々な助言をいただき、インフォーマントや助手を紹介していただいた。

元高校教諭の K. ラーガヴァン先生にはマラヤ―ラム語だけでなく、ヒンドゥー教徒としての考え方、生き方をも教わった。バーラクリシュナン氏、ヴィジャヤラージャン氏、ムラリ氏には短期間、スニルクマール氏、ギリーシュクマール氏には長期に渡り、テイヤム祭祀やタラワードゥの調査に協力していただいた。彼らの協力がなかったら、数多くのテイヤム祭祀を見、テイヤッカーランやタラワードゥの人々から話を聞くことは難しかったであろう。2017 年の調査では、カンヌールトラベルのナーラヤナン氏の家に泊めていただいた。一人では滞在することすら難しいケーララの村での調査を実現させてくださった方々に深く感謝いたします。

指導教授である慶應義塾大学の鈴木正崇先生には、調査と論文執筆にあたって多大なご助言とご指導をいただいた。鈴木先生と石井達郎先生とともにケーララの北部へ行ったのが、テイヤムとの初めての出会いである。鈴木先生には度々調査地でもご指導いただき、時には私の準備不足のせいで野宿を強いてしまうこともあった。本の執筆もなかなか進まず、不甲斐ない弟子であるにもかかわらず、見守っていただいた。博士論文執筆にあたっては、宮家準先生と和崎春日先生、樫尾直樹先生、 そして宮家研究室、鈴木研究室の方々に発表を聞いていただきご指導、ご指摘をいただいた。また野村伸一先生と立教大学の小西正捷先生には論文審査の副査となっていただき、有益なご助言をいただいた。京都大学の田中雅一先生には、修士課程の頃から研究や論文発表に関してご助言、ご指摘をいただいた。また、インド宗教文化研究会（拓殖大学・坂田貞二先生代表）では、坂田先生をはじめとする会員の方々に数々のコメントをいただいた。同じテイヤム研究者である、人間文化研究機構地域研究推進センター研究員の竹村嘉晃氏からは、学会発表やその他の場でご意見をいただいた。特に私がフィールドにいなかった頃の状況についての情報は大変参考になった。学部時代に著書を通してアジア世界にいざなっていただいた拓殖大学学事顧問の渡辺利夫先生には、研究活動を励ましていただいた。その他、たくさんの方々のお陰で今まで研究活動を続けることができた。ここに深く御礼申し上げます。

本研究は、平成９年度笹川研究助成と、日本学術振興会特別研究員奨励費（平成13～15年度）を受けた成果である。また、本書の出版は大平正芳記念財団の第30回環太平洋学術助成費（出版助成）の助成を受けて実現した。

明石書店の兼子千亜紀氏には、早々から出版のご相談をさせていただき、編集に携わっていただいた。また岩井峰人氏には、図表やレイアウトなど細部にわたって校正をしていただいた。お二人の力がなければ、出版にこぎつけることはできなかった。

最後に、私の研究に理解を示して常に支えてくれた亡き父古賀登と、一人娘のインド留学に戸惑いながらも送り出してくれた母富紀子、そして研究でも家庭内でも支えてくれた夫山田慎也に、心より感謝いたします。

古賀万由里

参考文献

1. 外国語文献

Aiyappan, A., (1944) *Iravas and Culture Change*. Bulletin of Madras Government Museum, New Series, 5-1. Madras: Government Press.

Anil, K.M., (1999) "The Impact of Ideology on Kerala Folklore", in Raghavan Payyanad ed., *Ideology Politics & Folklore*, pp.63-78, Jyothissadanam Payyanur: FFM Publications, Folklore Fellows of Malabar (Trust).

Appadurai, A. and Breckenridge, C.A., (1995) "Public Modernity in India", in Carol A. Breckenridge ed., *Consuming Modernity: Public in a South Asian World*, pp.1-20. Mineapolis: University of Minnesota Press.

Ashley, Wayne, (1993) *Recodings: Ritual, Theatre, and Political Display in Kerala State*. South India: New York University (unpublished Ph.D. dissertation).

Ashley, Wayne and Holloman, Regina, (1982) "From Ritual to Theatre in Kerala", *The Drama Review*, 26(2): 59-72.

Atran, Scott, (2002) *In Gods We Trust: The Evolutionary Landscape of Religion*. Oxford: Oxford University Press.

Atran, Scott and Norenzayan, Ara, (2004) "Religion's evolutionary landscape: Counterintuition, commitment, compassion, communion", *Behavioral and Brain Sciences* 27, pp.713-730.

Babb, Lawrence A., (1975) *The Divine Hierarchy: Popular Hinduism in Central India*. New York: Columbia University Press.

——(1995) "Introduction", in Lawrence A. Babb and Susan S.Wadley (eds.) *Media and the Transformation of Religion in South Asia*. Philadelphia: University of Pennsylvania Press, pp.1-18.

Bateson, Gregory, (1978) [1972] *Steps to an Ecology of Mind*. London: Granda Publishing.

Bell, Catherine, (1997) *Ritual: Perspective and Dimensions*. Oxford: Oxford University Press.

Berreman, Gerald, (1964) "Brahmins and Shamans in Pahari Religion", *The Journal of Asian Studies*, 23: 53-69.

——(1971) "The Brahmanical View of Caste", *Contributions to Indian Sociology* NS 5: 16-23.

Béteille, André, (1996) [1965] *Caste, Class and Power: Changing Patterns of Stratification in a Tanjore Village*. Delhi: Oxford University Press.

Bendix, R., (1988) "Folklorism: The Challenge of a Concept", *International Folklore Review* 6, pp.5-15.

Blackburn, Stuart, H., (1985) "Death and Deification: Folk Cults in Hinduism", *History of Religion*. Vol.24, No.3. pp255-274

—— (1986) "Performance Markers in an Indian Story-Type", in Stuart, H., Blackburn, and A.K. Ramanujan eds., *Another Harmony: New Essays on the Folklore of India*. Berkeley: University of California Press. pp.167-194

Boyer, Pascal, (1993) *Cognitive Aspects of Religious Symbolism*. Cambridge: Cambridge University Press.

—— (2001) *Religion Explained*. New York: Basic Books.

Cantēra, C.M.S., (1978) [1968] *Kaliyāṭṭam: Paṭhanavum Pāṭṭukalum*. Kottayam: National Book Stall. (Malayalam)

Cāliyōṭan, (2003) "Puḷingōm Srī Śankaranārāyaṅa Darmmaśāstā Kśētravum Sāmuhya Paśāttlavum-Oru Tiriññunōṭṭam", in *Puḷingōm Srī Śankaranārāyaṅa Darmmaśāstā Kśētra Puna Pratiṣṭhā Mahōtsavam*, pp.37-65. (Malayalam)

Cohn, Bernard, (1955) "The Changing Status of a Depressed Caste", in Mckim Marriott, ed., *Village India*. Chicago: The Univ. of Chicago Press.

Damodaran, M.P., (2007) *The Malayans of North Malabar and their Teyyam*. Ph.D thesis, Kannur University.

—— (2009) "Identity through Nature-Man Interaction: A Synthetic Definition Based on the Teyyam Performance in North Malabar", *Journal of Human Ecology,* 26(3): 191-196.

Daniélou, Alain, (1994) *The Complete Kāma Sūtra: the First Unabridged Modern Translation of the Classic Indian Text*. Inner Tradition International: Rochester.

Das, Veena, (1982) [1977] *Structure and Cognition: Aspects of Hindu Caste and Ritual*. Delhi: Oxford University Press.

Dinesan Vadakkiniyil, (2009) *Teyyam: The Poiesis of Rite and God in Malabar, South India*. Ph.D thesis, University of Bergen.

—— (2010) "Images of Transgression: Teyyam in Malabar", *Social Analysis,* 54(2): 130-150.

—— (2016) "From Traditional Authority and Colonial Domination to New Social Dynamics: Has the Cosmic and Social Space of Teyyam changed through time?", *Gov. Arts & Science College Research Journal,* 7(1): 79-105.

Dirks, Nicholas. B., (1987) *The Hollow Crown: Ethnohistory of an Indian Kingdom*. Cambridge: Cambridge University Press.

—— (1991) "Ritual and Resistance: Subversion as a Social Fact", D. Haynes and G.Prakash eds., *Contesting Power: Resistance and Everyday Social Relation in South Asia*, pp.213-238. Barkley: University of California Press.

Dumont, Louis, (1980) [1970] *Homo Hierarchicus*. Chicago: University of Chicago Press.（田中雅一・渡辺公三訳『ホモ・ヒエラルキクス――カースト体系とその意味』みすず書房、2001 年）

Dumont and Pocock, (1957) "For a Sociology of India", *Contribution to Indian Sociology* no.1, pp7-22.

Fawcett, F., (1990) [1901] *Nayars of Malabar*. New Delhi: Asian Educational Service.

Freeman, James, (1979) *Untouchable : An Indian Life History*. Stanford: Stanford Univ. press.

Freeman, J.R., (1991) *Purity and Violence: Sacred Power in the Teyyam Worship of Malabar*. University of Pennylvania (unpublished Ph.D. dissertation). Publications, pp.109-138.

—— (1998) “Formalised Possession among the Tantris and Teeyams of Malabar”, *South Asia Research* 18, 1, pp.73-98.

Fuller, C.J., (1976) *Nayar today*. Cambridge: Cambridge University Press.

—— (1979) “Gods, Priests and Purity: On the Relation between Hinduism and the Caste System”, *Man, New Series*, 14(3):459-476.

—— (1992) *The Camphor Flame: Popular Hinduism and Society in India*. New Jersey: Princeton University Press.

Gabriel, Theodore, (2010) *Playing God: Belief and Ritual in the Muttappan Cult of North Malabar*. London & Oakville: Equinox.

Gatewood, John B. (1985) “Actions Speak Louder than Word”, in Janet W.D. Dougherty, ed., *Directions in Cognitive Anthropology*. University of Illinois Press, Urbana.

Goffman Erving, (1986) [1974] *Frame Analysis: An Essay on the Organization of Experience*. Middlesex: Pengin Books.

Gough, Kathleen, (1952) “Changing Kinship Usages in the Setting of Political and Change among the Nayars of Malabar”, *Journal of the Royal Anthropological Institute*, 82:71-88.

—— (1959) “Cults of the Dead among the Nayars”, *American Folklore Society*, 240- 272.

—— (1961) “Nayar:North Kerala”, “Tiyya:North Kerala” in D.M.Schneider & E.K.Gough eds., *Matrilineal Kinship*. Berkeley: University of California Press.

—— (1973) “Harijans in Thanjavur”, in K. Gough and H.P. Sharma, eds., *Imperialism and Revolution in South Asia*. New York: Monthly Review Press.

Gundert, Rev. H., (1999) [1872] *Malayalam English Dictionalry*. New Delhi: Asian Educational Services.

—— (1992) *Kēraḷōlupattiyum Marrum*. Kottayam: D.C.Books. (Malayalam)

Handoo, Jawaharlal, (1979) “The World of Teyyam: Myth and the Message”, *Journal of Indian Folkloristics*, 2(3/4): 65-88.

Harper, Edward B., (1959) “A Hindu Village Pantheon”, *Southwestern Journal of Anthropology* 15, pp.227-234.

—— (1964) “Ritual Pollution as an Integrator of Caste and Religion”, *the Journal of Asian studies*, 23:151-197.

—— (1968) “Social Consequences of an ‘Unsuccessful’ Low Caste Movement”, James Silverberg, *Social Mobility in the Caste System in India*, Paris: Mouton.

Hocart, Arthur M., (1950) *Caste: a Comparative Study*. London: Methuen and Co.Ltd.

Hobsbawm, E. and Ranger. T., ed., (1983) *The Invention of Tradition*. Cambridge: Cambridge University Press.（前川啓治・梶原景昭他訳『創られた伝統』紀伊國屋書店）

Holloman Regina & Ashley, Wayne, (1983) “Caste and Cult in Kerala”, *South Asian Anthropologist*, 4(2): 93-104.

Humphrey, Caroline and Laidlaw, James, (1994) *The Archetypal Actions of Ritual: A Theory of Ritual*

Illustrated by Jain Rite of Worship. Oxford: Clarendon Press.

Joop de Wit, (1982) *Land Reforms and the Peasant Movement in Karivellur*. unpublished Report of Anthropological Field Research.

Kapferer, Bruce, (1979) "Entertaining Demons: Comedy, Interaction and Meaning in a Sinhalese Healing Ritual", *Social Analysis*, 1:108-152.

—— (1983) *A Celebration of Demons: Exorcism and the Aesthetics of Healing in Sri Lanka*. Bloomington: Indiana University Press.

Kīlōttu, Jayacandran, (2003) "Vāṇiyasamudāyam: Sangalŭpavum Sūcanakaḷum", *Cenbōla*. Karivellur Sri Muccilōṭṭŭ Bhagavati Kṣētram Perunkaliyaṭṭa Mahōtsavam Smaraṇika. (Malayalam)

Koga, Mayuri, (2003) "The Politics of Ritual and Art in Kerala: Controversies Concerning the Staging of Teyyam", *Journal of the Japanese Association for South Asian Studies* 15.

Komath, Rajesh Kumar, (2005) "Teyyam performance: Resistance of the Oppressed", *Left Angle*, 1(1):14-19.

—— (2013) *Political Economy of the "Teyyam" A study of the Time-Space Homology*, Ph.D thesis, Mahatma Gandhi University, Kottayam.

Kuññirāman, M., (1998) "Srī Vāṇiillam Sōmēswarīksētram: Caritram", *Kariveḷḷūr Srī Vāṇiillam Sōmēswarī Ksētram Navīkaraṇa Śuddhikalaśa Sŭmaraṇika*, pp.11-15. (Malayalam)

Kurup, K.K.N., (1973) *The Cult of Teyyam and Hero Worship in Kerala*. Calcutta: Indian Publications.

—— (1977) *Aryan and Dravidian Elements in Malabar Folklore: A Case Study of Ramavilliam Kalakam*. Trivandram: Kerala Historical Society.

—— (1981) *Willam Logan: A Study in the Agrarian Relations of Malabar*. Calicut: Sandhya Publications.

—— (1986) *Teyyam: a Ritual Dance of Kerala*. Trivandram: Government of Kerala.

—— (1999) *Nationalism and Social Change: The Role of Malayalam Literature*. Thrissur: Kerala Sahitya Akaremi.

Logan, William, (1995) [1951] *Malabar*. 1, New Delhi: Asian Educational Services.

Mātyu, Lissi V., (2016) *Kativanūrvīran: malakayaṛiya manusyan, curamiṛangiya daivam*. Thiruvananthapuram: The State Institute of Languages. (Malayalam)

MacDougall, David, (1978) "Ethnographic Film: Failure and Promise", *Annual Review of Anthropology*, 7, pp.405-425.

Madan, T.N., (1998) *Modern Myths, Locked Minds: Secularism and Fundamentalism in India*. Delhi: Oxford University Press.

Mādhavanpiḷḷa, C., (1995) [1976] *Malayāḷam English Nighaṇṣu*. Kottayam: National Book Stall.

Mandelbaum, David G., (1966) "Transcendental and Pragmatic Aspects of Religion", *American Anthropologist*, 68(5): 1174-1191.

Marriot, Mckim, (1969) [1955] "Little Communities in an Indigenous Civilization", in McKim Marriott ed., *Village India: Studies in the Little Community*. Chicago: University of Chicago Press. pp.171-222.

—— (1976) [1974] "Hindu Transactions: Diversity without Dualism", in B. Kapferer ed., *Transaction and Meaning: Directions in the Anthropology of Exchange and Symbolic Behavior*. Philadelphia: Inst. for the Study of Human Issues.

Mencher, Joan, (1959) "Changing Familial Roles among South Malabar Nayars", *Southwest Journal of Anthropology,* 18: 230-245.

—— (1963) "Growing up in South Malabar", *Human Organization,* 22: 54-65.

—— (1966) "Kerala and Madras: A Comparative Study of Ecology and Social Structure", *Ethnology,* 5(2): 135-171.

Mencher, Joan & Goldberg, Helen, (1967) "Kinship and Marriage Regulations among the Namboodiri Brahmans of Kerala", *Man,* 2(1): 87-106.

Menon, Dilip, (1993) "The Moral Community of the Teyyattam: Popular Culture in Late Colonial Malabar", *Studies in History*, 9(2): 187-217.

Menon, Sreedharan, (1996) [1967] *A Survey of Kerala History*. Madras: S. Viswanathan

Moffatt, Michael, (1979) *An Untouchable Community in South India: Structure and Consensus*. Princeton: Princeton Univ. Press.

Mohanty, P.K., (1998) " 'Keraleeyam' ", *Kerala Calling*, Vol.19, no.1, Department of Public Relation, Government of Kerala.

Moore, Melinda, (1985) "A New Look at the Nayar Taravad", *Man*, 20(3): 523-541.

Nāyar, Bākakrśŭṇan, (1993) [1979] *Keraḷabāsānangal*. Thrissur: Keraḷa Sāhitya Akkadami.

—— (1944) Cirakkal T., *Bākakrśŭṇan Nāyar: Prabandhangaḷum Smaraṇakaḷum, by a group of authors*. Chirakkal: Chirakkal T. Memorial Cultural Forum. (Malayalam)

Nambudiripad, Usha, (2001) [1997] *Kunnattur Paadi God's Own Land: Myth and History of Sree Muttappan*. Kannur: Karakkattedam-Ellarenji.

Nārāyanaṇṇāyar N., (1996) *Bhuvanēsvari Srī Muccilōṭṭu Bhagavati*. Kannur: Tuncattācārya Education and Charitable Trustee. (Malayalam) Osella Filippo and Caroline.

Osella, Filippo and Osella, Caroline, (2000) *Social Mobility in Kerala: Modernity and Identity in Conflict*. London: Pluto Press.

Pallath, J.J., (1995) *Teyyam: An Analytical Study of the Folk Culture Wisdom and Personality*. Indian Social Institute, New Delhi.

Paṇikkar, Rājasēkhara M., (2003) *Sāntvanamāyi SrI Muttappan*. (Comfort Muttappan) Aluva: Pen Books. (Malayalam)

Parpola, Akso, (1999) "The Iconography and cult of Kuṭṭicāttan", in Johannes Bronkhorst and Madhav M. Deshpahde eds., *Aryan and Non-Aryan in South Asia: Evidence, Interpretation and Ideology*. Harvard Oriental Series, Opera Minora Vol.3.

Parry, Jonathan P., (1994) *Death in Banaras*. Cambridge: Cambridge University Press.

Payyanāṭŭ, Rāghavan, (1979) *Teyyavum Tōrrampāṭṭum*. Kottayam: National Book Stall. (Malayalam)

Payyanad, Raghavan, (1999) "Evolution of Folkloristics", in Raghavan Payyanad ed., *Ideology Politics*

& Folklore, pp.21-44, Jyothissadanam Payyanur: FFM Publications, Folklore Fellows of Malabar (Trust).

Piḷḷa, Śrīkaṇṭhēṣvaram G. Padmanābha, (2000) [1923] *Śabdatārāvali* (Malayalam Dictionary) Kottayam: National Book Stall. (Malayalam) .

Priyadarśanlāl (1988) *Srī Muttappan Purāvruttavum Caritravum* (Sree Muthappan-Myth and History). Sreekandapuram: Sree Mangala Publication (Malayalam).

Puthussery, Karunakaran, (1998) "Kerala Folklore Akademy", *Kerala Calling*, Vol.19, no.1, Tiruvanandapuram: Department of Public Relation, Government of Kerala.

Raheja, Gloria G., (1988) *The Poison in the Gift: Ritual, Presentation, and the Dominant Caste in a North Indian Village*. Chicago: University of Chicago Press.

Rāmanalikōṭŭ, N, n.d., *Paraśśinikkaṭavŭ Srī Muttappan*. (Malayalam)

Ramkrishnan, T.K., (1998) "Folk Culture Integrates the Nation", *Kerala Calling*, Vol.19, no.1, Tiruvanandapuram: Department of Public Relation, Government of Kerala.

Rappaport, Roy A., (2001) [1999] *Ritual and Religion in Making of Humanity*. Cambridge University Press.

Ravi, Ramanthali., (1999) "Modernity and Identity", in Raghavan Payyanad ed., *Ideology Politics & Folklore*, pp.101-114, Jyothissadanam Payyanur: FFM Publications, Folklore Fellows of Malabar (Trust),.

Redfield, Robert, (1956) *Peasant Society and culture: An Anthropological Approach to Civilization*. Chicago: The University of Chicago Press.

Rowe, William L., (1968) "The New Cauhans: A Caste Mobility Movement in North India", in James Silverberg ed., *Social Mobility in the Caste System in India*. Paris: Mouton.

Schechner, Richard, (2003) [1988] *Performance Theory*. London and New York: Routledge.

Schieffelin, Edward L., (1985) "Performance and the Cultural Construction of Reality", *American Ethnologist,* 12: pp.707-724.

Shulman, David, (1980) *Tamil Temple Myths: Sacrifice and Divine Marriage in the South Indian Saiva Tradition*. Princeton: Princeton University Press.

Singer, Milton, (1972) *When a Great Tradition Modernizes: An Anthropological Approach to Indian Civilization*. Chicago: The University of Chicago.

Srīdharan, A. Kuṭṭamattŭ, (1997) *Cilambiṭṭa Ōrmmakal: Teyyakkārande Katha Teyyattindeyum*. Erunakulam. Kuruksetra Prakasan. (Malayalam)

Srīkāntŭ, (1993) *Akapporul.: Srī Poṭṭan Teyyam Tōrram Pāṭṭŭ* (inner meaning). Payyanur: Integral Books. (Malayalam)

Srinivas, M.N., (1952) *Religion and Society among the Coorgs of South India*. Oxford: The Claredon Press.

—— (1955) "The Social Structure of Mysore Village", in M.N. Srinivas ed., *India's Village*. Bombay: Asia Publishing House, pp.21-35.

—— (1966) *Social Change in Modern India*. Berkeley and Los Angeles: University of California Press.

Staal, Frits, (1990) *Rules without Meaning: Ritual*. Mantras and the Human Sciences. New York: Peter Lang.

Suzuki, Masataka, (2008) "Bhūta and daiva: changing cosmology of rituals and narratives in Karnataka", in Yoshitaka Terada ed., *Music and Society in South Asia: perspectives from Japan* (Senri Ethnological Studies 71). pp.51-85.

Tanaka, Masakazu, (1997) [1991] *Patrons, Devotees and Goddess: Ritual and Power among the Tamil Fisherman of Sri Lanka*. New Delhi: Manohar.

Tarabout G., (2005) "Malabar Gods, Nation-building and World Culture: On Perceptions of the Local and the Global", in Jackie Assayag and Chris Fuller eds., *Globalizing India: Perspectives from Below*. London & New York: Anthem Press.

Thurston, E., (1993) [1909] *Caste and Tribes of Southern India*. Madras: Government Press.

Uchiyamada Yasushi, (1997) "Ancestor Spirits and Land Reforms: Contradictory Discourses and Practices on Rights on Land in South India", *IDRI Occasional Paper* no.1, FASID.（内山田康著、古賀万由里訳（1998）「祖霊と農地改革——南インドの土地を巡る様々な言説と行為の葛藤」IDRI オケージョナルペーパー No.1 FASID）

Veluthat, Kesavan, (1978) *Brahman Settlements in Kerala: Historical Studies*. Calicut University: Sandhya Publications.

Vidyaranya, Madhava, translated by Swami Tapasyananda, (1978) *Sankara-Dig-Vijaya: The Traditional Life of Sri Sankaracharya*. Madras: Sri Ramakrishna Math.

Viśṅūnambūtiri, M.V., (1975) *Mukhamdaśanam*. Kottayam: National Book Stall. (Malayalam)

—— (1981a) *Torramāṭṭukal*. Kottayam: National Book Stall. (Malayalam)

—— (1981b) *Uttarakēraḷattile Torrampāṭṭukal*. Trichur: Kerala Sahitya Akademi. (Malayalam)

—— (2000) [1989] *Fōklōr Nighandu*. Trivandrum: The State Institute of Languages, Kerala. (Malayalam)

—— (1990) *Tōrrampāṭṭkal oru Paṭhanam*. Kottayam: National Book Stall. (Malayalam)

—— (1996) *Poṭṭanāttam*. Kottayam: Current Books. (Malayalam)

—— (1997) *Katuvanūrvīirantōrram oru Vīrapurāvruttam*. Kottayam: Current Books. (Malayalam)

—— (1998) *Teyyam*. Thiruvananthapuram: State Institute of Languages. (Malayalam)

—— (2002) "Marakkalappāṭṭukaḷum Tōrrangalum", in *Kāṭankōŭ Srīnellikkāl Bhagavatikśētram Perunkaḷiyāṭṭa Mahōtsavam Smaraṇika 2002*. pp93-97. (Malayalam)

Wadley, Susan S., (1975) *Power in the Conceptual Structure of Karimpur Religion*. Chicago: University of Chicago.

—— (1991) [1980] *The Power of Tamil Women*. Syracuse: Maxwell School of Citizenship and Public Affairs, Syracuse University.

Witzel, Michael, (1997) "Early Sanskritization: Origins and Development of the Kuru State", in Herausgegeben von Bernhard Kolver unter Mitarbeit von Elisabeth Muller-Luckner Recht eds., *Staat und Verwaltung im klassischen Indien* (The State, the Law, and Administration in Classical India) Munchen: R. Oldenbourg Verlag. pp.27-52.

Zarrilli, P., (1984) *The Kathakali Complex*. New Delhi: Abhinav Publications.

—— (2000) *Kathakali Dance-Drama: Where Gods and Demons Come to Play*. London: Routledge.

2．公的出版物、新聞、寺院・団体発行物

Cenbōla, Kariveḷḷūr Srī Muccilōṭṭŭ Bhagavati Kṣētram Perunkaliyaṭṭa Mahōtsavam Smaraṇika. 2003. (Malayalam)

Census of India 1961, Onam: A Festival of Kerala.

Census of India 1991 Kerala Series 12, Final Population Total.

Census of India 2011.

Indian Express 1999 Jan.29th.

New Indian Express, Kozhikode Edition, 1999 February 22nd .

Kariveḷḷūr-Perḷam Grāma Panāyattŭ Janakīyāsūtrṅam, Vikasanarēkha' 96 (Malayalam)

Kerala State Gazetteer, Vol.1, 1986 by Adoor K.K. Ramachandran Nair. Trivandrum: Government of Kerala.

Perunkaliyattam: A Spectacle of Colours and Rites, 1999 V. Jayarajan (text), Sree Ramavilyam Kazhakam Perunkaliyattaghosha Committtee.

Teyyam Charisma 2002 Kannur: AUM Communications.

Teyyam Guide 2000 Kannur: District Tourism Promotion Council. l

MalayāLa Manōrama, 1998 October 19th, 20th, 1999 February 9, 11th. (Malayalam)

Mātrubhūmi, 1998 November 4h. (Malayalam)

Sāmskārika Diary, 1999, Kerala Sahitya Akademi, Thrissur. (Malayalam)

Sāmskārika Nayam, 1999, Cultural Department of Kerala Government, Tiruvanantapuram. (Malayalam)

Sumarṇika 92 by A.V. Smāraka Hāl Nirmmāṇa Kammirri, Kriveḷḷūr,. Kozhikode: Desabimani Press. (Malayalam)

Uttarakēraḷattile Mucchilōṭukal 1996, Kāññangāṭŭ Srī Kllyāl Mucchilōṭu Yuvadēdi Prasiddhīkaraṇam. (Malayalam)

Vāṇi: Kariveḷḷūr Srī Vāṇiillam Sōmēswarī Ksētram Kaḷiyāṭṭa Mahōtsava Sūmaraṇika 2016

3．日本語文献

粟屋利江（1989）「英領マラバールにおける母系制（マルマッカターヤム制）の変革の動き——1896 年の「マラバール婚姻法」を中心として」『東方学』第 77 巻、101 ～ 117 頁

——（1994）「ケーララにおけるティーヤルの「カースト運動」の諸相」内藤雅雄編『カースト制度と被差別民——解放の思想と運動』明石書店、271 ～ 313 頁

石井達郎（1993）『アウラを放つ闇――身体行為のスピリット・ジャーニー』PARCO出版
辛島昇編（1994年）『ドラヴィダの世界――インド入門Ⅱ』東京大学出版会
川田順造（2001）〔1992〕『口頭伝承論』下、平凡社
河野亮仙（1988）『カタカリ万華鏡』平河出版社
古賀万由里（1997）「南インド・ヒンドゥー寺院にみられる女性観の構築――シャバリマラ寺院とアーディパラーシャクティ寺院の事例より」『民俗学研究』第62巻第2号、169～180頁
――（1999）「南インドの村落祭祀とカースト関係――ケーララ州テイヤム儀礼の事例から」宮家準編『民俗宗教の地平』春秋社、377～388頁
――（2000a）「伝統の保存とイデオロギー――南インド・ケーララ州の儀礼と政治」『三田社会学』第5号、29～40頁
――（2000b）「南インドにおける不可触民の社会的地位の変化――テイヤッカーランのライフヒストリーを通して」生活学論叢5号、47～59頁
――（2001）「南インドにおける不幸の除去――ケーララ州の呪術・儀礼・占星術をめぐって」『宗教と社会』第7号、91～110頁
――（2004）「母系社会の争点（ナーヤル研究を中心に）」小松和彦・田中雅一・谷泰・原毅彦・渡辺公三編『文化人類学文献事典』弘文堂、839頁
――（2007）「「サンスクリット化」概念の妥当性――南インドのテイヤム儀礼の事例から」『宗教研究』352号、143～164頁
小谷汪之（1996）『不可触民とカースト制度の歴史』明石書店
小西正捷（2002）『インド民俗芸能誌』法政大学出版局
――（2003）「民画を巡る“伝統的”文化の変容と“新伝統”の創出」小谷汪之編『現代南アジア5　社会・文化・ジェンダー』東京大学出版会、191～212頁
小林勝（1993）「母系・左翼・芸能？　ケーララ研究の問題点」『南山大学人類学研究紀要』19～36頁
四宮宏貴（1992）「パンチャヤート」辛島昇他監修『南アジアを知る事典』平凡社、579頁
シュッツ、アルフレッド／森川牧眞規雄・浜日出夫訳（1989）〔1980〕『現象学的社会学』紀伊國屋書店（Shutz, Alfred, (1970) *On Phenomenology and Social Relations*. Illinois: The University of Chicago Press.）
菅沼晃編（1990）〔1985〕『インド神話伝説辞典』東京堂出版
鈴木正崇（1996）『スリランカの宗教と社会――文化人類学的考察』春秋社
――（2013）「南インドの村落における儀礼と王権――カルナータカ州南部のブータの事例から」『人間と社会の探究（慶應義塾大学大学院社会学研究科紀要）』75号、149～185頁
鈴木正崇編（1999）『大地と神々の共生――自然環境と宗教』昭和堂
スペルベル／菅野盾樹訳（1981）〔1979〕『象徴表現とはなにか』　紀伊國屋書店
――（2001）『表象は感染する――文化への自然主義的アプローチ』新曜社
関根康正（1995）『ケガレの人類学――南インド・ハリジャンの生活世界』東京大学出版
竹村嘉晃（2003）『「神になる」パフォーマーたち――南インド・ケーララ州のテイヤム儀礼に

おける実践とその評価』大阪大学修士論文
――（2015）『神霊を生きること、その世界――インド・ケーララ社会における「不可触民」の芸能民族誌』風響社
田中雅一（1990）「司祭と霊媒――スリランカ・タミル漁村における村落祭祀の分業関係をめぐって」『国立民族学博物館研究報告』15巻2号、393～509頁
田辺明生（1990）「王権とカースト――バラモン～王・支配カースト関係小考」『民族學研究』第55巻第2号、125～148頁
出口顕（1989）「神話、決して現前しなかった過去の話」『思想』779号
外川昌彦（2003）『ヒンドゥー女神と村落社会』風響社
中根千枝（1979）〔1970〕「ナーヤル母系大家族の崩壊について」『家族の構造』東京大学出版会
早島鏡正・高崎直道・原実・前田專学（1995）〔1982〕『インド思想史』東京大学出版会
福島真人（1993）「儀礼とその釈義――形式的行動と解釈の生成」民俗芸能研究の会・第一民俗芸能学会編『課題としての民俗芸能研究』ひつじ書房、99～154頁
藤井毅（2003）『歴史のなかのカースト――近代インドの〈自画像〉』岩波書店、136～142頁
牧岡省吾（2005）「モジュール性（モジュラリティ）」森敏昭・中条和光編『認知心理学キーワード』有斐閣双書、12～13頁
宮本久義（1995）「天界に連なる巡礼路」小西正捷・宮本久義編『インド・道の文化誌』春秋社
安野早己（2000）『西ネパールの憑依カルト――ポピュラー・ヒンドゥーイズムにおける不幸と紛争』勁草書房

索　引

アルファベット

BJP 264, 267-8, 271, 273, 306
CPI（M）236, 271

あ行

アッチャン 106-7, 110-1, 113, 157, 186
アッラダナードゥ 65-7
アーティスト 88, 251-2, 259-60, 262-3, 265-7, 295, 299, 301, 305
アート →カラ
アヌシュターナム 294-5, 297, 299-300, 303, 305
アーユルヴェーダ 247-50, 252-8, 260-1
アリーナ 306-7
アンディッティリヤン 84, 89, 106-7, 111, 157, 159-61, 170, 183
イッラム 35-6, 38, 47, 73, 110, 122, 127, 132-43, 147, 151, 155-8, 160-1, 164, 167-8, 182-3, 185, 197-8, 205, 222, 275, 280-1, 314
インターネット 33, 192, 274, 276-7, 285, 307
ヴィシュヌナンブーディリ、M. V. 31, 124, 186, 190, 224
ヴィシュヌムールッティ 82, 100, 108, 125-6, 129, 133-4, 136, 141, 146, 156, 158-9, 161, 164-6, 172-3, 186, 195-6, 199-201, 214
ヴィシュワーサム 306
ヴェッラーッタム 79-80, 169-70, 182, 195, 203, 272, 299-301
ヴェーラン 42, 92, 102-3, 126, 205
ヴェリッチャパードゥ 68, 78-9, 83, 90, 104-5, 111, 113, 157, 160-2, 164, 296
御下がり（プラサーダム）69, 71, 106, 113, 213, 215

か行

カーヴ 56, 66-9, 71, 73, 109, 121, 147, 160, 168, 186, 201, 221, 266-8, 279, 293, 300
カーサルゴーッドゥ県 14, 34-5, 37, 61-2, 65-6, 93, 121, 132, 170, 236, 271, 283
カトゥヴァヌール・ヴィーラン 92, 97, 129-31, 184, 186, 219, 249, 251, 254, 258
カラ 13, 15, 27-8, 32-4, 91, 185, 251, 258-68, 272-3, 290-1, 294-301, 303-6
カラガム 72, 163, 169, 244
カラシャッカーラン 83, 108-9, 145-6, 160, 284
カラシャム 67, 83, 108-9, 144, 147-8, 160, 208, 214, 313
カーラナヴァン 16, 47, 58, 63-4, 120, 147-8, 164, 238-40
カリヤーッタム 30, 66, 69-71, 74, 105-6, 125, 132, 140, 144-5, 151, 153, 155-6, 161-2, 169-71, 174, 177, 182, 195, 271-2, 281, 283, 285, 293, 299-301
カンナン・ペルワンナーン 97, 219, 247, 249, 251-3, 258-61, 285, 288, 294-5, 307, 323
カンヌール県 14, 34-5, 37, 39, 61-2, 93, 119, 130, 137, 170, 180, 186, 203, 213, 219, 222, 264, 272, 280, 285
共産党 29, 37, 39, 43, 110, 178-80, 215-6, 220, 226, 233-4, 237, 242, 256, 270, 273, 289, 306
儀礼 11-34, 48-9, 51-2, 55, 59-61, 64-6, 68-75, 77-8, 83-5, 87-91, 106-14, 119, 121-2, 124-7, 129, 131-7, 140-7, 151, 153-9, 162, 164-71, 179-81, 183-5, 187, 191-2, 195, 197, 201, 205, 208, 210, 212-5, 217-

8, 220, 222-5, 232, 236-41, 243-6, 254-5, 258-62, 264-8, 270, 272-4, 279, 281, 287-307, 313, 321-2
供犠 18, 65, 83, 85, 115, 118, 123, 126, 132-3, 135, 143, 157-9, 161, 165-6, 186, 193, 231-2, 246, 304
供物 15, 20, 75, 78, 80-5, 89, 91, 106, 108, 112, 123, 125-6, 142-4, 150, 153, 159, 160-1, 183, 208, 213, 222-3, 231, 246, 276, 282, 284, 314, 318, 320
クルップ、K. K. N. 31, 200-1, 251, 258-9, 268, 270, 294, 323
グルティ 83, 135-6, 140-1, 143
グルティ・タルッパナム →グルティ
クンナットゥールパーディ 202-8, 210-5, 217, 235
ケガレ 47, 112, 127, 246, 256
化身 14, 21, 114-5, 119, 123-4, 139, 156, 195, 198-9, 201, 210-1, 213, 228-34, 289, 292
コーイマ 71, 73-4, 106, 109, 111-4, 126, 156, 159-60, 167, 170-1, 184, 303-4
高位カースト 12, 14, 16, 20, 31, 35-6, 41, 43, 56, 59, 83, 92, 107-8, 112, 132, 139, 148, 153-4, 184, 207, 216-7, 225, 230, 232-4, 243, 246, 250, 253, 255-7, 287, 289, 304
効験性 23, 25-6, 59
コッラン 42, 44, 110, 159-60, 285
コーマラン 68-9, 71, 78-9, 82, 88-90, 104-6, 109-13, 162, 169-71, 173, 176-7, 205-6, 214-5, 298
コミュニスト 215-6, 268-71, 273
コーラソワルーパッティンガルターイ 63, 72, 115, 177
コーラッティリ王 →チラッカル王
コーラットゥナード 64-5

さ行

祭祀権 35, 75, 93, 95-7, 100, 102-3, 162, 207, 219, 283, 303-4
ザモリン 61-2, 72-3, 119, 304
サンスクリット化 11, 13-4, 16, 18, 20-1, 109, 124, 135, 142-3, 198, 210, 230-1, 234, 255-6, 261, 287-9, 305, 307
サンスクリット文化 11, 13, 15, 21, 59, 143, 198, 227, 231-2, 288-91, 302, 305-6
指定カースト 12, 40, 41-2, 44, 59, 89, 91, 105, 137, 247, 257, 285
シャクティ 18, 32, 69, 75-9, 88-91, 104-5, 108, 110, 112-3, 125, 234, 303-4, 306
宗教儀礼 12, 19, 22, 24, 32-3, 157, 195, 258-60, 264, 295, 298-9, 305
祝福 14, 71, 75, 80, 84, 91, 105-6, 109, 113, 171, 177, 182, 212, 223, 225, 231-2, 249, 290
呪文 →マントラ
シュリニヴァス 16-8, 20, 198, 231, 287-8
信仰 11, 13, 20-1, 27-8, 68, 131, 133, 140, 145, 185, 198, 201-3, 208, 210-4, 217, 220, 230, 233-4, 240, 244-5, 248, 251-2, 254, 261-2, 264, 266-7, 270, 272-4, 276, 279, 291, 293, 304-5
信念 28, 302
シンボル 12, 15, 22-4, 27, 226, 297, 301-4, 306
スペクタクル 27, 185, 272, 290, 298, 304-5
占星術 44, 51, 105, 110, 116, 122, 127, 138-9, 147, 152-3, 156, 160, 170-1, 196, 201, 213, 238-41, 245, 284, 321

た行

託宣 12, 84-5, 89, 126, 142, 153, 282
タラワードゥ 14, 16, 29, 33, 35, 45-50, 56, 63-5, 68, 71-4, 84-5, 91, 93-8, 100-2, 105-7, 109, 115, 120-1, 123, 130,-2, 137, 143-56, 162-4, 166-70, 172, 183, 185-6, 199-201, 206, 214-5, 218-9, 236-40, 242-5, 249, 259, 262, 266, 274, 277-85, 289-90, 298-305, 323
ターワリ 144, 151, 153, 155, 238, 239
チャンデーラ、C. M. S. 30, 170, 194, 266-8,

293, 295
チラッカルT. バーラクリシュナン・ナーヤル 293
チラッカル王 30-1, 36, 39, 57, 59, 62-8, 70-3, 96, 100, 115, 119, 125, 145, 147-8, 151, 162, 186-7, 193, 249-51, 303
低位カースト 11-2, 16, 20, 29, 31, 35-6, 41, 56, 74, 92, 105, 109, 111-2, 116, 132, 138-9, 142-3, 154-5, 183-4, 217, 220, 223, 227-34, 236, 243, 261, 287, 289, 304
ティーヤ 35-6, 38, 40-2, 44-5, 52, 56-60, 65, 68-70, 73-4, 79, 94-5, 105, 109, 116-9, 126, 130, 133, 136-7, 144, 146-7, 155-6, 159-64, 168-9, 180, 184, 186, 190, 194-5, 200, 202, 205-6, 212-3, 215-8, 220, 227, 233, 236, 238-9, 243-4, 247-8, 257, 259-60, 270-1, 285, 287, 289-90, 304, 310, 315, 318
テイヤッカーラン 30-1, 33, 35-6, 51, 65-6, 68, 71-2, 74-83, 85, 87-93, 96-101, 103, 105-7, 110-4, 124, 126-7, 129-30, 134-5, 137, 144, 146, 153, 155, 160-2, 166, 171, 190-1, 205, 211, 214, 218-9, 220, 226-7, 247, 249-53, 256-63, 266, 272, 282-5, 288-9, 295-6, 298, 301, 303, 305, 321-3
ティルヴァルカーットゥ・バガヴァティ → コーラスソワルーパッティンガルターイ
デュモン 17-8, 114, 246
ドーシャム 240, 245, 272
土地改革 29, 32, 35, 65-6, 74, 109, 144, 155, 162, 206-7, 217, 233, 237, 241-2, 287, 289, 304-5
トーッタム 19, 30-1, 63-4, 77-9, 81, 88-9, 100, 113-4, 124-6, 130-1, 135-6, 144, 146, 154, 165, 171, 173-7, 186, 190-2, 196-7, 199, 202-4, 207, 210, 213, 220-1, 223-4, 226-7, 232, 249, 256, 262, 264, 288, 295-6, 308, 310, 314-5, 320
ドラヴィダ 11-2, 31, 143, 234, 294, 333
ドラヴィダ化 143, 234

な行

ナーヤル 16, 29-30, 35, 38, 40, 42, 44-8, 56-60, 62, 65, 67-8, 70-2, 74, 94, 96, 107, 109-10, 115-6, 119-20, 123, 126, 137, 143, 145, 147-8, 151, 154-6, 159-60, 162-4, 166-70, 178, 183-7, 190, 194-7, 204-5, 207, 217, 235, 237, 241, 244, 248, 256-7, 270, 287, 289-90, 292-3, 303, 315, 318
ナンビ 42, 44, 57-8, 70-1, 94, 109, 126, 130-1, 156, 167, 170-1, 174, 186, 212, 266
ナンビヤール 42, 44, 57-8, 94, 130-1, 186, 212, 266
ナンブーディリ・ブラーマン 141, 154, 165
ニレーシュワラム 62, 67, 93, 103, 200-1
認知人類学 24, 27-8, 278
ノーッティリックンナ 107, 132, 147, 154, 166, 183

は行

パニッカール 100-1, 127, 159-60, 162-3, 186, 191
パフォーマンス 12-3, 15, 21, 23-6, 30, 32-3, 71, 74-5, 82, 88, 112-3, 130, 144, 185, 191-2, 260, 266, 268, 288, 291, 297-301, 303, 305-6
パラッシニカダヴ 202, 213-7, 219, 233-4
ヒエラルキー 11, 16-8, 20, 40, 43, 45, 111-2, 114, 123-4, 137, 143, 246, 257, 260, 288
フォークロア 30, 33, 179-81, 217, 236, 251, 259, 263-9, 271-4
不可触民 12-5, 29, 35-6, 40-1, 59, 75, 91, 103, 112, 135, 137, 139, 162, 220-1, 225-6, 231, 246-7, 257, 259-61, 288, 290, 300, 321
プージャ 13, 67, 113, 135-6, 141, 154, 159, 262
ブータ 61, 89-90
プラーナ 12, 14, 100, 121, 123-4, 126, 137,

193, 195-6, 198-9, 201, 229-31, 288, 290, 296
プラーナ神 100, 123-4, 126, 137, 195, 198-9, 201, 229-1, 288
ブラーマン 11-8, 20-1, 26, 29, 31, 35-6, 38, 40-1, 45, 47-8, 55-9, 61-2, 65-7, 69-74, 83, 89-91, 93-4, 100, 106-7, 109-14, 118, 120-2, 124-7, 132-5, 137-43, 146, 148, 151, 153-6, 159, 165, 169-70, 179, 183-6, 190, 193-4, 196-8, 207-8, 210, 212-4, 217-8, 220, 223-7, 229-34, 236-7, 243, 246, 248-51, 255-9, 267, 270, 275, 279, 287-9, 300, 304, 315-7, 318, 320
プラヤ 29, 35, 38, 40, 46, 57-8, 103-4, 127, 179, 181, 220-7, 231-4, 243, 257, 314, 316, 320
フレーミング 24, 26, 295, 298
ペルマラヤン 66, 72, 100-1, 126, 147, 160
ペルワンナーン 66, 72, 93, 95, 97, 127, 205, 212, 214, 218-9, 247-61, 271, 283, 285, 288, 294-5, 307, 322-3
ペルンカリヤーッタム 169-70, 182, 195, 272, 299-301
母系 12, 15, 29, 33, 44-8, 60, 97-8, 100, 102, 120, 132, 155, 227, 237-40, 277, 283, 305-6
ポッタン 31, 56-9, 87, 100, 122, 129, 141, 191, 196, 199, 220-4, 226-7, 231-2, 234, 236, 314-5, 317-20
ポドゥワール 48, 57-8, 94, 125, 145, 148, 151, 154, 165-7, 186-7

ま行

マーダーイ・カーヴ 66-7, 108, 115, 147-8
マナッカーダン 36, 38, 63-5, 92-4, 96-9, 125, 147, 160, 171, 219, 247, 250, 253
マナッカーダン・グルッカル 36, 38, 63-5, 92, 125
マニヤーニ 35, 42, 44, 52, 57-8, 69, 70, 73, 78, 94, 105, 107, 116-7, 137, 164, 166-7, 184, 186, 195, 218, 248, 290, 315, 317-8
マラバール 37, 47, 61, 202, 259, 267, 272, 290-1, 293-4
マラヤーラム語 10, 30-1, 34, 49, 61, 106, 124, 190, 233, 288, 293, 300
マラヤーリ 202, 219, 244, 283
マラヤン 29, 33, 42, 44, 46, 50-1, 59, 66, 87, 90-2, 99, 101-3, 105, 111-2, 122, 126-7, 134, 138, 140-1, 146-7, 160, 162, 165-6, 186, 190, 214, 220-1, 224, 226, 257, 259, 265-6, 272, 283, 292, 320
マントラ 11, 23, 63, 80, 89-90, 122, 124, 183, 276
マントラムールッティ 122
マンナンプラット・カーヴ 67, 148
民俗文化 13, 198, 227, 231, 278, 289-91
ムッタッパン 33, 56-9, 93, 97, 129-31, 139, 184, 190, 196, 201-10, 212-20, 227, 231-5, 249, 254-6, 270-1, 282-5, 289, 304, 308, 310, 313, 320
ムッチローットゥ 36, 58, 63-4, 68-71, 82, 92, 105, 125-7, 169-73, 176-7, 179, 181-2, 190, 192-8, 228-30, 235, 275, 293, 296-7
メディア 182, 192, 273-4, 276, 284

ら行

ライフ・ヒストリー 246-7
ラサ 197, 295, 306-7
ラヤラマンガラム寺院 68-71, 127, 157, 171, 174
霊媒 23, 68, 78-9, 82-3, 85, 89, 109, 111-3, 160, 169, 298

わ行

ワーニヤ 35-6, 38, 42, 44, 52, 57-8, 65, 68, 70, 78, 94-5, 105, 119, 130, 169-70, 173, 177, 183-4, 190, 192-6, 198, 229-30, 235, 293
ワンナーン 29, 36, 40, 42, 44, 57-9, 63, 65-

【著者略歴】
古賀 万由里（こが まゆり）
開智国際大学国際教養学部専任講師。慶應義塾大学大学院社会学研究科博士課程修了。博士（社会学）。
専攻は文化人類学、インド文化研究。主な著作に「インド舞踊の表現とジェンダー――男性ダンサーとマスキュリニティ」『森羅万象のささやき――民俗宗教研究の諸相』（鈴木正崇編、風響社、2015年）、「儀礼と神話にみる神と人――ケーララのテイヤム」『神話と芸能のインド――神々を演じる人々』（鈴木正崇編、山川出版社、2008年）、"The Politics of Ritual and Art in Kerala: Controversies Concerning the Staging of Teyyam", *Journal of the Japanese Association for South Asian Studies*, 15, 2003. など。

南インドの芸能的儀礼をめぐる民族誌
――生成する神話と儀礼

2018年5月10日　初版第1刷発行

著　者　古賀万由里
発行者　大江道雅
発行所　株式会社 明石書店
〒101-0021 東京都千代田区外神田6-9-5
電　話　03（5818）1171
FAX　03（5818）1174
振　替　00100-7-24505
http://www.akashi.co.jp

装丁　明石書店デザイン室
印刷／製本　モリモト印刷株式会社

（定価はカバーに表示してあります）　ISBN978-4-7503-4671-7